带着文化游名城——

老天津记忆

李世化 编著

当代世界出版社
THE CONTEMPORARY WORLD PRESS

图书在版编目（CIP）数据

老天津记忆 / 李世化著 . -- 北京：当代世界出版社，2018.7
（带着文化游名城）
ISBN 978-7-5090-1328-1

Ⅰ.①老… Ⅱ.①李… Ⅲ.①文化史—天津—通俗读物 Ⅳ.① K292.1-49

中国版本图书馆 CIP 数据核字 (2018) 第 007359 号

老天津记忆

作　　者：	李世化
出版发行：	当代世界出版社
地　　址：	北京市复兴路 4 号（100860）
网　　址：	http://www.worldpress.org.cn
编务电话：	（010）83907528
发行电话：	（010）83908410
	（010）83908377
	（010）83908423（邮购）
	（010）83908410（传真）
经　　销：	新华书店
印　　刷：	北京彩虹伟业印刷有限公司
开　　本：	710mm×1000mm　1/16
印　　张：	17
字　　数：	240 千字
版　　次：	2018 年 7 月第 1 版
印　　次：	2018 年 7 月第 1 次
书　　号：	ISBN 978-7-5090-1328-1
定　　价：	45.00 元

如发现印装质量问题，请与承印厂联系调换。
版权所有，翻印必究；未经许可，不得转载！

前　言

自古以来，天津作为京城的门户，一直有着不同于首都的沧桑与繁华。与其他历史悠久的老城镇一样，在传承中华传统文化的同时，天津也在谱写着只属于自己的"津味文化"。

从远古走来的天津，在四千多年前慢慢露出海底，形成冲积平原。经历了黄河三次改道的冲击，终于在金朝时期形成了固定的海岸线。汉武大帝在天津武清设立盐官，开辟盐场，为不利农耕种植的天津开辟了一条新的经济之路。而到了隋朝时期，京杭大运河的修建使得天津有了南运河和北运河，更奠定了天津漕运经济的发展之路。自此之后，天津成为了历朝历代的盐产重地和漕运中枢。唐朝在芦台开辟了盐场，在宝坻设置盐仓；辽朝在武清设立了"榷盐院"，管理盐务；南宋金国贞佑二年，在三岔口设直沽寨；元朝改直沽寨为海津镇，并设立大直沽盐运使司，管理盐的产销。

直到永乐二年，明成祖朱棣为了纪念自己当年在三岔河口渡过大运河南下争夺皇位，正式定名此处为"天津"，即天子经过的渡口之意。并驻军屯兵，筑城设卫，由此天津正式向城市化迈出了最为重要的一步。经过千百年的发展，雍正九年时，天津已发展成为天津府，辖六县一州。清朝末年，天津更是作为直隶总督的驻地，成为李鸿章和袁世凯兴办洋务和发展北洋势力的主要基地。

作为京城的门户，天津自然免不了会成为战火纷飞之地。自1860年

第二次鸦片战争之后，天津被迫开放港口，各国列强先后在天津设立租界。天津也多次被英法联军、八国联军攻打、侵占。而伫立百年的天津老城墙也在战事之后，被强令拆除。民国初年，数以百计的下野官僚政客以及清朝遗老进入天津租界避难，并图谋复辟。其中包括民国总统黎元洪和前清废帝溥仪。抗日战争时期，日军侵占天津，肆意烧杀抢掠，使天津成为了名副其实的人间地狱。直到1949年1月17日，日军投降，天津才全境解放。新中国成立之后，天津几次变更为直辖市，历经辗转，终于有了今日的繁荣面貌。

岁月流逝，时光荏苒，历史的脚步在天津这座城市身上既留下了百船入港、商旅不绝时的鼎盛繁华，也留下了殖民侵略、战火纷飞后的满目疮痍。在这滚滚的历史长河中，有多少神话故事、英烈事迹被人们传诵缅怀；有多少风土人情、传统习俗被人们信奉至今；又有多少美食特产、精绝手艺被人们百年传承……历史是时间的记忆，它可以让我们穿越古今，了解一座城的事，了解一座城的人，了解一座城的魂。或许我们不是这座城里面土生土长的人，但这并不影响我们去了解它，感受它的历史兴衰。而了解了它背后的故事，或许你就会爱上这座城市。

那么接下来，就和我一起去看看那些属于天津城的沧桑岁月吧，或许读过这本书，你会想去天津走一走，看看那老城墙和小洋楼，听听那评书相声和京韵大鼓，尝尝那十八街的麻花和茶汤……或许，你也会爱上天津这座城市的。

目 录

开 篇

出行前的准备   2
    天津的历史   2
    天津独有的特色   4
    天津的气候及最适合去的季节   6
    去天津旅游需要注意的地方话   6

天津的历史与城门楼

天津的历史   10
    古时候的天津只是一片海   10
    是从什么时候起,天津有了运河   11
    定名"天津"是因为朱棣   12
    天津为什么也叫天津卫   13
    天津为何是军阀的发祥地   14
    天津也曾沦为"人间地狱"   15
    你知道天津人喝的水是从哪里来的吗   16

为什么天津是第一座被拆除城墙的城市	18
为什么天津人都说"杨柳青出美女"	19
天津"津门虎"的外号是怎么来的	21
为什么常用"九河下梢天津卫，三道浮桥两道关"来形容天津	23
八国联军为何攻打天津	24
历史上天津有几次变更直辖市	25
河北工业大学为什么在天津而不在河北	26
天津的市花为什么是月季	27

天津的城门楼　　　　　　　　　　　　　　28

为什么天津老城又称"算盘城"	28
天津城墙在明朝经过一场大修吗	29
天津的老城墙还有防洪功能	30
历史上天津曾有两道城墙	31
清朝天津官府为何设立恶名远扬的"四口脚行"	31
天津老城墙拆毁后城砖流向何方	33
天津老话说"北门富，东门贵，南门穷，西门贱"是什么意思	34
天津的"十五座城门"其实并不存在	35

天津的街桥地名

街桥的由来　　　　　　　　　　　　　　　38

你知道天津街道名字的由来吗	38
三条石大街和李鸿章有关系吗	39
武清城是不是刘罗锅重修的	40
著名的天津五大道是指哪五条道	40
金汤桥与哪场著名战役有关	42
"老龙头"地名的来历跟龙有关吗	42
哪位皇帝在桃花堤留下了吟咏桃花的诗作	43
您听说过"耳朵眼儿胡同"吗	44
独特"津门老四开"指的是什么	45
天津古文化街南北牌楼上的题字是什么意思	46

为何有八里台、七里台、六里台这种奇怪的地名	47
聂公桥是为了纪念哪位名人而命名的	48
鞍山道住过哪位皇帝	49
天津解放桥的设计者和法国埃菲尔铁塔的设计者是同一个人吗	50
天津人为何用"场"字给街道命名呢	51
天津古文化街里的大狮子胡同是严复故居所在地吗	52
意式风情街里有哪些名人故居	53

有趣的地名　　　　　　　　　　　　　　55

天津人为何会用"小白楼"给一个区域命名	55
小白楼为何会有"俄国城"之称	56
解元里胡同跟"解元"有关吗	57
炮台渡口处没有炮台为何以炮台渡口命名	57
铃铛阁的命名跟铃铛有关吗	58
严复的《国闻报》是在天津紫竹林始创的吗	59
挂甲寺跟唐王东征有关吗	60
李公楼与李鸿章有关吗	61
张自忠路是怎么来的	62
天津为何会有"驴市""马集"这样奇怪的地名	62
天津人为何用"磨盘"与"疙瘩"给街道命名	63
吴家窑大街跟砖窑有关吗	64
马公祠胡同与马玉昆有关吗	65
杨柳青镇得名的历史传说	65
芥园街道是哪位皇帝赐名	66
为何会有"三不管"这样奇怪的地名	67
唐官屯镇的九宣闸是李鸿章修建的吗	68

天津的山水人文

山水园林　　　　　　　　　　　　　　70

为什么说天津盘山多出"忠义良将"	70
天津的七里海只有七里长吗	72

天津水上公园为何又叫"青龙潭"	73
你知道天津"八仙山"的来历吗	75
曾有两位皇帝为"桃柳堤"亲笔题诗	76
龙王也来天津"九龙山"抢木头	77
你听说过天津翠屏湖旁的"睡美人"吗	79
金钟河里真的有"金钟"吗	80
天津的"白蛇谷"曾是白娘子修炼的地方吗	81
天津也有一处"神农架"	82
《红楼梦》中的大观园在天津吗	83
天津的宝成奇石园竟是私人收藏展	85
天津的赤龙河是怎么来的	87

人文景观   89

瓷房子真的是用瓷器建造的吗	89
用来穿越的利顺德大饭店	90
最能代表天津的一条街道在哪里	91
天津的鼓楼为什么有钟无鼓	93
天津的"大宅门"到底有多气派	94
庆王府的主人曾是个太监	95
最"有情有义"的黄崖关长城	97
天津大沽口的五座炮台为何只剩下两座	98
命运多舛的天津"望海楼教堂"	99
观音寺的"白塔"为何比观音寺还要早出现五百年	101
天津为何会有一家广东会馆	103
你听过"天津之眼"的传说吗	104
"六国饭店"是六个国家一起开的饭店吗	106

✎ 天津的民俗特色和趣闻 ✎

婚丧嫁娶   110

| 天津人结婚为什么选在下午或晚上 | 110 |
| 在天津交换了"龙凤帖"意味着什么 | 111 |

"催妆礼"与"过嫁妆"在天津是指什么 … 112
结婚的第二天在天津为什么又叫"两天送油" … 114
天津人婚后第三天还要"分大小" … 114
天津"回门请姑爷"会注意些什么 … 115
离不开"七"的天津殡葬习俗 … 117
天津人有多看中寿衣 … 118
旧时天津"出殡"的排场到底有多大 … 119

节日习俗　121

天津人过年前为什么要到娘娘宫"洗娃娃" … 121
天津人过年为什么要贴"吊钱儿"和"肥猪" … 122
天津还有个"姑爷节" … 124
为什么天津人的"破五"又叫"打倒小人节" … 125
天津人端午节吃的"五毒饼"真的有毒吗 … 126
在天津端午节为什么要插艾草 … 127
天津人过中秋的"兔儿爷"与北京的有何不同 … 128
中秋节天津人必玩"螃蟹爬月" … 129

民间艺术　131

天津"泥人张"真的像传说中那么厉害吗 … 131
为什么说天津的"杨柳青年画"是"半印半画" … 132
天津人的风筝都是揣在口袋里 … 133
以蛐蛐罐发家的天津"罐子郭" … 134
"行走的鸡毛掸子"在天津指的是什么 … 136
天津可以私人订制葫芦人像 … 137
天津为什么又被称作"曲艺之乡" … 138

休闲娱乐与特色文化　140

天津人都说天津话吗 … 140
为什么说天津人是最好的观众 … 140
天津相声都是两个人表演吗 … 141
天津人为什么喜欢"萝卜就热茶" … 142
为什么都说天津人说话"哏" … 143
为什么天津很多人都不分东南西北 … 144
天津有着最奇特的"混混儿"文化 … 145

老天津趣闻	147
旧时天津妓女是有上岗证的	147
哪吒闹海和天津陈塘庄有何关系	147
为何旧时天津一直被俗称是"小扬州"	148
天津北大关一带竟然有个"老虎洞"	150
天津饭店里的"独特表演"	152
你听说过老天津的"铁算盘"和"袖里吞金"吗	153
你知道在天津有一个"鬼市"吗	155
天津龙亭街的"扁林"是怎么来的	157
天津人口中的"南蛮子憋宝"是怎么回事	158

天津的美食特产

狗不理包子真的是连狗都不愿意理吗	162
"耳朵眼炸糕"为什么会这么叫	162
十八街麻花是有十八个卷儿吗	163
天津的捞面和炸酱面有什么关系	164
驴打滚为什么会叫"驴打滚"呢	165
熟梨糕真的是蒸熟的梨做的吗	166
猫不闻饺子和狗不理包子有什么关系吗	167
为什么天津人喜欢在冬天吃糖炒栗子	168
豆根糖为什么不甜呢	168
为什么天津人要在年二十三的时候吃糖瓜	169
腊八蒜一定要在腊八吃吗	170
糖堆儿和糖葫芦究竟是什么关系呢	171
为什么只有冬天才有糖粘子	172
正宗煎饼馃子究竟要怎么做呢	172
银丝卷里真的有银丝吗	173
迎宾火腿是迎宾用的吗	174
崩豆张的崩豆和其他的崩豆有什么不同呢	174
津味嘎巴菜和大福来有什么关系	175
栗羊羹里面真的有羊吗	176

煎焖子里面的焖子是什么	177
杨村糕干究竟是咸的还是甜的呢	178

天津的寺庙陵墓

寺庙祠堂　　　　　　　　　　　　　　　　　　180

皇帝亲自给"小站将军"写祭文	180
先有"天后宫",后有"天津卫"	181
大悲禅院的"千手观音"真有一千只手吗	183
天津独乐寺有李白的"飞来之笔"	184
天津独乐寺为什么要名为"独乐"	186
天津三宝中的"铃铛阁"是用来做什么的	187
让两代皇帝流连忘返的桃花古寺	189
"观音显圣"出现在天津老姆庙	190
天津有一座"包治百病"的峰窝庙	192
在天津送子的不只有"娘娘",还有"张仙"	194
天津有一座为骗子建造的寺庙	195
天津的城隍与其他地区有什么不同	197
为什么天津的"李公祠"最华丽气派	198
天津海光寺为什么又叫"签约寺"	200
你知道天津"挂甲寺"名字的由来吗	201
天津的梅仙庵里曾住过"梅仙"吗	203
天津荐福观音寺的古树为什么要绑上红绸	204

古墓寝陵　　　　　　　　　　　　　　　　　　206

天津的荒丘野地里为何会有一座豪华"白坟"	206
你知道天津曾有一座"白骨塔"吗	207
天津有座专治眼疾的"师傅坟"	209
冀东地区最大的烈士陵园在天津	210
你听过天津"杨七郎墓"的传说吗	212
秦始皇的儿子也曾葬在天津	213
受皇家保护的"武清曹氏墓"	215

天津的租界建筑和名人故居

天津的租界建筑 — 218
- 天津音乐厅在民国时曾是电影院 — 218
- 劝业场大楼是天津民国时最繁华的商场吗 — 219
- 利华大楼是民国天津的第一高楼吗 — 221
- 天津租界最出名的外国俱乐部是哪一家 — 222
- 为什么说大清邮政津局大楼是近代中国邮政的发祥地 — 223
- 民国时著名的百福大楼曾有"招租难"的问题吗 — 224
- 为什么说法国公议大楼是天津租界建筑中的翘楚 — 226
- 天津横滨正金银行大楼巧妙内置了天然空调吗 — 227
- 天津利顺德饭店保存着哪些珍贵的历史文物 — 228
- 法国工部局大楼就是原法租界的警察局吗 — 229

天津的名人故居 — 231
- 末代皇帝溥仪退位后曾住在天津静园吗 — 231
- 梁启超的故居书斋为何取名"饮冰室" — 233
- 李叔同故居里有"中书房"和"洋书房"吗 — 234
- 袁世凯故居的"隐身处"与"脱身处"分别指什么 — 235
- 吉鸿昌故居曾是地下抗日活动据点吗 — 236
- 为什么说孙殿英旧居有着不光彩的历史 — 238
- 张作霖曾在曹家花园会见过孙中山和溥仪吗 — 239
- 孙中山曾在天津的张园借住过吗 — 240
- 天津"少帅府"是张学良和赵四小姐的定情之所吗 — 242

附 录

- 名胜古迹TOP10 — 246
- 山水园林TOP10 — 250
- 美食特产TOP10 — 253

开 篇

出行前的准备

行至天津城,你可能知道城市中心有一座鼓楼非常壮观,但你是否知道它曾经遭遇两次毁灭?走在五大道上,你惊叹于万国风情的同时,是否又清楚这建筑背后屈辱的岁月?当你立于天津塔上,俯视蜿蜒缤纷的海河时,又是否至少曾经在历史书的字里行间领略过那波澜壮阔的漕运传奇?

如果没有,那你是否只是想做个匆匆的过客?那又何必舟车劳顿呢,家门前也能散心。

一座城市的魅力,正是来源于它厚重的文化底蕴。因为历史的沉淀,才赋予它深沉和淡然。每一条街道,每一座建筑,每一个名字,都有它的故事。它们穿梭千年,只为与你相遇。让我们带着背后的文化去天津,循着历史的印迹,与每一个故事邂逅。

天津的历史

天津,简称"津",别名"津沽、津门"。是中国四个直辖市之一,中国排名前列的大城市,国家沿海重要一线城市,北方经济中心。

其实天津早期的人类活动,可以追溯到四千多年前的新石器时代。最早的居民聚落出现在蓟州的燕山南麓,即今蓟州围坊一带。在经历了商周时期后,由于天津地区得天独厚的黄河及华北平原流域地理环境优势,使这一带农耕及渔业十分发达,居民部落的规模日渐庞大，城镇兴起。

西汉初年，中央在这一带设置了五个县治，天津地区即分属其中泉州、章武两县。东汉末年，曹操在天津平原开凿了三条运河，这是为了方便粮草军事物资的运输，充分利用水上资源，海河水系漕运系统初步形成，这为天津以后的漕运发展打下了坚实的基础。

隋朝统一中国后，修建京杭大运河，贯穿中国南北地区，在南运河和北运河的交汇处（今金刚桥三岔河口），当时被称为"三会海口"，这里是历史记载中最早出现天津的地名。也就是说，天津最早是叫"三会海口"。

金朝时期在三岔河口设立军事重镇"直沽寨"，这是天津最早的名称。元朝在直沽设"海津镇"，正式开辟海上运输线，漕运日渐发展。直到明朝时期，燕王朱棣在永乐二年十一月（1404年12月），将海津镇改名为"天津"，并在此修筑城墙，建立军事基地，设置天津卫。从此，"天津"作为城市名称沿用至今。

清朝时期，天津先将天津卫改为天津州，后又将天津州升为天津府，辖六县一州，天津城市地位得到进一步强化。到了清朝末年，西方资本主义入侵，之后爆发鸦片战争，清政府割地赔款，开放五口通商，使中国沦为半封建半殖民地社会。第二次鸦片战争，清政府签订了丧权辱国的《天津条约》和《北京条约》，天津被迫开埠，西方列强纷纷在此建立租界，天津因而被辟为北方最大的通商口岸，成为中国近代史上的风云城市。

1900年，八国联军侵占天津长达两年，1912年天津被北洋政府接管，在此之后，中国政府开始收复各国租界。1928年，国民政府设立天津特别市。1937年7月7日，卢沟桥事变，同月，天津沦陷。

1949年1月，经历漫长的抗日战争与国共内战，天津得以全面解放。在中华人民共和国成立初期的1949年至1958年2月这段时间里，天津市为中央直辖市。1958年2月11日，天津市被并入河北省，后又于1967年1月，恢复中央直辖市至今。

天津独有的特色

说起一座城市,我们往往就会提到一些标志,比如说杭州的西湖,上海的东方明珠,重庆、四川的火锅等。这些标志不一定是一座建筑,它也可以是一位名人,一个传说,或者是一种美食。只是当我们提起它们的时候,都会有一些东西和它们划上等号,而这些东西,就是这座城市的特色和灵魂。

那么天津有哪些特色呢?让我们一起来看一下。

【**天津建筑**】"天津卫,三宗宝,鼓楼、炮台、铃铛阁。"

一宗宝——鼓楼

现在的天津鼓楼是位于天津老城厢中心的一座明清仿古建筑,砖墙木楼青瓦,木楼设有飞檐和斗拱,白玉栏杆,雕梁画栋;底部的砖城四面各有一道穿心拱门,四道拱门上方均为汉白玉城门石,上刻:"镇东、安西、定南、拱北"字样。鼓楼恢宏典雅,巍峨壮观,是天津的标志性建筑。

历史上,天津鼓楼曾两建两拆,而历经两建两拆至今仍屹于城市中心的鼓楼,是天津繁荣的见证者。清代一位天津诗人梅小树曾在鼓楼上写下抱柱联,上联是:"高敞快登临,看七十二沽往来帆影",下联是"繁华谁唤醒?听一百八杵早晚钟声"。

所以,既至天津,不登鼓楼,你或许永远也无法领略它的历史风采。

二宗宝——炮台

天津卫三宗宝之一的炮台,指的是在明代崇祯十二年(1639年),为了加强天津城的守卫防备和防御清军入侵而修建的七座炮台。炮台环城而建,分别设在七个地方,就是今天的马家口、海光寺西、三岔河口北岸、河北区窑洼南岸、红桥区西沽、邵公庄东和双庙街。

有诗曰:"畿辅严疆有驻师,七台棋布自崔巍。"说的就是天津城的环城七炮台,清朝时候,张志奇写的《七台环向》诗,把炮台列为"天津八景"之一。

但因为历史变迁,至今这七座炮台保留下来的只有河北区窑洼炮台遗址。

三宗宝——铃铛阁

铃铛阁（音gao，三声），位于天津城西北角红桥区的南部。于明代万历七年建成，原本是稽古寺的附属建筑，名为"藏经阁"。藏经阁共两层，底部基础有三米多高，上为木质结构。屋顶飞檐重重，画梁雕栋，看起来庄重而不失华丽。阁楼顶部屋脊房檐系有铜铃数百个，清风徐来，便会叮咛作响，声音如梵音般悦耳动听，邻近数里，皆闻其声，所以又俗称"铃铛阁"。清代文学大师朱彝尊登阁时就曾感慨："夕阳在衣，风铃铮然；翔鸟上下，为之目旷神仪。"

阁内藏有珍贵的稀世典籍，海内孤本就有数百种。但在清代光绪十八年（1890年），藏经阁不慎被大火烧毁，楼阁及藏书化为灰烬。其旧址改成了天津最早的中学堂之一，便是现在地处天津城西北角的铃铛阁中学。

【天津美食】天津三绝

狗不理包子

说到天津美食，狗不理包子永远是被人们第一个提出来的。狗不理包子是天津市汉族传统风味小吃，始创于公元1858年（清朝咸丰年间），至今约有一百多年历史，为"天津三绝"之首，是中华老字号之一。

狗不理包子口味清香爽口，特点是馅足油多，吃起来却不油腻；包子皮用的是半发面，口感柔软耐嚼；最令人称道的是每个包子都是17个褶，且疏密一致，放在一起如同一个模子做出来的一样。

十八街麻花

十八街麻花又称"桂发祥"，创立于20世纪20年代，因其店铺曾坐落在天津大沽南路十八街处，所以人们习惯称其为"十八街麻花"，为"天津三绝"之一，在全国首届名小吃认定会上被认定为"中华名小吃"，是中华老字号之一。

十八街麻花和我们平常在其他地方所吃的实心麻花有所不同，它是一种夹馅麻花，色泽棕黄，由十根细条拧成三个花，口感酥脆爽口。天津的大街小巷都有卖。

耳朵眼炸糕

耳朵眼炸糕是天津一种传统风味小吃，由光绪年间刘万春创制，至今已有一百多年的历史，因炸糕店曾坐落在一个名叫"耳朵眼"的胡同里而得名。

耳朵眼炸糕是清真美食，用糯米制作皮面，采用红小豆、白砂糖热炒后做成馅，然后用香油烹炸。最后的耳朵眼炸糕呈淡金黄色的扁球状体，馅心黑红细腻，口感饱满绵长，香甜酥脆。

天津的气候及最适合去的季节

天津位于华北平原东部，地处温带季风气候区，是东亚季风盛行的地区，属大陆性气候，平时主要受季风环流的支配。其气候特点是四季分明，春季多风，干旱少雨；夏季炎热，雨水集中；秋季干爽，冷暖适中；冬季寒冷，干燥少雪。

天津的秋季天高云淡，秋风气爽，加之风和日丽，正是旅游的最佳季节。

去天津旅游需要注意的地方话

天津方言，跟传统概念的地区方言不同，而是特指整个北方官话区内一个较大的安徽方言岛。即以天津旧城为中心的，一个呈等腰三角形的方言岛内人们所说的土语，那就是地道的天津话，是一种来源于江苏和安徽北部的方言。

这跟天津话的起源有关系，对此也有众多说法。一种说法认为，天津话本是属于本土地方话，是由当地的静海话在声调发生演变之后而逐步形成的一个语言特色；另一说法是根据民间坊言，老一辈天津人都听说过，他们祖上在山西洪洞大槐树村。根据有关资料查证，确实发现天津早期的一些人籍贯在山西，根据这种移民说法，一部分人认为天津话来自山西；第三种说法最为可信，也是多种角度考证最充分的一种说法。该说法认为天津人是"燕王朱棣扫北"时从江苏、安徽移来的,燕王的驻军以老城厢为根据地,不断向南开发。在此设卫筑城后,移民便在此聚集。因此天津话来源于苏、皖地区的说法,最为可信。

这种差异也导致了天津语言体系的丰富多彩,方言岛以北的居民,语言接近北京话,东北一带接近唐山方言,西南和东南则接近静海方言。因此,这个方言区内的语言与"岛"周围的天津土语有很明显的区别。

现在,我们简单学习一下天津方言的日常用语。

天津方言的特点:

(1)天津话多儿化音,如倍儿、哏儿、街底儿等。

(2)易吃字,如派出所,天津话就会说成"派所";百货大楼,天津话会说成"百货楼"。

(3)"齿音字"多,普通话zh、ch、sh这些卷舌声母的字,在天津话里有一部分被读成平舌声母的z、c、s,例如"展览"的"展"(zhan),天津话却读为zan;"生产"(shengchan),天津话却读为sengchan;"事由"的"事"(shi),天津话却读为si。

经典天津话:

二八八——指一般水平或中等偏下的

干嘛(ma四声)——干什么呢

倍儿——超级、特别、非常

哏儿(gen二声)——有趣、有意思,常和倍儿连用,倍儿哏儿指特别好玩儿的意思

耐人——这人让人喜欢,通常天津话说"我爱你"就是"我耐你"

受累——敬语,意为麻烦

恁(么)(nen三声)——怎么,天津人常常在后面接上"嫩么(那么)",例如:你怎么嫩么腻歪人呢?(你怎么那么讨厌呢?)

日常称谓:

叔叔——掰掰(bai一声)

伯伯——大大

伯母——娘娘

小姨——老姨

红眼儿——孙子或孙女

白眼儿——外孙或外孙女

女人——娘们儿

男人——爷们儿

朋友——哥们儿

姑娘——小女儿

其他常用语：

那——内（nei四声）

这——介（jie四声）、贼（zei四声）

真漂亮——真俊（zun四声）

得空儿——有时间，有空

打镲——开玩笑

不觉（jiao三声）闷——不识趣

捯饬（dao二声 chi）——收拾打扮

崴泥了——遇到麻烦事了

献遭儿——讨好

起腻——赖着不走

硌应——让人觉得不爽

简直——直接走，不拐弯

二五眼——稀里糊涂的人

遭改——破坏原貌

天津的历史与城门楼

　　天津，作为中国古代唯一一个有确切建城时间的城市，兴于漕运，也是最早作为对外通商口岸的几个城市之一。天津因水获利，一步步成为北方的商贸中心，也因水得祸，成为历朝历代的兵家必争之地。百年前的繁荣鼎盛，辛酸往事，都随着时间飘散不见。唯有那些斑驳粗砺的城门楼经历了风雨飘摇，走过了物是人非，依旧屹立在那里，仿佛在向人们讲述着那些老天津卫的故事。讲到了曹操，讲到了朱棣，讲到了"侵华战争"，讲到了"引滦入津"……

　　现在就让我们静下心来，仔细聆听那些老城门的故事，还有那些不被我们所知，或是即将被遗忘了的历史吧。

天津的历史

古时候的天津只是一片海

翻看现在的中国地图，不难发现天津市的形状很像一匹昂首腾起的战马，十分威风。可是如果有人告诉你，古时候的天津只是一片汪洋大海，并没有人类居住，你一定会惊讶得不肯相信。其实要证明这一点也不难，只需要将夏朝时期的地图与现在的地图做一下对比，就会很容易发现，如今天津所在的区域在那个时期确实没有陆地。

从远古走来的天津，其实是一片退海之地，"沧海化桑田"的神话从四千多年前就已经开始。世界上含沙量最高的黄河曾在地震、暴雨等自然现象作用下三次改变河道，流入当时还是汪洋一片的天津地区：三千年前在宁河县附近入海；西汉时期在黄骅市附近入海；北宋时在天津南郊入海。慢慢地在黄河泥沙的作用下，天津逐渐露出海底，形成了冲积平原。最终，金朝时黄河向南移动，以淮河的河道作为出海口，天津海岸线由此基本固定。至今，在天津的上古林等

战马形状地图

地还残存着一些贝壳堤，有考古学家说那些便是古海岸线的遗迹。

那天津最早的一批居民又是何时出现的？

有两种说法。一是根据《天津河北简史》记载："他们是在夏、商之际，在天津北部山区生息繁衍的戎、狄等古代少数民族。"另一种说法是由考古发现推测的。1974年，在天津北部刘家码头发掘的石斧、石磨棒以及后来陆续在武清、宁河、宝坻县发现的石斧、石磨棒、石耜、石镞等新石器时代的遗物，说明了在新石器时代就已经有群居的先民在该地区进行农耕和渔猎活动。无论是哪一种说法，都足以证明天津这座城市悠久的历史文化，也为其增添了一份与众不同的城市魅力。

可以说，天津的出现是大自然馈赠给人们的一片沃土。千百年来人们在这片土地上聚居、劳作、贸易……为这片土地创造了无限的精彩与可能，也为后世留下了宝贵的财富与传说。

是从什么时候起，天津有了运河

提起天津的运河，相信很多人的第一反应会是京杭大运河。没错，如果没有京杭大运河，天津就不会有旧时海运的空前繁盛，更不会成为如今北方的商贸中心。京杭大运河的开通确实为天津带来了飞速的发展，但它却不是天津的第一条运河。真正为天津漕运打下基础的并非隋炀帝，而是另有其人。

纵观历史，天津的漕运文化在隋唐时得到了重要发展，在明清时进入鼎盛时期，但起源却是在东汉曹魏时期。历朝历代，每个国家为了供应各地的粮食消费或接济军需，通常会采用陆运的方式运送物资。细想一下，不难发现，古代的交通并不发达，即便是轻车简行，要到达千里之外的目的地尚需要许多时日，更何况是辎重繁多的运输。若是情况紧急，如何及时将物资送达便成为了头等大事，因此也便有了"兵马未动，粮草先行"之说。这样的问题多了，人们便开始寻找解决办法，于是从水道运输粮食和物资便成为了最快捷、实用的方式，特别是战事紧张的时候。东汉曹魏时期,为了北征乌桓,曹操在今天津一带开挖了三条运河,即平虏渠、泉州渠和新河渠,用来运输部队和军需。由此可见,是曹操最先开通了天津的运河,也可以说早在曹魏时期,天津地区的漕粮运输就已经初现端倪。

定名"天津"是因为朱棣

天津一开始并不叫"天津",作为历史悠久的古城,天津曾经历过几次更名。曾有诗句称:"天津名自长陵赐",这"长陵"指的是十三陵中埋葬的明成祖朱棣。

隋朝时期,隋炀帝修建京杭运河后,南运河和北运河的交汇处(今金刚桥三岔河口),史称为"三会海口"的地方,便是天津最早的发祥地。唐朝中叶以后,天津成为了南方粮绸北运的水陆码头。直到金国贞佑二年,在三岔口设"直沽寨",是为天津最早的名称。元朝时又改"直沽寨"为"海津镇"。

明朝时期,开国皇帝朱元璋为了巩固朱氏一族的势力,便把明朝的土地按块分封给他的儿子们,由他朱家的人称王管辖。四儿子朱棣当时被封在北平也就是如今的北京,称为燕王。朱元璋死后把皇位传给他的长孙朱允炆。朱允炆和他的大臣们看到各封地的这些王爷一个个野心很大,就想办法削减他们的兵力和权势,集权力于君王一人,并推行了"削藩"政策。燕王朱棣本就对传位于朱允炆心存不满,一直在暗中扩充自己的武装和

朱棣

势力。在朱允炆实行"削藩"后，更是带头反对，并联合其他藩王起兵造反，与朱允炆争夺皇位，发动了中国历史上有名的"靖难之役"。公元1399年，燕王朱棣率军南下，从天津三岔口渡河袭取沧州，并于公元1402年攻入当时明朝的首都南京，如愿登上了天子宝座。朱棣登基后，对他争夺天下时经过的三岔河口十分赞赏，认为是块风水宝地，便叫群臣献名。几经筛选，朱棣选中"天津"二字，"津"是渡口的意思，"天津"便是"天子渡津之地"。现在天津市历史博物馆里仍收藏着一通《修建三官庙碑》的碑文，其中有写"由此济渡沧州"，就是指朱棣这一段经历，也说明了天津命名的由来。

天津为什么也叫天津卫

前面提到过，朱棣发动"靖难之役"，成功夺取了皇位。在他登基称帝后不久，便把首都迁至北京，于是天津成了京城的门户，军事地位也日益重要。明朝永乐二年（公元1404年），也就是天津得到赐名的那一年，朱棣下令在天津设立军事部门，即天津卫。也是从这

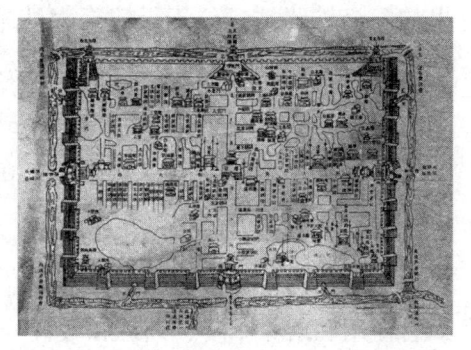

天津卫

一年，天津开始筑城，挖渠开河，运粮运货，设官建制，发展渔盐业生产等活动。由于军事需要，于永乐二年十二月九日（1405年1月9日）设立天津左卫。永乐四年十一月八日（1406年12月18日）改青州右卫（一说青州左卫）为天津右卫。天津卫、天津左卫、天津右卫，被当时的人们统称为"三卫"。说到这个"卫"，其实是明朝的一种军事建制，由指挥使统领，直隶于后军都督府。每卫士兵足额5600人，天津三卫士兵定额16800人。卫的建制虽然没有行政职权，但有一定的土地（城堡及屯田）、数量较多的民众（屯田的军士及军属）和政事（军政及屯政）。

后来随着人口增加，商业发展，事务繁多，词讼纠纷发生，卫所已不能治理这个军民混杂的商业化城市。明廷开始在天津陆续根据事务设官府、设衙门、建学院，或将外地官、衙迁至天津处理政事。天津卫也渐渐由一个军事基地，逐渐壮大成为中等规模、设施完善的城市。如今的天津早已不再是军事重地，可"天津卫"的名号依旧为人们所津津乐道。对于老天津人来说，"天津卫"不仅是一个名称而已，它还代表着那段逐渐被人们淡忘的历史。

天津为何是军阀的发祥地

甲午中日战争后，中国失败割地赔款，于是清政府决定建立新式陆军并指派袁世凯在天津督练新式军队。队伍训练营地设立在天津东南70里的一个铁路站，位于天津至大沽站中间，故被称为"小站练兵"。当年，袁世凯来到小站，接收原来在这里的清政府的"定武军"，扩编为马、步、炮、工各种兵种齐全的新式陆军，并成立了讲武堂。因为袁世凯是清朝官员中第一个认真学习外国军队组织方法和战略战术的人，所以他以德国军制为蓝本，在小站制订了一套以近代陆军的组织编制、军官任用和培养制度、训练和教育制度、招募制度、粮饷制度等为内容的建军方案，基本上摒弃了清政府时期的军队旧制，更注重武器装备的更新换代，并且强调执行与训练的严格性。

小站练兵

1901年，小站新军改为北洋军，这便是北洋军阀部队的前身。1911年10月武昌起义后，袁世凯逼溥仪退位，并窃取了辛亥革命的成果，大肆任用自己一手调教出来的北洋军将领。至此，北洋军阀集团的势力遍及全国。只可惜袁世凯执政后期，北洋军阀开始出现分裂。在他死后，北洋军阀更是分成皖、直、奉三系，分别是皖系段祺瑞，直系冯国璋、曹锟、吴佩孚，奉系张作霖。三方军阀尔虞我诈，争斗不断，这样的军阀混战持续了十几年，直到1926年段祺瑞被赶下台，1928年12月29日，张学良宣布"改旗易帜，遵从三民主义"，把奉系军队改编为东北军，北洋军阀的历史才真正结束。

如今北洋军阀的时代已成为了历史，天津小站也因是北洋军的发祥地而闻名全国，更因培养出了袁世凯、冯国璋、徐世昌、曹锟四任民国总统而永载史册，被后世所铭记。

天津也曾沦为"人间地狱"

走在天津笔直宽广的大道上，看着街道两旁鳞次栉比的商铺，琳琅满目的展柜，你在感慨天津热闹繁华的时候，一定想不到在这里曾经有过惨绝人寰、仿佛身处地狱一般的景象。最热闹的街道曾经是千里无人区，最繁华的市中心曾经尸横遍野，饿殍满地。那是中华民族最艰难、最悲惨也是最热血、最坚强的岁月。

抗日战争爆发后，日军伺机侵入华北。在日本军机不分昼夜的连续轰炸下，1937年7月30日天津沦陷了！8月1日，日本在天津建立了日伪汉奸政权——"天津市治安维持会"。至此，天津人民开始了长达8年的噩梦般的殖民统治

人间地狱

生活。在此期间，日本侵略者残忍地屠杀平民，建立千里无人区，并制造了"海河浮尸"惨案；轰炸人群密集的城市建置，摧毁村庄，焚烧山林，强占商民房屋、土地和财物；强征、转运和虐待劳工，强征"慰安妇"、奸淫、侮辱妇女，在天津设置支所，用活人进行细菌武器的培养和生产；修改教科书，向青少年灌输奴化思想，走私和推动毒品泛滥，

妄图从精神上奴役和控制天津民众……一桩桩、一件件罪行，罄竹难书！8年来，日本侵略者在政治、军事、经济、文化等方面实行残酷的打压和殖民统治，使天津沦为日本侵略、掠夺中国的重要战略基地，也把天津变成了一座人间地狱。直到1945年10月，日本投降，天津的抗日战争和殖民统治才标志着彻底结束。

值得一提的是，2006年5月27日，年过七旬的日本僧人岩田隆造来到中国谢罪之行的最后一站——天津塘沽"万人坑"谢罪。虽然他没有参加过日军的侵华战争，但作为一个日本人，他仍怀有深深的歉疚和忏悔。他希望得到中国人民的宽恕，也希望能用自己的行为让那些仍执迷不悟、自欺欺人的日本同胞去正视历史事实。岩田老人的谢罪之行引来不少路人围观，有人掏出纸巾为汗流浃背的老人擦汗，有附近的居民为老人送来冰凉的矿泉水，用以解暑，并叮嘱老人"注意身体"。虽然听不懂周围人在说什么，但老人仍不停地鞠躬道谢，因为他能感觉出所有人对他都非常友善。中华民族终究还是那个宽厚和善的民族，无论经过多少年，埋在骨血里的东西始终都不会变。正视历史从来都不是为了去谴责、去审判、去攻击什么，仅仅只是为了一个公道，一份缅怀，还有一份不再重蹈覆辙的觉悟和信念。

你知道天津人喝的水是从哪里来的吗

如果你有机会漫步在三岔河口的沿岸，你的目光一定会被一座造型奇特的雕塑所吸引，那是天津人为了纪念引滦通水特别设立的纪念碑。"母子盼水"的造型，邓小平的亲笔题字，无一不在诉说着当年这件艰苦卓绝却又造福人民的大事。

我们将时间退回到30多年前，那是20世纪70年代末80年代初的中国。京、津、冀遭遇严重干旱，海河流域水源的九条干河河道有八条断流。不仅为天津供水的几个大型水库，水位降到死水位以下，地下水也因抽吸过度而使得地面下沉。当时天津人民可以依靠的只有海河，可海河的总蓄水量才3000万立方米，其中能供人饮用的仅有1000万立方米。为此，城市用水量由原来的每天180万立方米降到100万立方米，后又压缩到70万立方米。人民生活用水由原来每人每天70公升降到65公升。除了要担心一减再减的可用水量，仅有水源的水质也令人堪忧。天津民谚"天津四大怪"之一的"自来水能腌咸菜"，描述的就是当时天津饮用水的水质。泡茶，是苦的；熬粥，是咸的。可即便是这样的水质，以当时的蓄水量都难以为继。那个时候的天津是我国第二大工业城市，因为要控制用水，工业生产用水由原来日用77万立方米降到45万立方米，天津第一发电厂被迫停止发电，纺织、印染、造纸等用水大户随时面临停产。

就是在如此严峻的情况下，1981年8月，党中央、国务院决定兴建引滦入津工程。1982年5月11日，引滦入津工程正式开工。

如今看来，用"艰苦卓绝"来形容这个工程一点也不为过。所谓的"引滦入津"就是把距天津几百里外滦河上游的潘家口和大黑汀两个水库的水引进天津市。引水渠全长234公里，需治理河道100多公

引滦入津纪念碑

里，开挖64公里的专用水渠，全部工程开凿出的岩石达140万立方米。全线隧洞、泵站、管道桥梁等工程项目共有215个，其中包括穿越我国地质年龄最古老的燕山山脉的引水隧洞。隧洞这一带地质条件非常恶劣，风化石又很多，小塌方天天有，隧洞顶有泉水流进，地上也有活水涌出，施工的战士们必须时时向外抽水，才能确保不会被淹没。当时的天津随时都面临着水源断绝的风险，参与工程的解放军战士们要与时间赛跑。为了加快隧洞进度，他们在12公里的施工区域开挖17个斜井、36个工作面同时进行施工。每天浸泡在冰冷的地下水里，凿眼放炮穿越几百个断层，历经千百次大小塌方。在整个引滦工程中，共有22名战士献出了宝

贵的生命，其中有17名战士就是在打通引水隧洞时牺牲的。他们之中最大的34岁，最小的只有17岁。战士们的努力和牺牲没有白费，1983年9月11日，"引滦入津"提前两年完成任务，天津人民喝咸水、苦水的历史从此宣告结束。

30多年来，引滦入津工程从根本上解决了天津的城市用水问题，为天津市提供了一个稳定可靠的水源。饮水不忘挖井人，在城市飞速发展的同时我们也应始终铭记着，那些为城市建设付出汗水甚至生命的人们。

为什么天津是第一座被拆除城墙的城市

在古代中国的国土上，耸立着一座座城郭。古语道："筑城以卫君，造郭以守民"。我们都知道城墙，其最基本的功能便是保护城内居民，抵御外敌侵略。

但是，你知道吗，天津却是中国第一座被拆除城墙的城市。

天津的城墙最早修建于1404年，那是明朝永乐年间，由于当时只是夯土造墙，几十年后土城墙风雨飘摇，残破不堪。直到1491年，官方才将土城增高加厚，用方砖包砌严实，四方门上重建城楼，分别命名为镇东、定南、安西、拱北。城墙以内只是天津的政治中心和居住区，如果需要采购生活用品和做生意，大部分人都必须要走出城门才能完成。

天津城墙

然而在1900年，一件惊天动地的大事打破了天津城以往的平静，也改写了天津的历史。

1900年7月14日，八国联军攻占天津，并成立了殖民军政府，对天津进行市政和行政管理。从此，天津进入长达两年的"都统衙门"时期。也许是当初攻城时，天津城墙一直是八国联军最棘手的问题，所以在攻占天津后不久，都统衙门的会议上就提出了拆除城墙的议题，其内容为："基于军事目的和卫生原因，本委员会决定报告联军各国司令官，请求下令拆除天津城墙。并请瓦德西伯爵阁下在以后中国与列强进行协商谈判时，加入今后永不再修建城墙的条款。"于是，天津成为了第一座被拆除城墙的城市。城墙的占地被建成了4条马路，就是现在天津人熟知的北马路、东马路、南马路和西马路。拆下来的旧城砖，破碎的垫了马路做了路基，完整的有一部分被运到了山东德州，剩下的由拆城承包人出售。

不过，值得一提的是，虽然是因为八国联军的侵略，天津才成了中国最早被拆除城墙的城市，但拆除城墙这一举动却引领了中国城市建设的潮流。在此之后，汉口、上海、长沙、广州等城市相继拆除老城墙，打破传统，开始了新城市文明的建设。

为什么天津人都说"杨柳青出美女"

美女一直是古往今来被人津津乐道的话题。南方女子恬静温婉，娇小可人，北方女子高挑开朗，大气端庄。一方水土养一方人，美女一般也都是扎堆出现的。在天津，若说起美女的"聚集地"，十个天津人中会有八个告诉你："杨柳青出美女。"杨柳青是哪里？又为什么会出美女呢？

杨柳青在天津的西郊，是个有名的大镇。不同于其他镇子名称的古朴，"杨柳青"这个名字格外清雅别致。传说这是乾隆皇帝钦定御封的名字。

清朝乾隆年间，乾隆帝特别喜欢微服私访，游山玩水。有一年的阳春三月，刘墉随皇帝微服出巡，沿运河泛舟南下，来到当时的卫津镇，也就是今天的天津市。行至古柳口时，乾隆帝突然看到岸边有一年岁不过十七八的农家少女。那小姑娘容貌秀丽,纤体轻盈,没有浓妆淡抹却更显清丽可人。她蹲在河边,举起棒槌一下又一下地捶打浸泡在河水中的衣物。忽然,一尾金红色的大鲤鱼在她身旁不远处跃水而出。姑娘丢下棒槌,手伸进河水里去抓鱼。没有抓到,那鲤鱼一摆尾,溅了她一脸水,径自逃开了。她却也不恼,一边擦拭着脸上的水,一边开心地笑起来。这一笑,娇美动人。看到这一幕的乾隆帝被深深地迷住了,他目不转睛地看着那个少女,哪怕船已驶出很远,他仍扭着脖子向后看。一直在旁边窃笑的刘墉,忍不住问道:"万岁爷,您说这世上什么东西的力量最大?"乾隆帝不假思索答道:"若论力量,当是百兽之王,猛虎的力量最大!"刘墉微笑着摇摇头。乾隆帝又说:"那就是豹子!"刘墉还是摇头。乾隆帝又说了灰熊、大象等,刘墉都表示不对。乾隆帝没了耐心,有些生气地问他:"那你说是什么?"刘墉故作神秘地回答道:"是女子。""女子?"乾隆帝有些不解地问道:"为什么是女子?"刘墉说:"臣不敢说。""恕你无罪!""臣方才看见,那河边的女子把龙头都牵引过去了,这难道还不是世上最大的力量?"乾隆帝脸上一

杨柳青

热,有些不好意思,但口中仍然狡辩着:"方才朕不是看那女子,是看那堤上的杨柳。你看那参天的杨柳树,高大笔直,青葱翠绿,随风起而摇曳生姿,多美的景色啊!"许是觉得脸上挂不住了,有失天子威严,乾隆帝突然以守为攻地问刘墉:"刘爱卿,此处是什么所在?"刘墉一怔,他并不知道这运河畔的小村镇叫古柳口。但他足智多谋,明白了乾隆帝的意思,便回答道:"此处是杨柳青!""杨柳青?对,是杨柳青!"乾隆和刘墉都会心一笑。

古时讲究君无戏言,这一句"杨柳青"说出去就是钦定御封。自此,天津西郊的这个村镇就改名叫"杨柳青"了。而"杨柳青出美女"的传闻也由此流传。

许是天子赐名便沾染了几丝龙气,杨柳青当真是块宝地。一年四季都风调雨顺,物产丰足。不仅如此,这里的民间艺术、人文气息浓郁,"杨柳青年画"更是驰名中外。可以说杨柳青不仅是一个富庶丰沃之地,还是一个民间艺术之乡。

天津"津门虎"的外号是怎么来的

第一次听到"津门虎"这个名称的人是不是会把它和"东北虎""华南虎"联系起来?特别是对足球比较熟悉的朋友,应该知道广东队原来叫华南虎,辽宁叫东北虎,延边叫长白虎,这些地区都曾经发现野生老虎出没,以"虎"为名并不奇怪。可天津并没有自己的野生虎种,却为何偏偏有一个"津门虎"这样的外号?

要解释这一切,就要从天津的历史说起了。前面说过,天津自古便是兵家必争之地、许多朝代都城的门户,这就意味着战争会像一个挥之不去的噩梦,笼罩着小小的天津城。

既然要讲"津门虎",就得从天津卫确立时期开始说起,这时的天津城有了运河之便,有了城墙和士兵,也有了大规模的民众和基本完整的城市建置。既承天子之恩,便当倾城相报。明初时的天津默默地加

固自己的海防体系,虽是军事要地,却一直未曾彰显实力。犹如猛虎藏足,待一日跃啸山林,震惊八方。

明万历十年(1582年),为了缓解国内矛盾,日本关白丰臣秀吉决定攻占朝鲜,并希望能借此侵入中国腹地,进攻明朝,掠取大量的物资和土地。认识到了日倭的野心,明朝政府决定出兵支援朝鲜,同时加强天津的防御体系,增派军队驻守,并增设指挥官。天津逐渐成为明军出兵朝鲜抗击倭寇的重要军事要塞。这一战就是7年,在此期间,天津巡抚在天津筹备军需物品,操练士兵,督运粮草,打造战船,修建要塞……光是粮草这一项,7年来的抗倭援朝就使明朝耗费巨大。朝鲜国力弱小,又被日倭侵占掠夺多年,能供给明朝军队的粮草极为有限,军需粮草几乎全部都是从国内运送到战场上的。这其中,由天津提供到朝鲜战场上的粮草占全部运输总数的三分之一。与此同时,天津大兴盐业,向盐场增加盐税,又通过增加官防税、特产税等形式,增加了不少税收来源。天津巡抚将这些税银上缴,充作军饷,用来采办军需和制作武器,光是天津兵工厂就提供了一半的军火,各式大炮、弓弩、战船不下千万,火药、铅弹等更是以万斤计。小小的弹丸之地却倾城相报,拼尽全力支持这场战争,为这"万世之功"立下了汗马功劳。

到了清朝时,天津最动荡的日子便开始了。从后援供应,变成了前线战场,一下子成为了中国开战最多的地方。鸦片战争,八国联军侵华,太平军北伐,义和团运动,大大小小的战役数不胜数。虽然结局都是失败,但这却并不能影响"津门虎"的威名。1900年与八国联军战斗的主战场就是天津,那是抵抗外军最坚决的一次战役。聂士诚和他的武卫前军抱着战至最后一人的信念,誓死要守住这个天子渡口。只可惜,在清政府反复无常的指令和联军等敌人的夹击下,聂士诚腹背受敌,最终战死沙场。但淮军无比强悍的战斗力也给侵略者们留下了深刻的印象。

除此之外,培养国家元首最多的学校是天津武备学堂。抗战时期,天津的反抗力量也尤为突出。从战火中走来的天津，进可上阵搏杀，退可坚守支援。一次次被摧毁，一次次再重生，津门无虎，却有强人似虎，"津门虎"这三个字可谓当之无愧。

为什么常用"九河下梢天津卫，三道浮桥两道关"来形容天津

天津相声里面经常提到一句话："九河下梢天津卫，三道浮桥两道关"。但凡是老天津人，没有不知道这句话的。那么这话到底是什么意思呢？

天津自古河多，水多，所以桥梁也多。然而谚语中的"九河"并非是指九条河流。仔细研究天津的河道，你会发现，天津的母亲河——海河是由南运河、北运河、大清河、子牙河和永定河这五大干流组成的，而这五大干流又由华北平原大大小小的支流汇聚

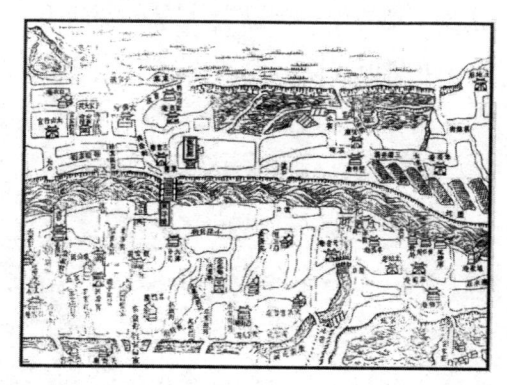

九河下梢天津卫

而成。而"九"在传统文化里是极数，是用来表示最大、最多的数。因此，用"九河"来作为海河水系所有支流的总称。又因五大干流在天津市三岔河口汇入海河，经海河流入渤海，而天津市正处于海河的下游，也就是"下梢"，所以就有了"九河下梢天津卫"之说。那么"三道浮桥"又是指什么？前面说过天津河多浮桥也多，既然能代表天津这一特色，想必也是重要河道上的浮桥。因此不难猜出，"三道浮桥"指的是南运河上的"钞关浮桥"、北运河上的"窑洼浮桥"以及东门外海河上的"盐关浮桥"，也就是现在金汤桥的前身。最后这"两道关"，特指古时的钞关和盐关，都是政府重要的财税部门，也就是如今的北大关和

海河关。说到这个北大关,就不得不提北大关旁的"北码头",这个码头就是明朝时期燕王朱棣发起"靖难之役"时渡河南下之地。清代拟定的"天津八景"之一的"浮梁驰渡",描述的便是此地的景色。

短短一句谚语就将天津卫的地势面貌展露无遗,不仅加深了人们对天津的了解,也让人们对天津产生了无限的遐想和浓厚的兴趣。

八国联军为何攻打天津

近代以来,中国的战争史就是一部屈辱史。鸦片战争、八国联军侵华、甲午中日战争……清政府软弱无能,每一次战争失败,都会让西方资本主义的侵略者获得大量的财宝和土地。正是因此,各国列强乐此不疲,不断地找借口发动攻击,意图瓜分中国。

1900年7月13日凌晨,野心勃勃的八国联军分两路向天津城内发起总攻。很多人会好奇,为什么偏偏要从天津打进中国?

在签订《辛丑条约》之前,中国还不完全属于半殖民地半封建社会。之前签订的不平等条约对于西方国家来说,获得的大部分都是经济上的利益,并没有实际控制中国各省份的政权。所以,即便清政府实力再弱,想要在中国内陆集

八国联军

结士兵,一起进攻北京还是很困难的。暂且不说中国陆路境内有知府县衙维持境内秩序,政府手下有官兵,百姓之中有民团,八国联军一旦在内陆集结军队北上攻打,必定要面临清政府的层层把守和节节的抵抗。就算是能攻到北京,也必定伤亡惨重。于是,八国联军放弃攻击内陆,而选择了相对弱得多的海防。自打与法国的马尾海战、与日本的甲午海战之后,清政府的海军和海防系统基本上就荡然无存了。没有了水师和

战舰，在海关防御上基本是一点战斗力也没有。而联军有军舰，机动性高，战斗力强。沿海而上，势如破竹。

1840年的鸦片战争，英国的军舰从广州沿海受挫后直扑浙江、镇江，以及中国重要的内陆港口，实行海上炮击后登陆作战，直接威胁到了北京的安全。1900年的八国联军也如法炮制，迅速在海上集结军队，选择离北京不远的天津登陆，直插中国腹地。从军事角度上来看，攻击中国的海防，并选择天津这个北京的门户作为登陆点，是最有利也最高效的作战方式。

历史上天津有几次变更直辖市

直辖市是许多国家的最重要省级行政区，顾名思义，就是直接由中央政府所管辖的建制城市。直辖市往往需要较多的居住人口，且通常在全国的政治、经济和文化等各方面具有重要地位。历史上的天津几经兜转，曾三次被设立为直辖市。

最早，1912年中华民国成立，改天津府为天津县，属直隶省。1913年直隶省省会设于天津。直到1928年6月，国民革命军占领天津，南京国民政府设立天津特别市，是为设市之始，也是天津第一次被列为直辖市。

后来，1930年6月，天津特别市改为南京国民政府行政院直辖的天津市。同年11月，因河北省省会由北平迁至天津，天津直辖市改为省辖市，隶属于河北省。直至1935年6月，河北省省会迁往保定，天津又改为直辖市。这是天津第二次变更为直辖市。

1958年2月11日，天津改为河北省省辖市，省会再次由保定迁天津。1966年5月河北省省会迁回至保定，天津复改为中央直辖市。如此，便是天津第三次被改为直辖市。

经历过几次变更，足以见天津这座城市历史地位的重要性。

河北工业大学为什么在天津而不在河北

河北工业大学是河北省唯一一所国家"211工程"重点培养学校,可奇怪的是,它的办学地点却不在河北省内,而是在天津,这又是为何呢?

这就要追溯到光绪二十八年(1903年)了,清政府在天津创办北洋工艺学堂。当时的

河北工业大学

天津还是直隶省的省会,也就是如今河北省的省会,因此很多河北的高校都创办在这里。直到1967年天津从河北省分离出去,成为了直辖市,一些原来在天津的隶属于河北省的学校开始纷纷迁移到石家庄、保定等地。

一开始,河北工业大学也在迁移名单中,被安排从天津迁往邯郸涉县索堡镇的深山中。可是,从天津到邯郸的路途遥远,学校不得不变卖校产来完成搬迁,却不想,这陆陆续续用了将近十年的时间也没有搬完。这期间,不仅耗费了大量的人力物力,搬迁途中还损坏了不少仪器设备。而且从主观意愿上,很多教职工和学生在天津也有很深的根基,他们并不愿意离开自己的家乡。直到1978年邓小平同志复出主抓教育,当时河北工业大学的校长潘承孝给邓小平写了一封信,详细叙述了高校搬迁造成的不良后果和巨大的损失。于是,邓小平同志亲自批示:高校搬迁宜慎重再慎重!

由此,便引发了全国高校回迁的风潮,各高校开始往回搬。1979年6月11日,经河北省委研究决定:河北工学院继续在天津办学,邯郸部分调整撤销。得到消息,全校师生无不欢欣鼓舞,连夜启程搬回天津。就这样,河北工业大学就一直留在了天津,而当初搬到邯郸留下的少部分搬不走的工业设备和校产就建起了现在的河北工程大学。

天津的市花为什么是月季

说到天津的市花——月季,就不得不提天津人民对月季的喜爱之深了。

天津栽培月季的历史最久,素有"月季之乡"的美称,南运河、子牙河沿岸便是其重要产区。月季是中国十大名花,有"花中皇后"的美称,因为花期时间长,又被称为"月月红",象征着一年十二个月都红红火火。天津的月季花品种多样,绚丽多彩,馥郁芬芳,一年四季花开不断,既可观赏又可入药,所以深受天津市民的喜爱。也因此,在1984年的市民评选中,象征着和平、友爱和繁荣的月季毫无悬念地登上了市花的宝座。并且,自1991年人民政府决定举办"天津月季花节"起,每年五月月季花盛开之时,观花、赏花、爱花便成为天津居民的一项重要活动。每到这个时候,人们成群结队,或携妻带子,一家人出来游玩,或呼朋引伴,三五成群地嬉戏赏花。人山人海,好不热闹。

月季

值得一提的是,天津曾在1991年到1992年期间,连续举办了三届"月季花小姐评选"活动。当时正值改革开放的初期,与全国相比,北方城市的思想开放程度还是比较滞后的。但出人意料的是,当时的活动空前热闹,红极一时,参与评选的"月季花"小姐不但容貌甜美,才艺也同样出众。天津市民们也踊跃投票,积极地参与到活动当中。如今看来,当年活动的成功举办虽然不能说全部是月季花的功劳,但正是因为天津市民对月季花的喜爱,才能在相对保守的环境下,变得容易接受选美的热潮,也为今后天津市接纳新鲜事物和文化打下了基础。

天津的城门楼

为什么天津老城又称"算盘城"

你知道天津老城又叫算盘城吗？

天津正式筑城是在明永乐二年十一月二十一日（即1404年12月23日），它是中国古代唯一有确切建城时间记录的城市。当时的皇帝明成祖命令工部尚书，相当于掌管全国工程建筑的建设部长督建天津城，规格非常高，所以天津的地位是非常高的。

当时建的城墙是夯土墙，总共用了三年时间完成。值得注意的是，城墙周长九里十三步，高三丈五尺，宽二丈五尺，整体看来是一座东西宽、南北窄的长方形城池，就像一个巨大的算盘，正是这个原因，所以天津老城又叫"算盘城"。

事实上，天津还有其他的名字。比如我们熟悉的天津卫。

"卫"是明朝的军事建制，因为天津建城主要是出于军事上的需要，所以，它在军事防御上的设置非常巧妙。比如，在城墙的四面分别开设城门，镇守四方，连通内外。城墙上设有密密麻麻的箭垛，弓箭手可以在后面射箭。为了消除防御死角，每隔一段距离就有一段

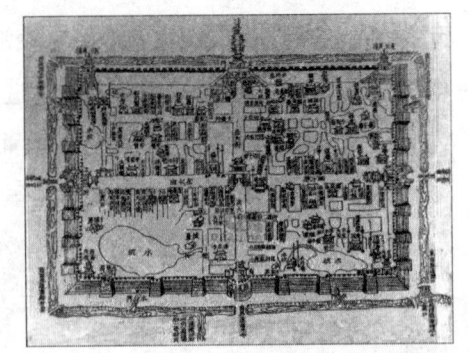

算盘城

墙体从城墙中凸出，形状像马脸，称作"马面"。城墙转角处还建造了高大的角楼，用来瞭望敌情。

经过这一系列的巧妙设置，所以，城墙筑成后，十分壮观整齐，得到了人们的一致称赞。

天津城墙在明朝经过一场大修吗

明弘治四年（即1491年），经历了近一个世纪的风吹雨打，天津的土城墙已经坍塌了一大半，可以说损毁程度非常严重，不能再承担城市防御功能了。这种情况引起了当时天津兵备道副使刘福的重视，他决定要重建老城墙，于是，在他的主持下，天津卫城迎来了第一次重建大修，也就是它的重大"升级"。

这次"升级"工程前后花费了六年时间，分为三大部分来进行。

一是把原来的土墙"升级"成砖墙。做法是将土城墙加厚垫高，接着将墙体的内、外两面都用青砖包砌起来，再用白灰勾缝。这样精心加固的包砖墙，叫做"金包银"。

天津城墙

在修城的同时，为了供应足够的城砖，刘福特地兴建了15座烧砖官窑，还从山东临清调运了部分砖石到天津。这样周密的部署，保证了城墙能够顺利重建。重建后的城墙更加坚固，成为保护天津的有力屏障。

二是重修城门城楼。重新修建的东、南、西、北四座城门，刘福将它们分别命名为镇东、定南、安西、拱北，还亲自书写了这四块匾额，高高挂在城门上，有着坚守城池的寓意。城门重建后，还拓宽了四座城门楼的台基，这样一来，城门楼的总体规模也就扩大了，更显得高大威武、气势雄伟。对于这一点，当时的大学士李东阳还赞叹说，在高大的城门楼上俯瞰，有种飘飘然远离尘世的感觉。

三是在城中修建鼓楼。鼓楼建在城区中心的十字街，总共有三层。最下面一层，是用砖砌成的方形城台，城台的四面都开设了门洞，对穿的门洞是相通的，这样方便行人、车马穿过鼓楼通行。城台上建有木结构的两层楼阁，顶层的楼阁里悬挂着一口铁铸的大钟，每天早晚分别敲钟五十四响，作为开关城门的信号，也为全城居民报时。

这次天津城的重大"升级"，大大提升了城墙的防御功能，同时，鼓楼的修建还完善了城市功能，对以后天津的发展繁荣具有积极的历史意义。

天津的老城墙还有防洪功能

天津城墙最初是用于军事防御的，而后来，却慢慢偏重防洪功能，您知道这其中的原因吗？

因为历史上，天津遭遇敌军攻打的次数屈指可数，而被洪水侵袭的灾难却屡见不鲜。这是由天津的地理位置决定的，它位于海河、南运河、北运河等众多河流交汇处，而且地势低洼，容易进水，很多次发大水，都是凭着高高的城墙才把洪峰挡在城外。

明万历三十二年，天津就遭遇了一次特大洪水。当时东门外的海河堤坝决口，滚滚洪水汹涌而来，很快就包围了天津城。水位最高时，涨到城墙的第24层墙砖，相当于水深3.6米。可以想象，那时的天津城，就像一座水中的"孤岛"，情况非常危险。幸好有城墙的阻挡，天津城内才没有成为一片汪洋。

然而，城墙并不是每一次都能把洪水阻挡在外。比如清雍正三年的大洪灾，天津洪水泛滥，城墙也因为浸水，破损得很严重。这次洪灾过后，雍正皇帝亲自下旨，命令天津重修城墙。当时天津的大盐商安尚义、安岐父子俩，富甲一方，而且热心公益，他们慷慨捐出大笔钱财用来修城，还得到了雍正帝的褒奖。

因为这一次城墙是被洪水浸坏的，所以重建城墙时吸取了教训，更强化它的防洪功能。具体来说，就是根据之前水淹城墙的程度，将城墙高度降低到7.9米，但是将城基加宽到10.7米，使城墙整体变成一个梯形，这样的城墙更加坚实、牢固，能更好地阻挡洪水，也更经得住水浸。

历史上天津曾有两道城墙

天津老城墙是明朝筑造的，但您知道，清末的天津城，还建了一道外墙吗？也就是说，那时的天津，被内、外两道城墙守卫着。

天津外墙的修建，是在咸丰九年，由清军名将僧格林沁主导的。当时僧格林沁带兵驻守天津，他为老城墙的年久失修而忧心忡忡，便上书咸丰皇帝，提出加强防御的建议，就是干脆再建一道城墙，将老城包围起来。皇帝很快批准了这个提议，于是，僧格林沁下令，沿着天津城的外缘，再建一道被称为"僧格林沁墙"的环形外墙，作为军事防线。它全长18公里，墙上安装着先进的火炮，还建了11座营门连通内外。同时，在墙外深挖壕沟，往里注水成为护城河，相当于再加一重保护。

"僧格林沁墙"是在咸丰十年春天完工的，本来僧格林沁以为守住这道墙就守住了天津城。但他没想到，就在那年的7月，英法联军攻打天津时，多一道城墙依然抵挡不住列强的猛烈炮火。当联军兵临城下时，僧格林沁早已率部弃城逃跑。于是联军派了一个士兵，游过护城河，爬过城墙，打开了城门。天津就这样被英法联军占领了。

虽然没能阻挡住英法联军，但这道外墙在军事上还是发挥了一定的作用。咸丰同治年间，农民起义军捻军横扫华北平原，甚至占领了河北首府保定，只有天津靠着坚固的外城墙，成功击退了捻军的进攻。

清朝天津官府为何设立恶名远扬的"四口脚行"

所谓"脚行"，就是旧社会天津的搬运工，也叫做"脚夫"。因为天津邻河近海，自古便漕运、海运发达，有大量中转往来的货物需要人

四口脚行

力搬运,于是出现了人数庞大的脚行。

事实上,清朝之前,天津的搬运工算是"自由职业者",他们自己找商家拉活、谈价,收取酬劳。到了清朝,搬运工们却被官府设立的"四口脚行"划分管理,从此被种种盘剥套上枷锁。而天津官府这么做的目的,就是为了剥削敛财。

清时天津成为拱卫京师的重镇,商贸日渐繁荣,搬运业也随之兴盛。为了能从中分一杯羹,天津官府便在城厢的四座城门,设立了四家官办"脚行",叫做"四口脚行",推行"四口"制度,也就是以四座城门划定脚行范围,东门一带归东口脚行,西门一带归西口脚行,南门一带归南口脚行,北门一带归北口脚行。各口脚行都指定专人领头,也就是"把头",负责将各口的搬运工们组织、管理起来,让他们在划定的区域内揽活,并将所得收入的一部分上交给官府,作为税收的"津贴"。

后来,这些把头们勾结官府,分界把持地盘,势力越来越大,最终形成封建割据的局面。在各自的地盘上,他们变成了不折不扣的恶霸头子,残酷盘剥搬运工人,还欺压百姓、扰乱治安,使"四口脚行"渐渐成为罪恶和贪婪的代名词,恶名远扬。

随着天津搬运业的持续发展,"四口脚行"敛财的胃口也越来越大。当时在运河两岸及商业繁华地区,又涌现出许多私人把持的脚行,但这些脚行都必须向"四口脚行"交纳"津贴",否则不能开业。"四口脚

脚行管理规则

行"后来还通过"招标",转包给出钱最多的大把头经营,官府只管坐收渔利,而这种状况一直延续到20世纪初。

天津老城墙拆毁后城砖流向何方

1901年初,随着都统衙门的一声令下,天津老城墙在三个月内就被全部拆除了。那么,拆墙所得的大量城墙砖,都流向哪里了呢?

其实,在拆墙之前,列强就已经瓜分好了:拆下来的整砖归承包商,其他物料和地皮归都统衙门。

当时拆墙工程承包给了一个叫曹剑秋的人,他原本就是在洋行做事的"买办"。给他的报酬很丰厚:除了拆下来的城砖归他所有,还付一万银元和一万袋大米。曹剑秋为发这笔国难财,便顶着老百姓的唾骂,拆除了城墙,并把拆下来的大部分墙砖卖给了巨富郑翼之、梁炎卿,他们用这批砖各自修建了一幢花园洋房,地址都在英租界红墙道(今新华路)上。

还有一部分城砖被运往山东威海卫修建码头,也就是今天的刘公岛码头。关于这段往事,老天津人里一直流传着一个神秘的说法。就是在清雍正三年水灾后重修城池时,四座城门被改名为"带河"门、"卫安"门、"归极"门、"镇海"门,当时人们不清楚其中的玄机,直到这一年(1901年),天津城墙被八国联军拆除,城砖被运往威海卫,才有人恍然大悟。原来,从这四座城门的名字里,分别抽出"带""卫""归""海"这四个字,拼在一起就是"带卫归海",也就是"天津卫的城墙,最终归了威海卫"的意思,恰好是对老城墙归宿的预言。

另外,有一些拆下来的碎城砖和废料,被用作垫马路的路基,以及垫高填平天津的几处低洼地,如南门外一带,就被填成平地,后来成为繁华的南市。

天津老话说"北门富，东门贵，南门穷，西门贱"是什么意思

明清以来，天津的经济政治中心一直在老城厢地带，老城厢就是被城墙围合的天津老城。关于老城厢，天津有句旧话"北门富，东门贵，南门贫，西门贱"，您知道是什么意思吗？

"北门富"是说城北门一带遍布商号，是财富集中的地区。具体来说，城北门内多金店、钱铺，清末时甚至形成了金店一条街，聚集了十多家金饰老字号，包括大名鼎鼎的三义金店、天兴德金店等，一派珠光宝气。城门外有好几条繁华的商业街，如估衣街、锅店街、针市街、小洋货街、竹竿巷等，商铺鳞次栉比，生意兴隆，热闹非凡，确实称得上富庶。

"东门贵"是指城东门一带是官府机构所在地，比如，清朝时专管运河河务的天津道署、专门管理盐务的盐运署、官方设立的金融机构官银号等，都设在这一带，天津文庙也在这附近，所以往来出入的大都是达官贵人，自然充满了贵气。

正因为"北门富，东门贵"，所以天津的富贵人家择地建宅集中在东门和北门一带，当时这两处有很多气派的高墙大宅。北门附近还有很多大买办的洋楼寓所，中西合璧，非常美丽。

"南门贫"是说城南门一带住户多为贫苦百姓。因为南门内外都是低洼地，多水坑，清乾隆年间，甚至利用这个地形特点，在城南大规模开垦水田种植水稻。因为不适宜居住，南门一带除几座庙宇外，民居较少，仅在城墙根下搭棚子住着一些穷苦人家。八国联军入侵天津后，南门一带被大量购地填坑，开路建房，大兴土木，形成了新的商业中心——南市。但因为这里统治力量薄弱，社会秩序混乱，黑帮势力猖獗，所以居住谋生的还是以中下层贫民为主。

"西门贱"的说法，是因为城西门一带的居民，很多从事的是被视作"伺候人"的服务业，比如人力车夫，甚至还有沦落风尘的下等娼妓，所以一些有偏见的老天津人用"贱"字来形容他们。

总的来说，"北门富，东门贵，南门穷，西门贱"这句老话虽然有些偏颇，但也反映了过去老城厢的居民同类而居的现实。

天津的"十五座城门"其实并不存在

1947年时，天津外城号称有十五座城门，分别为忠孝门、仁爱门、信义门、和平门、建国门、复兴门、中山门、中正门、民族门、民权门、民生门、胜利门、大同门、林森门、力行门，但这些"门"其实没有实物，而是国民政府为加强防务而设立的十五个军事卡口。

值得注意的是，这十五个军事卡口，只是国民政府所打造的"天津城防"的一部分。"天津城防"就是解放战争时，国民政府给天津城加固的防御工事。它包括环绕天津的环城碉堡和护城河，全长八十四华里，护城河宽十米，深四五米，每隔二百米就设一个

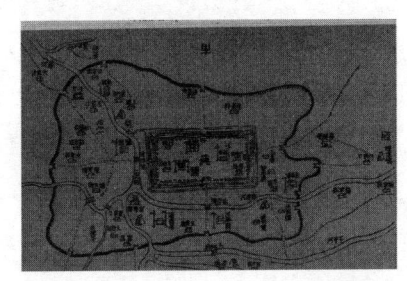

十五城门

碉堡。护城河外遍布数以万计的地雷，河内岸筑起一道六米高的土墙，墙上密布铁丝网、电网。同时设立十五个军事卡口，也就是所谓十五座"城门"，行人只能通过卡口进出天津城。而且在这些卡口上，都有严密的防御布置。比如中山门，在两边设有碉堡，上面有一圈荷枪实弹的国民党士兵，对过往行人进行盘查。然而看似固若金汤的城防工事，还是改变不了国民党一败涂地的局面。事实上，解放军从发起天津战役到顺利攻下天津城，只用了29小时。

时至今日，这十五座"城门"，只有几个作为地名，还留存在城市的记忆里。它们是建国门（平山道与紫金山路交会处）、复兴门（大沽南路与微山路交会处）、中山门（津塘路与东兴路交会处）、民权门（金钟河大街与红星路交会处）、大同门（西于庄后大道与大新街交会处）。

天津的街桥地名

你听说过天津的"耳朵眼胡同儿"吗?"张自忠路"为何要用人名做路名?"驴市""马集"是用来买卖牲口的吗?天津的"三不管"又是指哪里?就像很多其他的城市一样,天津的街道、胡同、浮桥、市集等融入了生活中的城市建置,无一不在诠释着天津特有的风土人情。这些有趣的街桥地名不仅表现了天津悠久文化历史的演变,也展现了天津人幽默风趣、知足常乐的豁达性情。

街桥的由来

你知道天津街道名字的由来吗

来过天津的人大概都会发现这样一个现象,有叫路的,也有叫道的。道和路是不同的。大家都知道天津是以水路运输才发展起来的,天津河道发达。有条河贯穿整个市区,这条河叫海河。天津的路大多根据海河的走向,以平行或垂直于海河来修建。与海河相交的为道,与海河平行的为路。因此天津的道路大都是以某某道、某某路来命名的。海河在进入天津市内的走向为由西北而向东南,所以道路是没有正东正西的,这是天津一大独特的景观。也因此天津人无论是认路指路还是辨认方向时都会说左右,而不像其他地方说东、南、西、北。

天津道路的命名更充满着地域历史特色。大家都知道天津的道路很多都是以地名命名的,比如"山西路""南京路""陕西路""福建路""九江道""沈阳道"等。这些地名其实也是有它们自己的命名规则的。那就是以"路"命名的,多是各个省的名称,而以道命名的,多是各个省内城市的名称。而这个命名方式的由来,也大有讲究。天津当年各种租借地林立,所以当时市内道路的命名也是形式各异,最初基本都是按照租界内国家的习惯来命名的。而在1945年开始,中国政府逐渐收回租界权益。为了显示一统全中华的决心,决定南北路多以省命名,称路,如山东路、山西路、河北路、甘肃路等;东西道路多以城市命名,称道,如哈尔滨道、多伦道、沈阳道等。国民党光复后对天津道路命名的原则是抗日化、去殖民化，所有街道都以抗战沦陷区、战役有关地名及历史事件、地名来确定。解放后天津延续了国民党的命名。后来城市扩大，依旧延续了这一传统。

另外，天津还有一些以"街"命名的道路，比如南门外大街、荣业大街等，这些基本上都是曾经老城遗留下来的名称没有改变，也就是这些叫"街"的道路基本都是相当有历史的。

三条石大街和李鸿章有关系吗

关于三条石大街名称的由来有几种说法，一种说法是，这一带水陆交通便利，又靠近老城厢，所以商业发达，往来客商很多。同时，这一地区地势低洼，一到雨季，道路泥泞不堪，给人们造成了很大的不便。于是常来常往的客商们共同出资，在这里铺设了三条大青石路——三条石大街由此得名。

另一种说法，和时任直隶总督李鸿章有关。传说那时李鸿章在天津的府邸，位于总督衙门后面。某年，他的妻子去世了，灵柩要经过南运河运回安徽老家安葬。当时正赶上雨季，三条石地区道路泥泞，为了方便笨重的灵车通过，李鸿章下令在大路的中间并排铺了三条青石板。

有一位文史研究者叫张诚，他的看法是这样的：这条街的得名其实与李鸿章无关。李鸿章的母亲死在武汉，灵柩直接运回老家，与天津无关。李鸿章的原配夫人死在老家，与天津也无关。李鸿章的继配夫人赵小莲虽然是在天津去世的，但出殡时走的是衙门后边的新浮桥，然后用船送到英租界码头，再装轮船运到镇江，换小船回合肥，并不经过三条石一带。李鸿章的第三位夫人莫氏去世时，李鸿章早已去世，所以也不可能和三条石有关。

关于三条石大街得名的各种传说都有其支持者，以致谁也说服不了谁。唯一能肯定的是，早年间的三条石大街，确实铺有大青石。三条石博物馆建成后，有三块大青石被保存在馆内，青石上俨然可见车辙的印

痕，诉说着历史的沧桑变迁。读者可以去现场看一下，至于跟李鸿章到底有没有关系，就仁者见仁，智者见智了。

武清城是不是刘罗锅重修的

不知大家是否还记得，曾经红遍一时的《宰相刘罗锅》中有这样一个故事，刘罗锅用10箱子假金条换了和珅10箱真金条。电视剧中，刘罗锅用这些金条修了河堤，人们都说，那10箱子金银财宝实际上被刘罗锅用来修了当时的武清县城，也就是现在的城关镇。武清城关位于区政府驻地杨村西北30公里处，当年的武清县城，就在如今武清区城关镇。

走在城关的大街上，提起刘罗锅重修武清城的事，在天津有这样一个有趣的传说：当年刘罗锅到北京东南的几个县微服私访，走到武清县时，看见这里的城墙年久失修，破败不堪。如果不修的话，万一哪天打起仗来，肯定守不住城。所以回到北京之后，就向乾隆皇帝禀告应修城了。没想到和珅为整倒他，竟然跟皇帝告状，说他在武清城受贿，所以才会跑回来要钱修城。刘罗锅知道后非常生气，就命家人打了10个箱子招摇过市，还特意放出口风说里面装的都是金银珠宝。果然和珅上当了，将箱子都扣了起来，还把皇帝请来开箱检查，没想到一打开，里面全是砖头瓦块。而刘罗锅则一口咬定是和珅给偷梁换柱了，最后没办法，和珅赔了10箱财宝，刘罗锅就用这个钱修了武清县城。

著名的天津五大道是指哪五条道

有道是：2000年的历史看西安，1000年的历史看北京，100年的历史看天津。天津"五大道"驰名海内外，来天津必看五大道。天津的五大道是指历史上曾是英租界的"墙外推广界"。是坐落在成都道以南，马场道以北，西康路以东，马场道与南京路交口以西的一片长方形地区。又被称为五大道地区。19世纪末20世纪初，五大道地区原是天津城南一片坑洼塘淀。在这片荒芜的土地上，散落着一些窝棚式的简陋民居，当时有"二十间房""六十间房""八十间房"等似是而非的地名，后划为英租界。从1919年至1926年，在这七年间，英租界工部局利用疏浚海河的淤泥填垫洼地修建道路。迄今为止，五大道地区共有22条道路，总长度为17公里，总面积1.28平方公里。它最吸引人的，就是那些风格各异的欧陆风情小洋楼，这里汇聚着英、法、意、德、西班牙等国各式风貌建筑230多幢，名人名宅50余座，使这里成为"万国建筑博览会"。因此，如今"五大道"已经成了天津小洋楼的代名词。五大道地区，作为天津租界市政园林和民居建筑的典型代表而别具特色。第一，它形成了姿态万千的西式建筑群体景观；第二，建筑的私密性构成了深幽寂静的街市风格；第三，近代许多政客买办、达官显贵居于此，使五大道成为近代名人荟萃之地。所谓五大道，顾名思义是指五条大道。但具体指哪五条道，说法不一。一种说法，指马场道、睦南道、大理道、常德道、重庆道。另一种说法，指马场道、睦南道、大理道、重庆道、成都道。但实际上，所谓五大道其实是六条道路。自20世纪60年代开始，天津城建部门为了统一管理，按照由南至北的顺序，将这一地区东西走向的马场道、睦南道、大理道、长德道、重庆道、成都道等六条道路统称为"五大道"地区。

天津五大道

金汤桥与哪场著名战役有关

金汤桥位于建国道西端与水阁大街之间的海河上。桥名金汤是取"固若金汤"之意。金汤桥原为浮梁舟桥，由13条木船连缀而成，桥

面铺设活动木板。初名"盐关浮桥",俗称"东浮桥"。清雍正八年(1730年)由青州分司孟周衍详请盐院郑禅宝建造,所以又称"孟公桥"。是天津最早也是目前国内仅存的三跨平转式开启的钢结构桥梁。提起金汤桥,不得不提起那场著名的战役——平津战役。

1949年1月14日,人民解放军从东、西、南三个方向向国民党守军发起总攻击,打响了解放天津的战役。解放军同时向国民党城防猛攻。经过一番激战,在突破外围城防后,终于在15日凌晨东西路大军按计划胜利会师金汤桥。1949年1月15日,天津获得解放。人民解放军胜利会师于金汤桥,成为全歼守敌的关键,因此金汤桥又成为象征天津市解放的标志性建筑。

1994年6月,天津市委、市政府又把它列为"爱国主义教育基地"。经过百年的使用,桥梁局部构件严重锈蚀损坏,后来就大修了一次。今天的金汤桥已脱胎换骨,焕然一新,将钢桥和玻璃完美地结合起来,同时在桥两头新建了钢结构的玻璃引桥,在两岸建设了主题性公园——会师公园,非常值得一游哦。

"老龙头"地名的来历跟龙有关吗

"老龙头"这个历史区片名,泛指今河北区南部、天津站及其周围一带。天津火车站和横跨海河的浮桥(位于今解放桥附近),都曾以"老龙头"为名。今天津站后广场还有一家旅馆——"老龙头饭店"。

关于"老龙头"地名来历,概有两说:一是乾隆赐名;二是因火车得名。第一种说法:乾隆三十年(1765年),天津道台陈辉祖等为接驾,在海河东岸大直沽西南一带,建造行宫——柳墅行宫。转年,乾隆在大学士刘墉陪同下,率船队莅临三岔河口,视察河工,召天津道台等地方官员登舟随驾前往。龙舟驶过马家渡口(即今锦州道通海河处),见河道逶迤延展,波纹犹如金鳞,涌向天水一色的远方。乾隆颇有兴致地赞叹:"此河酷似游龙!"侧目东顾,惟见岸边盐坨林立,蜿蜒数里，蔚为壮观。乾隆问："此为何地？"刘墉示意天津道台陈辉祖回禀，因当时此地还没有名字，陈一时语塞。乾隆见无人答话，面露不悦。刘墉灵机一动，受皇上刚说"此河酷似游龙"的启示，一语双关地答道："足下乃老龙头也。"乾隆会意一笑："好一个'老龙头'！"天津道台连忙叩头谢恩："谢主御封'老龙头'！"于是"老龙头"这个地名便诞生了。

第二种说法：天津站1892年建成，为当时全国规模最大的火车站。1895年通车，因一列火车外形如长龙，故谓车站为"老龙头"；或谓当时为慈禧太后特制专列，车厢及机车外观均以金龙装饰，命名"龙号"。因专列停放于此，故名"老龙头火车站"。"老龙头火车站"位于今河北区南部，海河东路东段北侧，为京津交通枢纽。始建时站舍简陋，设施落后。1900年，曾为义和团奋力抗击八国联军侵略者的战场，后曾先后以"天津老站""天津紫站""天津东站"等为站名。

哪位皇帝在桃花堤留下了吟咏桃花的诗作

桃花堤位于红桥区丁字沽地区，与中环线毗连。范围由西沽沿运河向西北直到桃花口、桃花渡和桃花寺，人称"杨柳桃花三十里"。始于

桃花堤

元朝，兴盛于运河之畔，经历了元、明、清历代的变迁，如今经过重新修缮，成为天津旅游景点之一，笑迎天下宾客。据记载，清朝初期，北运河堤丁字沽一带，有桃柳数千株。每逢春日，桃花盛开，绿柳如茵，文人学士纷纷在此赋诗，"欲和春浅深，但看花开来""丁字沽边柳万条，青青一带锁红桥"等，便是其中的佳句。清代康熙帝曾为桃花堤题词："再见桃苍，津门红映依然好；回銮才到，疑是春雨报。锦缆仙舟，星夜盼辰晓；情飘渺，艳阳时裛，不是垂阳老。"传说，当年乾隆皇帝下江南，路经此处，见到岸坡桃林茂盛，垂柳依依，弃船登岸观花余兴未消，欣然命其名为"桃柳堤"。桃柳堤旁边有一桃诗园，佳木繁荫，清流映带。只是随着时间的流逝，特别是十年动乱中人为的破坏，桃柳堤面目全非。直到1985年，桃柳堤恢复重建，又展新姿，取名"桃花园"。

《续天津县志》记载：乾隆三十一年，天津遭遇水灾，乾隆皇帝下旨安排救灾事宜。又于第二年春来到北运河，查灾情，勘堤防，观赏了桃花堤美景。这年乾隆皇帝已经年近花甲，在北运河畔"弃舟登岸策马进城"，并赋诗两首。乾隆在桃花堤留下很多美好的传说，比如现存的"龙凤古槐"。

您听说过"耳朵眼儿胡同"吗

"胡同"是小街小巷的意思，普遍用于北方城市。凡用"胡同"做通名的里巷，一般都比较狭窄，人口稠密，两侧多为平房。弯曲的叫九道弯胡同；有棵大树，就叫大树胡同；狭小的叫"耳朵眼儿胡同"……

其中"耳朵眼儿胡同"就是一个很有名的胡同。"耳朵眼儿胡同"由三个小胡同组成，总长度不足200米。它位于北马路与北门外大街交会处附近，南起北马路，北至估衣街，向西可拐入北门外大街。"耳朵眼儿胡同"进口较窄，进入胡同中部后较宽，还有一片大空地，其地形确似"耳朵眼儿"。传说乾隆南巡天津期间，曾经微服逛街，路经这条狭小曲折的小巷时，笑着对侍从说："这就是耳朵眼儿啊！"于是后人就把"耳朵眼儿"作为胡同名了。2000年初，天津市进行危漏房屋和平房改造，"耳朵眼儿胡同"被改造成了新的商业街。

耳朵眼儿胡同

虽然古老的天津"耳朵眼儿胡同"已被那现代宏伟的大楼所代替，但天津大街小巷以"胡同"做通名的，约占街巷地名半数以上。天津的胡同不仅是城市交通脉络和平民百姓生活的场所，更是记载着津沽历史文化演变的过程，蕴含着浓郁的文化气息。有诗句这样描述：斜阳草树，寻常巷陌。在天津，洋溢着民俗风情的大小胡同，是非常值得读者朋友亲临感受的。

独特"津门老四开"指的是什么

"开"字顾名思义就是指城外的开阔地带。天津有一种"方位词"加"开"字的地名，如"南开""北开"等，这在国内城镇地名中极为少见。其中，因为南开的著名学府，使"南开"这个地名成为津门"老四开"中最为人熟知的一个。

"南开"这个地名，最初是指旧城西门外以南的开洼荒地，也就是今天南马路和南门外大街相交的西南一带地区。明朝时，这一带一片水泊，芦苇丛生，明代八景之一的"南原樵影"就指此地。清康熙年间，开垦洼地为稻田。清代城垣拆除后，居民逐渐南移，此地才渐渐开辟为城区，老百姓仍习惯称之为"南开"。1904年爱国教育家严修、张伯苓在天津共同创办了"私立中学堂"，三年后学校迁址于此建立了大学部，即为现在的南开大学。学校因地而名，地名也因学校的声誉而闻名中外，并且沿用至今。

像这样的开阔地不止在旧城南,地名中带"开"字的还有北开、西开和东开,只是这几"开"没有如"南开"般的盛名。"北开"最初是指天津城北门外的开阔地带,现在指北运河西边,红桥区的东南一带。老西开的位置并不在旧城西,而是指当时法租界西边的一片开洼地,也就是现在和平区西部,西开教堂所处的地方。曾有人认为天津东面海河没有开洼旷野,所以没有"东开",其实不然。"东开"也是天津的老地名,位于旧城以东,河北区东南部,指现在王串场一带的广大地区。因清末乃至解放之前,"东开"地处僻野,人迹罕至,发展远不及"南开""西开",故"东开"之名便渐渐隐没无闻了。我们在民国时期的《天津街巷全图》里还可以找到以"开"作为地区划分界限的地图。

"开"字地名产生于天津人形象生动的话语中,流传在人们的生活里,给古老的天津城增添了几分活泼与独特。因此就有了被人们津津乐道的"津门老四开"了。

天津古文化街南北牌楼上的题字是什么意思

作为津门十景之一的天津古文化街是由仿中国清代民间小式店铺组成的街道。位于南开区东北角东门外,海河西岸,北起老铁桥大街(宫北大街),南至水阁大街(宫南大街)。系商业步行街,国家5A级景区。这里在古代是祭祀海神和船工聚会娱乐之场所。现已修复的古文化街包括天后宫及宫南、宫北大街,是天津老字号店、民间手工艺品店的集中地。

古文化街南、北两入口处各建有牌楼一座。其南口牌楼坊心上的文字是"津门故里"

古文化街牌楼

（面朝南）和"晴雪"（面朝北）；其北口牌楼坊心上的文字是"沽上艺苑"（面朝北）和"金鳌"（面朝南）。为什么会在南门牌楼上题字"津门故里"呢？其中是大有深意的。"津门"是天津的别称，"故里"是老地方的意思，"津门故里"就是天津卫的老地方，有天津卫的发祥地之意。那么"晴雪"又是什么意思呢？"晴"是天气好的意思，"雪"有"洗"的含义。"晴雪"是刚刚下完雪后的景色，晴空万里的天空，游人如织的街面，比喻人的心情非常纯真，仿佛被洗涤了一样。

北口牌楼坊心上的文字"沽上艺苑"的解释又是什么呢？因为天津地处九河下梢，自古以来水源丰富、水网密集，天津又素有"津沽""直沽""沽上"之称，天津卫地域内有"七十二沽"。"沽上艺苑"就是天津卫的文化发祥地的意思。那么"金鳌"指的又是什么呢？"金"即金子、贵重之意，黄金为最值钱的金属；"鳌"，即最大的鱼在跳过龙门以后称为"鳌"，是龙的化身。"金鳌"比喻将最好的和最高级、最高贵的东西聚集在一起。我国的成语有"独占鳌头"一词，意为领先，并占有最好的位置和东西的意思。

我们理解了门牌楼上题字的深刻寓意以后，被古文化街浓郁的文化氛围所熏陶，再漫步于古文化街，进出于古文化街里近百家各具特色的店堂，会更加感受到古文化街充满了浓郁的古老味、文化味、中国味和天津味。

为何有八里台、七里台、六里台这种奇怪的地名

八里台、七里台、六里台，三个台究竟指何为台，又各距何处为八里、七里、六里？这些奇怪的地名又是怎么来的呢？

八里台原称八里带亲王属地，八里带为元世祖忽必烈之侄孙，封地在今八里台至六里台一带。八里台是八里带亲王属地之通称，并不指特定之楼台，也没有距何处八里的意思。

六里台地名出现于解放前，当时为一片荒地，处于海光寺与八里台之间，人烟稀少，当时仅有一个中日中学建于该处，以学习日语为主，由日本军方赞助，授课教师有沈兼士、周作人等。当时，八路公共汽车即由东站开通至六里台终点站。这是在天津地图上首次出现六里台地名，其来源估计是按距八里台约一公里而臆测得出，并没有台的依据。

七里台一直到解放初仍无此定名，但人们都断想在八里台与六里台之间理应还有一个七里台点缀其间。1952年天津三大学（北洋大学、南开大学、津沽大学）进行院系调整，其中将调整后的北洋大学（已更名为天津大学）由西沽北洋大学旧址迁至七里台现址。建筑工程于同年5月开工，大批砖、灰、砂、石源源运到工地。由于场地陌生，运输工人经常找不到具体位置，便在校东门木桥处立上大木牌一个，上书"天津三大学七里台工地"，从此七里台的地名也就随之不胫而走了。

由此可知，"八里台"是原生地名，"六里台"因距"八里台"一公里而派生得名。在"八里台"和"六里台"之间，再加上"七里台"，顺理成章地形成了系列地名。于是，就有了天津驰名已久的八里台、七里台、六里台。

聂公桥是为了纪念哪位名人而命名的

聂公桥原名"八里台桥"，位于今城南水上公园北侧，毗邻南开大学和天津大学。是为纪念晚清爱国将领聂士成而将八里台桥改名为"聂公桥"的。

聂士成（1836—1900年），字功亭，安徽合肥北乡（今长丰县岗集镇聂祠堂）人，清朝将领。幼年父死，家境贫寒，与母亲相依为命。聂士成自小好行侠仗义，后投身军旅，开始了四十年戎马生涯。先后参与剿捻、中法战争、甲午战争、庚子之变，战功卓著。

光绪二十六年（1900年），八国联军入侵中国，从大沽口登陆，向北京的门户天津发起了猛攻。聂士成坚守八里台桥,中炮阵亡,英勇捐躯。清廷追赠他为太子少保,谥号忠节。并在天津建专祠供后人瞻仰。其牺牲处八里台桥改名"聂公桥",桥畔树碑"聂忠节公殉难处",两边联语为:"勇烈贯长虹,想当年马革裹尸,一片丹心化作怒涛飞海上;精忠留碧血,看此地虫沙历劫,三军白骨悲歌乐府战城南。"

1905年,清政府建聂公纪念碑,将八里台桥命名为"聂公桥"。2000年,市政府竖立聂公铜像,以资纪念。

鞍山道住过哪位皇帝

在天津鞍山道(旧日租界宫岛街)上有1925年至1931年清朝末代皇帝溥仪曾经住过的两个故居。有一处因溥仪而闻名的静园,同一条路不远处,还有一座不对外开放的张园。

张园是清代两湖统制张彪于1915年所建的豪华宅院,位于当时的天津日租界的宫岛路(今鞍山道59号)。张彪既是晚清王朝的旧臣,又是中华民国的"建威将军"。因为园主为张彪,因此被称为"张园"。1924年,溥仪被逐出宫,张彪将他迎居于张园,溥仪在张园一住四年。张彪去世后,张彪儿子要向溥仪收租金,溥仪就想换个地方了,最后去了静园。

静园,位于天津市和平区鞍山道70号(原日租界宫岛街),1921年,曾任北洋政府驻日公使的陆宗舆斥巨资修建此园,取名为"乾园"。后陆宗舆将乾园"无条件地奉送给皇上"。1929年,自张园搬进乾园的溥仪将园名改为"静园",取"静以养吾浩然之气"之意。溥仪在此"静观变化、静待时机",为继续他荒唐的皇帝生涯,蛰伏待机。

鞍山道不仅因为有溥仪住过的两个故居而闻名,1924年孙中山偕夫人宋庆龄由日本到达天津,也在张园居住了将近一个月时间,各方风云人物如段祺瑞、张作霖、黎元洪、李烈钧、汪精卫等纷纷前来张园拜访。中共地下党的于方舟、邓颖超等，也曾前来张园探视孙中山。这里，一时成为民国政治的关注点。因此，到天津游览"小洋楼"文化，是一定要去市中心的鞍山道的。

天津解放桥的设计者和法国埃菲尔铁塔的设计者是同一个人吗

解放桥位于天津火车站与解放北路之间的海河上，是一座全钢结构可开启的桥梁，桥长97.64米，桥面总宽19.5米。合则走车，开则过船，"万国桥下过大船"，曾经是海河一景。解放桥不仅是天津的标志性建筑物之一，也是连接河北、和平两区，沟通天津站地区的枢纽桥梁。解放桥最初建于1902年，于1923年重建，1927年正式建成。原名"万国桥"，即国际桥之意。因当时的天津有英、法、俄、美、德、日、意、奥、比9国租界，故得此名。而此桥位于法租界入口处，又是由法租界工部局主持建造的，所以当时天津民众更愿意称它为"法国桥"。抗日战争胜利后，当时的国民政府以蒋介石的名字命名此桥，将"万国桥"改为"中正桥"。1949年，天津解放后此桥正式更名为"解放桥"，并沿用至今。

解放桥上曾留下过许多故事和传说，不仅有解放军以一个连的兵力且仅用20多分钟时间攻克大桥的佳话，也上演过一些人纵身桥下寻短见的人间悲剧，还先后拍过《马永贞》《雷雨》《大决战之平津战役》《被风吹过的夏天》等影视剧。最为扑朔迷离的，是至今没有搞清楚大桥设计者到底为何方人士。

多年来社会上有一种传说："风格独特、现代感极强的铁桥，出自法国建筑设计大师居斯塔夫·埃菲尔之手。"如果这个令人兴奋的说法属实，解放桥可真是身价倍增了。到底是不是真的呢？

有人查考了居斯塔·艾菲尔的传记后得知，这位法国建筑大师逝世于1923年12月15日，而这时间恰巧是大桥开始动工的年份。也许有人会这样猜测：建筑工程设计在先，万国桥1923年开工，其设计按规律要在一两年前形成，艾菲尔是否在去世之前已经完成了设计方案？文献有载，艾菲尔在他去世的两年前，即89岁高龄时，就已宣布要闭门著书，并在两年内写出了3部堪称世界建筑遗产的专著，这期间他大概不会再接设计任务，特别是一座远在东方、规模并不是很大的"万国桥"。因此人们的传说只是出自对"法租界""法国桥"以及"艾菲尔是法国著名钢材建筑设计大师"的联想。解放桥的真实设计者跟法国艾菲尔铁塔的设计者不会是同一个人。

天津人为何用"场"字给街道命名呢

"场"指平坦的空地，其中用来翻晒粮食、碾轧谷物的，就是"打谷场"。天津就有几处由"打谷场"而产生的地名。

处于河北区东南部的"王串场"，泛指真理道以北至金钟河大街，红星路以西至丰恒路这一区片。此地在历史上曾被俗称为"东开"，就是以老城里为中心，城东面的一片大开洼。清朝前期，这里地旷人稀，农田和荒野交错，原属武清县，清雍正八年（1730年）划属天津县。乾隆年间，住户渐增形成村落。当时有王姓住户名字叫"串子"的人，在此修建了一座打谷场。每年夏秋收获季节，当地农民就租用这个谷场晾晒碾轧谷物。人们习称"王串场"。此后这个谷场名逐渐演变成为河北区著名的区片名了。

相似的还有：红桥区南头窑附近有"场院街"，也是因此地原为打谷场而得名。另外，在南开区北部靶革当大街和南开五马路之间有两条交叉的路，即"华家场北大街"和"华家场东大街"。所谓"华家场"，是指天津著名书法家华世奎家的菜园和谷场。后来有人在此建造房屋，逐渐形成里巷，初名"华家场大街"。然后以所处方位分别名为华家场北大街和华家场东大街。在南马路和南门外大街相交处西侧有"姚家下场大街"，不过这个"场"不是打谷场而是柴场。1920年姚姓兄弟二人在此开设柴场，因卸柴场院地势较低，故俗称"姚家下场"，后渐成聚落，故以柴场得名。

综上所述，在天津凡是带"场"字的街道名字，绝大部分可以推测出这个区域，在很久以前是做什么用的——基本上不是当地老百姓的打谷场，就是当地老百姓的柴场。顺便一提的是，天津著名的"劝业场"则是一座建于1928年的大型建筑。它位于和平路与滨江道交会处，主体五层，转角局部七层，可谓津门名楼。

天津古文化街里的大狮子胡同是严复故居所在地吗

提起严复故居，大家首先想到的都是严复位于福州市鼓楼区郎官巷西段的故居吧。因为大家都知道严复出生于福建，毕业于福州船政学堂，1921年逝世于福州故居。这样看来，严复故居怎么能跟天津扯上关系呢？我不妨先带大家深入地了解一下。

严复铜像

严复，福州阳岐人，原名宗光，后改名复，字几道。是清末很有影响的资产阶级启蒙思想家、翻译家和教育家。他第一次把西方的古典经济学、政治学理论以及自然科学和哲学理论较为系统地引入中国，启蒙与教育了一代国人。曾为北京大学第一任校长。以译述赫胥黎的《天演论》而在中国近代思想界名声显赫，被誉为"中国启蒙第一人"。是中国近代维新派的代表人物，他以进化论为武器，唤醒人们"自强保种"，挽救民族危亡，他被毛泽东主席评为"代表了全中国共产党出世以前向西方寻找真理的一派人物"，与洪秀全、康有为、孙中山齐名。1854年出生于福州，毕业于福州船政学堂，后留学英国学习海军。

其实，严复留学英国回国后，清光绪元年，即1880年就到天津北洋水师学堂任职了。严复在天津工作生活了20多年，自称"三十年老天津"。在这期间，他一直居住在古文化街的大狮子胡同里。因此古文化街大狮子胡同就是严复故居所在地了。但现在原房屋已不存在。为了挖掘历史文化，就有人先后走访了严复先生的后代和历史专家，结合景观设计，在严复故居原址建设天演广场，设立严复铜像和《天演论》石刻。一生近一半的时间，严复的身影始终没有离开过天津。

严复所著《天演论》的地点就是天津古文化街的大狮子胡同。严复在天津还创办了《国闻报》，积极宣传变法图强，在中国近代史中留下了光辉灿烂的一页。

意式风情街里有哪些名人故居

天津意式风情街又叫意大利风情区，位于天津市河北区原意大利租界区域，由五经路、博爱道、胜利路、建国道这四条河北区的道路合围

意式风情街

起来的四方形地区，统称为意大利风情区。意式风情街是天津这个城市名人故居众多的地方。意大利风情区是怎么形成的呢？意式风情街里又有哪些名人故居呢？

20世纪初的天津，曾经有8个国家在此设立租界。1900年，义和团运动失败，腐败的清政府和11国的代表，签订了屈辱的《辛丑条约》，意大利借此在天津获得了设立租界的权利。意大利租界的地点就位于现在北安桥和天津火车站之间。租界由一个叫费洛梯的意大利人负责规划和建设。在租界建设过程中，建造房屋要求以意大利花园别墅为主，并严格规定沿街建筑不许雷同。在这里有目前保存完整的欧洲建筑近200余栋，是意大利本土以外最大的意式风格建筑群。因此就有了现在的意大利风情区和意式风情街了。

由于意租界区域内环境优美，设施完善，文化气息浓厚，因此住进了不少文化名人，20世纪初的中国风云人物，很多都与这里有着渊源。有梁启超、曹禺、张廷谔、曹锟、袁世凯、曾国藩家族、冯国璋、李叔同、汤玉麟、李廷玉、孙良诚、王一民、曹锐、黎元洪、安文忠、齐耀琳、靳云鹏等众多名人的故居，更留下了一代民族英雄蔡锷将军的足迹。值得一提的是蔡锷将军与梁启超先生曾在这里商讨讨伐袁世凯的护国大计。

所以说，意式风情街是天津这个城市名人故居众多的地方。许多大家所熟知的影视剧如《非常完美》《建国大业》《白银帝国》《风声》《辛亥革命1911》《梅兰芳》《金粉世家》《大上海》《毒战》等都曾在这里拍摄。不仅因为这里很美，更因为这里是有历史的地方。

有趣的地名

天津人为何会用"小白楼"给一个区域命名

不管你有没有去过天津，相信大家都听说过天津的"小白楼"。天津小白楼地域不算大，但名气却不小。不仅享誉全国，甚至有一些外国人也会慕名而来。天津人为什么会用"小白楼"给一个地区命名呢？小白楼为何有如此魅力呢？那还得从小白楼地区的形成和发展说起。

1900年前，小白楼附近还是一片洼荒地，1860年天津开埠后，帝国主义国家争相来天津强辟租界。最初英、法、美在天津设小白楼立租界时，小白楼一带曾为美国租界。1902年美、英私相授受，将美租界并入英租界。自划归英租界后，这里逐渐发展起来。现在所说的小白楼，它的东西以海河与海大道（今大沽路）为界，南至开封道，北迄彰德道，已成为著名的商业中心之一。

关于小白楼的由来，说法不一。其中一种说法是：小白楼地区是清代招商局总办徐润的祠堂所在地，祠堂是白色的中式两层楼房，门前有一对汉白玉石狮，当时人称为"小白楼"。另有一种说法是：英租界当局为在津的英国士兵修筑了一幢白色二层小楼，作为他们的娱乐处所，原址在大沽路和徐州道交会处，人称"小白楼"。还有一种说法是：因为原来在这里有一个外墙涂白色的二楼酒吧，当时这一地区尚无其正式地名，当地居民便以这一独特白色小楼为标志，约定俗成地称这一地区为小白楼。

虽然小白楼的由来说法不一,名字的由来已无从考证,但可以确定的是,由于自天津开辟九国租界后,各国军队以保护本国侨民利益为由而纷纷开来。这些军队官兵到处寻欢作乐,因此在小白楼一带很快就出现了为

天津小白楼地区

大兵服务的各种生意场所,酒吧、舞厅、妓院等一应俱全。于是以美军官兵为首,英、法、意、德等国的士兵们也长期把小白楼一带作为他们游逛寻欢之地。渐渐地,小白楼地区就为天津人所熟知了。

小白楼为何会有"俄国城"之称

大家知道,小白楼地区最初是美国租界,后来被并入英国租界。既然如此,为何又会有"俄国城"之说呢?

小白楼地区之所以会有"俄国城"之称,是因为1917年苏联十月革命后,天津的俄国侨民集中居住在今开封道、徐州道两条马路的西半部,以及特一区(旧德租界)的义庆里、汝南里一带。当时英国人对俄国人在居住、生活上处处给予方便。有些外国人也会娶俄国妻子。当时英界工部局中的董事长毕德斯,是英租界首屈一指的官绅,他的妻子就是俄国人,所以白俄人通过毕德斯进入各种机构找到工作的大有人在。英租界工部局警务处还增加了俄国人为督察长。这样,小白楼地区就形成白俄人聚集的社会。

俄国侨民在这里开设了俄国饭店、俄国商店、俄国风味食品店、小餐馆、酒吧及服装店、美容店等大大小小的各式商店。这些商店门前悬挂着不同颜色、不同形式的俄文招牌。蓝眼睛、黄头发、白皮肤的俄国人男女老幼到处可见。这种景象使人大有置身于俄国某个城市的感觉。

因此外国侨民称之为"俄国城",是有几分道理的。

解元里胡同跟"解元"有关吗

  大家知道,明朝、清朝正式科举考试分为乡试、会试、殿试三级。乡试考中的称举人,俗称孝廉。解元,即乡试的第一名。在天津南开区天津老城里东南、二道街北侧,有一个南北向的实胡同,南起二道街,北端不通行,长60米,天津人称之为"解元里"。这个解元里跟乡试的第一名"解元"有关吗?

  据说,解元里胡同在清朝以前并不叫解元里。到了清光绪元年,也就是1875年的乙亥恩科乡试,胡同里出了一位头名的举人,名叫张彭龄。张彭龄,字芝庭,为天津名士王荆的入室弟子,以诗文闻名乡里。当时,中头名举人的被称为"解元",胡同也因此而沾光,在入口的地方竖起了"解元里"的牌坊,这就是解元里的来历了。可见,天津解元里胡同确实跟"解元"有关呢!

  由于解元里胡同是一条一端不通的死胡同,在清朝更名为解元里之前,天津人给它起了一个形象的名字,叫裤裆胡同,可见地势的狭窄。此名虽粗俗却也形象。在天津,胡同的名字大都根据胡同的形状而取名。像此类着眼于胡同形状而取名的,还有葫芦罐胡同、弯尺胡同、口袋胡同、篓子胡同、磨盘胡同、环形胡同、大口胡同、小口胡同等。至于曲折拐弯的,就取名九道弯胡同、九曲胡同、六道弯胡同、五道弯胡同、三道弯胡同等。

炮台渡口处没有炮台为何以炮台渡口命名

  到天津,您会听说炮台庄、炮台渡口等地名。顾名思义,这些地名肯定是由于天津的地理位置至关重要,各朝代政府都会建多处炮台守卫天津。那么去这些地方,一定能见到炮台吧!其实不然。那么为什么会有炮台庄、炮台渡口这样的地名呢？

据记载，明崇祯十二年（1639年）在天津城四周建炮台7座，令总兵赵良栋向各炮台拨派兵士，昼夜把守。清代也曾在津城周围要地建有炮台七处，分布于海光寺西、马家口、三叉河北、邵公庄东和城西双忠庙等地。清道光年间在城南炮台遗址（就是海光寺附近）建村，1900年后发展成为居民住宅区，遂称"炮台庄"。

炮台渡口在红桥区东南部，位于耳闸南侧，子牙河上，是沟通河北区、红桥区的交通渡口。南起子牙河南，北至河北区第一毛织厂，清乾隆五年（1740年）建，用木船摆渡，初名"小渡口"。同治四年（1865年）在此修建炮台，故改称"炮台渡口"。

后来，这些炮台因常年废置而渐渐拆除，不存在了。但"炮台庄""炮台渡口"等地名沿用至今。通过炮台庄、炮台渡口等这些地名，就可以了解到其中一些炮台的具体方位。

铃铛阁的命名跟铃铛有关吗

铃铛阁位于天津市红桥区，初名"稽古寺"，建自唐代。明万历七年，建藏经阁，因阁角装有风铃，叮叮当当的铃声可传数里，人们称之为"铃铛阁"。光绪十八年，由于附近木料场失火，延烧及藏经阁，房子及所储存的大藏经都化为灰烬。

铃铛阁

传说，每年农历六月初六为"晒经节"。到了那一天，阁内的全部藏书均置于阳光下曝晒，防蛀防腐；同时借此机会任人阅览。当时津门的一些文人学士，纷纷而来，一时盛况空前。

虽然，铃铛阁早已焚毁了100多年，但这个名字却长久流传了下来，并由它派生出诸如铃铛阁大街、铃铛阁北胡同、铃铛阁大胡同、铃铛阁西胡同、铃铛阁中学、铃铛阁小学、铃铛阁街道办事处等一系列地名。其中，铃铛阁旧址改办而成的铃铛阁中学，在其校旗校徽上，将铃铛作为主要标志。

大家应该注意的是：这里铃铛阁的阁字不读ge而读gǎo。这是为什么呢？这主要是因为受方言影响。不少天津地名存在着特殊的方言读音，譬如"水阁大街""玉皇阁""北阁"等地名中的"阁"字，都是不读ge，而读gǎo。天津著名民谚："天津卫，三宗宝，鼓楼、炮台、铃铛阁（读为gǎo）。"后来，这原始的"三宗宝"，有的拆除，有的坍塌，也有的遭焚，都不复存在了。于是，后来又产生了表达天津人惋惜遗憾心情的民谚："鼓楼拆，炮台倒，大火烧了铃铛阁。"

严复的《国闻报》是在天津紫竹林始创的吗

紫竹林初为庙宇名，不久派生为聚落名，后为街名、地区名。相传清康熙初年（1662年），在此地建造了一座供奉观世音的紫竹林庙，正殿三间，两厢有配殿，院内植有竹林。寺庙遗址就位于今承德道原市图书馆附近。随着天津被辟为通商口岸，紫竹林被辟为租界地，紫竹林渐成为英法租界的代名词。现在，大多数天津人已不知道"紫竹林"到底为何处了。

天津紫竹林是当年中国最负盛名的西洋景之一，比起当时上海外滩，名气不在其下。1860年天津开埠以后，紫竹林成了天子脚下著名的"观光区"。南来北往的官员、赴京赶考的举子，在天津停留期间最感兴趣的就是到紫竹林租界"逛西洋景"，据说1897年严复在此地创办了《国闻报》，社址是法租界紫竹林海大道，也就是今天的大沽路。

相信很多人都记得1900年义和团围攻紫竹林租界的历史。当年，义和团还曾在紫竹林写过"兹特示尔国闻报，此后下笔要留神，倘敢再有诽谤语，定须毁屋不留情"的揭帖。此后，在天津生活了二十年的严复远赴上海，或与此"警告"有关。

昔日的天津紫竹林，如今已渐渐发展为充满现代化气息的津湾广场、金融街、小白楼商区，而路边枝叶繁茂的法国梧桐、鳞次栉比的异国建筑都在诉说着历史的厚重。

挂甲寺跟唐王东征有关吗

挂甲寺村在今天津河西区东部，村落范围大致在今小围堤道以北，湘江道、重华大街以南，海河之西。挂甲寺村这块地方从有人烟起，至今有近一千五百年历史了。相传隋炀帝开凿运河并在杨柳青栽种杨柳之后，遂沿海河顺流而下，看到一片花明柳暗之地，在杨柳之间有几户人家，炊烟萦绕其间，很有一派太平盛世的桃园气派。在高兴之中，隋炀帝便命人建造一座太平古刹，并赐名"庆国寺"，后来才改名"挂甲寺"。

怎么改名挂甲寺的呢？原来唐太宗李世民第二次征辽打朝鲜，得胜回朝，其中一支部队由大将尉迟敬德领到了庆国寺这里。时值三伏天气，走了一程不觉大汗淋漓，尉迟敬德便把盔甲脱下来挂在庆国寺旁一棵古树杈上。等返回时，竟然忘掉了，后

挂甲寺

来回来取盔甲的士兵从乡民那里找到了。当地人便把这件事神化起来，没过多久，那里便成了人烟密聚的村庄了。此后，民间就有了传说——"挂甲寺"就是李世民当年征辽返回途中驻师挂甲休憩的地方。

挂甲寺历尽沧桑，昔日的古刹、村庄，早已不存，其名沿袭。如今这里已是高楼耸立、车水马龙的市区。

另外，在天津像挂甲寺一样跟唐王东征有关的地名还有很多，据民间传说，蓟州区地名中的"擂鼓台"是李世民东征时筑台擂鼓点将之

处,"马伸桥"是李世民东征路过此地,御马劳乏伸腰,故村名"马伸腰",后演化为"马伸桥"。石桥镇还有一个叫"歇马台"的村落,传说李世民东征时曾在此地高台歇马,因此得名。

李公楼与李鸿章有关吗

大家都知道,今天的李公楼在河东区石墙子大街和新开路之间,与复兴庄、李家台、李地大街相邻。但您知道百年前的李公楼在哪儿,这李公到底指的是谁吗?

清道光年间,海河东岸自东浮桥至大直沽一带,是长芦丰财、芦台两盐场存盐的地方,故被称为"盐坨地"。这里居住着来自冀、鲁、豫等地及附近郊县的一些贫苦百姓,他们从事盐务苦工。多年发展渐成规模,并且形成了一个一个的小村庄。这些村庄多以那里有钱有势人家的姓氏命名,如大王庄、小王庄、唐家口等,李公楼也是其中的一个村子。那时的李公楼在今天的六纬路与十经路交口地带。至于当时的李姓人家到底是何许人也,已无从考证。

1900年八国联军侵占天津后,包括李公楼在内的海河东岸被划分为俄租界,俄军强令村民迁居他处。李公楼的居民在旺道庄以东的一块无人居住区定居下来。建村以后,村民们聚在一起商定村名,有人主张仍沿用原来的村名,有人却说我们重建了家园应该叫"复兴庄"。两派相争互不相让,便各占一方,自取村名。于是就有了现在的李公楼和复兴庄。安居下来的李公楼的村民还在村子前竖立了一个写有"李公楼"三个大字的牌坊。据老人们回忆,那个牌坊就立在今宝善胡同口,1939年天津闹大水时,被水浸泡腐烂后才拆除的。李公楼的名气越来越大,连创建劝业场、渤海大楼的高渤海,也在这里修了两条名为"贵德间"的胡同。

有人说李公楼好像是一个和李鸿章有关系的建筑物留下的地名。由此看来,其实李公楼和李鸿章并没关系。而李公祠是和李鸿章有关系的，早年间也叫李鸿章庙，是供奉祭祀李鸿章灵位的祠堂。

张自忠路是怎么来的

在我国城市中，街巷名称有很多是涉及人物的，或以名人命名，或以文人命名，或以名将命名。在天津就有一条以名将名字命名的道路，叫张自忠路。张自忠路的命名是为了纪念抗日名将张自忠。张自忠路在天津市中部，跨红桥区、南开区、和平区三区。西北起红桥区大胡同，东南至和平区营口道与台儿庄路相通。

张自忠，山东省临清县人。1937年7月，29军残部奉命撤往保定，张自忠受命代理北平市市长。他不愿在沦陷后的北平与敌伪周旋，遂于当年9月弃职秘密潜往天津，转道南下，率59军参加了"台儿庄大战"，后因对日作战功勋卓

张自忠路

著，升任为第33集团军上将司令。1940年5月，张自忠在湖北"枣宜战役"中，身中六弹，牺牲在湖北南瓜店十里长山战场上。张自忠是中国抗战牺牲在前线的官阶最高的将领。1952年6月11日，毛泽东主席亲自为张自忠等三位抗日英烈签发了烈士证书。

除了天津，在北京、上海、武汉都有以"张自忠"命名的地方道路。其中以北京的张自忠路最为有名。天津张自忠路的定名除了纪念这位抗日名将之外，还有一点就是张自忠将军在1936年至1937年期间曾经是天津市市长。

天津为何会有"驴市""马集"这样奇怪的地名

今通往北辰区的红桥北大街，由桃林胡同至盐店街一段，原名"驴

市街"；今红桥区西弯大街附近原有老街名"驴市口"；有老巷名"驴市口河沿"。有这几个驴市街名。除此之外天津老地名还有马道胡同、拴马桩胡同、马棚胡同以及马集胡同等。为什么会有这样奇怪的名字呢？

原因是，直至20世纪中期，天津还没有现代意义的公共交通，那时官绅富商外出的交通方式仍为骑马；而普通人、小商户外出的交通方式却是骑驴。市民外出到驴市去租驴，当时叫"驴脚"。旧时东北角、马家口、西头驴市口都设有租驴业务。养驴者多为郊县农户，他们牵着毛驴，站在道边招揽客人。一旦谈好价钱，有人租乘则牵驴出发。"驴市街"因此得名。

"马道胡同"位于南马路西段北侧，原为天津旧城的登城马道，就是傍着城墙修建的慢坡状登城的必经之路。天津每座城门、城角的两侧都各有一条马道，可骑马登城。1901年，天津城垣拆除后，在南门西侧马道旧址建房成巷，故名。"拴马桩胡同"在东门内大街北侧，旧时为埋有木桩的空旷场地，为赴县署办公人员拴系马匹之用，后建房成巷，故名。"马棚胡同"西起东马路，东至南斜街，因此处原置有拴马席棚，为客商歇马之处。红桥区校军场大街附近的"马号胡同"，此处在清末曾为清军养马场，故名。

这几个"驴市"和"马集"街巷名，为这种早已消逝的交通方式提供了有力的佐证。

天津人为何用"磨盘"与"疙瘩"给街道命名

磨盘由两个圆石盘做成，是把粮食弄碎的一种工具。疙瘩指小球形或块状的东西。石磨盘和土疙瘩在农村司空见惯，可是用来给街道命名的却不多见。

在西青区杨柳青河沿大街北侧，有一条长84米的"磨盘胡同"，相传于清乾隆年间形成。胡同南口正对着南运河，河边有一个挑水口。当地居民到河边挑水，都得经过这条胡同。胡同南半段均以废旧磨盘砌路，故名"磨盘胡同"。在南开区西南角板桥胡同附近，也有一条长105米的"磨盘胡同"。

天津市区也有以"磨盘"为名的街道，就是建于元代的水阁大街。这条位于东门外的大街，其西段曾名磨盘街，清道光年间《津门保甲图说》在东门外就明确标出"磨盘街"的位置。在静海县独流镇北部也有一条"磨盘街"，长400米，宽4米，明代形成，因街道呈环形，状似磨盘，故名"磨盘街"。

在天津近郊的旧村名中，还存有不少以"疙瘩"为名的聚落。例如西青区中北斜乡原有一个村名叫"疙瘩"，相传清初此地有两座高土台，形似土疙瘩，故名"疙瘩村"，后因村名不雅，改名为"北四新庄"。西青区杨柳青有韩家疙瘩、金家疙瘩、乔家疙瘩等里巷，皆因胡同狭曲、路面不平而得名。建在高阜处规模较小的村落，也俗称为"疙瘩"。例如北辰区有北麻疙瘩、南麻疙瘩；大港区有黑疙瘩等；塘沽区有"一疙瘩"村，因村小住户集中而得名。

吴家窑大街跟砖窑有关吗

吴家窑大街在河西区西北隅，东起马场道与围堤道相接，中与贵州路、气象台路相交，西至八里台立交桥与复康路相连。长1350米，1951年建。因邻近吴家窑村得名。吴家窑区片跨河西、和平两区。相传明永乐年间有五户人家在此烧窑，渐成村落，始称"五家窑"，后因口语谐音，遂改称"吴家窑"。

明永乐二年（1404年），天津筑城需要大量砖瓦，于是在此地设官窑烧砖。《新校天津卫志》记载：天津卫右所烧造官窑五座，坐落西门外。故名"五家窑"。清康熙年间，砖窑废弃，但作为地名沿用至今。

因此，吴家窑跟大家所想的砖窑是密切相关的。天津市区带"窑"字的地名较多，还有红桥"南头窑"、河北"金家窑"、东丽"增兴窑"等。

这些"窑"字街名的所在地，当年都是烧窑的旷野，其功能就是为老天津卫的城市建设添砖加瓦。砖窑虽废弃了，但这些窑名却成为永久的街名。随着城市建设的发展，这些当年的开洼郊野，如今已成繁荣市区。

马公祠胡同与马玉昆有关吗

马公祠胡同在河北区的黄纬路中段北侧，即今日的抗震里这个地方，因马公祠位于此而得名。

马公祠就是纪念清朝天津提督马玉昆的祠堂。马玉昆，安徽蒙城人，太平军兴起时，遭围城，军粮断绝，马玉昆则号召群众冲出城，将军粮运来，得到嘉奖。后随宋庆镇压捻军，以总兵衔记名。自同治七八年调往西北镇压回民起义，又与左宗棠同击沙俄入侵及新疆等地的叛乱，兼办屯垦，颇得赞誉。光绪甲午（1894年）授太原镇总兵。同年参加甲午之战，挫败日军。1900年八国联军入侵天津，马玉昆负责驻守河东陈家沟、小树林一带，率部奋勇作战。天津城陷，马玉昆退至北仓配合义和团进行抵御。后护送慈禧、光绪逃往西安。还京之后，清政府为他加封了太子太保衔。马玉昆于1908年逝世于天津，朝廷为了纪念他而修建了祠堂，就是今天的马公祠。

马公祠胡同也因而得名。马公祠胡同所说的马公，指的就是天津提督马玉昆了。另外，李鸿章祠堂（天津李公祠）内曾有马玉昆撰文的纪念李鸿章的石碑，今被天津市历史博物馆妥存。

杨柳青镇得名的历史传说

杨柳青镇位于天津市西南部的西青区，以"杨柳青年画"而驰名，同时也是爱国武士霍元甲的故乡。

有关杨柳青镇名的由来之说很多，但大致不外乎有三种。第一种说法是因为杨柳青镇杨柳密布，又名"柳口"。经沧桑变革，逐渐更名为

"杨柳青"。第二种说法是：元代曾有文人偈奚斯游历至此，见遍地杨柳青青，流水潺潺，宛若江南，便赋诗一首，叫《杨柳青谣》。其中有"杨柳青青河水黄，河流两岸苇篱长"之句，故得名"杨柳青"。

除以上两种说法之外，杨柳青镇还有一个很有趣的传说。传说清乾隆皇帝下江南，沿运河行至此地，见两岸杨柳繁茂，婀娜多姿，就问随行大臣刘墉这是什么地方，刘墉也不知此地地名，见此地遍地杨柳青青，灵机一动就随口回答"杨柳青"，乾隆点头笑称："杨柳青！"被陪行的地方官传扬开去，"杨柳青"镇名因此就被叫响了。

杨柳青镇

以上三种说法究竟以哪个为准，历来都难有定论。不过杨柳青镇确实因为遍地杨柳青青，景色秀美，被称赞为"北国小江南，沽上小扬州"。

芥园街道是哪位皇帝赐名

芥园街道位于天津市红桥区南部，东起北门外大街，西至旧墙子河（津河）与南开区毗邻；北临南运河与邵公庄街隔岸相望；南部以芥园道为界与铃铛阁街衔接。该街在历史上曾是清朝雍、乾时期著名园林"水西庄"故址。

水西庄原是天津芦盐巨商查日乾和他的儿子建造的园林别墅，由于该园当时水清木丽，风景幽雅，是文人雅士吟诗酬唱的佳境。由于园主人爱养名士，交接名流，水西庄曾人文荟萃，盛极一时。清朝文人袁枚在《随园诗话》中，将天津水西庄、扬州小玲珑山馆、杭州小山堂并称为清代三大私家园林。乾隆皇帝南巡曾到此处游玩，曾先后四次下榻于水西庄，因有一次正值芥花盛开，于是赐名"芥园"。

道光年后该园逐渐衰败，之后被战火烧毁，昔日楼台亭榭已经荡然无存。20世纪30年代天津文化界名人曾发起组织"水西庄遗址保管委员会"，主要目的在于呼吁重建，但最终没有结果。现在，水西庄遗物只有建设路天津自来水公司门前的一对石狮子了。

虽然当年乾隆皇帝游玩的水西庄已难觅踪迹，但乾隆皇帝赐名的芥园街道却沿用至今。芥园街现在是少数民族群众聚居地区。

为何会有"三不管"这样奇怪的地名

三不管就是当年南市南边的"三不管"。它的出现与八国联军侵略天津有直接关系。

有人说，当时日本租界正在兴建，有些商贩便来到靠近日租界边缘的地方，摆摊卖一些食品和零星百货。后来摊贩占地逐渐扩大，日本人原想把这块地方纳入其在天津的租界内，但因各帝国主义之间的各种矛盾，这个企图没有得逞。而昏庸的天津官府竟不敢在那里行使主权，导致坑蒙拐骗没人管，打架斗殴没人管，这地方成为"三不管"。后来天津警察厅虽在这里设立警察署，纵横开辟了几个街道，兴建了商店和住宅，而"三不管"地名却一直流传下来。

还有人说，由于这个地方在中国城区以南，法、日租界的西北，三个国家对这块租界地发生的案件都推诿不管，因而叫"三不管"。总之是当时警、法所管不到的地界儿。这是开始时的状况。随着天津整个市区的繁荣发展，三不管的范围日益扩大，后来就成了"南市"。

另外值得一说的是，由于"三不管"变成南市，趋向繁华，地皮价涨，末代皇帝溥仪的岳父荣源、江西督军李纯等，在辛亥革命后，都在这里低价买进土地，建房出租。从"荣业大街""东兴大街"，还可看出与"荣业房产公司"（荣源等人所有）、"东兴经租处"（李纯所有）的密切关系。

唐官屯镇的九宣闸是李鸿章修建的吗

唐官屯镇属于天津市静海区。明朝唐世义曾率移民至此屯垦官田，该村原名"唐世义官屯"，后来简称"唐官屯"。它是一座因漕运而兴盛起来的古镇。由于南运河、马厂减河流经镇区，因而此地水患问题历来不断。为了缓解这一带的水患，光绪年间修建了著名的九宣闸。

九宣闸，取"宣泄九河"之意而得名。位于本市大运河的最南端，也是大运河出津的最后一道闸口。它的成名除了缓解水患的巨大作用以外，还有一个重要原因就是与清直隶总督李鸿章的关系密切。九宣闸旁至今立有李鸿章书写的碑文，保存完好。碑中记述了当时修建九宣闸的缘由，称这一带"每当伏秋，河水盛涨，众流荟萃数百里，浩渺汪洋，一望无际……泛滥淹没，有害民生，其患尤倍于他水"。

虽然九宣闸与李鸿章关系密切，却不是李鸿章修建的。修建九宣闸的其实是李鸿章的部下周盛传。

周盛传经常往来于津静南洼之交，他看到这一带水源丰富，土地广阔，然而却因为河水泛滥，积水成灾，成了盐碱废地，感到极为可惜，便产生了兴修水利、开发这一大片土地的念头。于是，他主张疏水灌田配套进行，一旦减河决通，水田也已开辟。为了制定出一个可行的方案，周盛传访问乡农，亲自逐段实地踏勘。经过反复考察以后，利用地势，开浚河道，引南运河河水东下，水小的时候可以引水灌溉，水大的时候则可以疏导入海。而且这样可以有效地冲刷盐碱，使土壤肥沃起来。最终他确定了一个系统的工程方案后写成禀帖呈送李鸿章，李鸿章看后深为赞许，立刻批准。这个系统的工程方案里，最重要的一项就是修建九宣闸。

因此，九宣闸与李鸿章关系密切指的是李鸿章批准了修建九宣闸，而并非亲自修建了九宣闸。

天津的山水人文

　　一座城的历史不单体现在一卷卷厚重的书本上。纸张会随着时间渐渐泛黄，可跟随着历史一直前进的山水园林、人文景观，却在千百年来的风霜雨雪中，屹立不倒，亘古流传。不仅为后世展现了在城市变迁中的岁月痕迹，也留下了一个个耐人寻味的故事与传说。翠屏湖的"睡美人"、《红楼梦》中的大观园、黄崖关的"寡妇楼"、天津城里的"大宅门"……当最沧桑的历史和最动人的景色碰撞在一起时，我们不禁为之感慨万千，惊叹不已。

山水园林

为什么说天津盘山多出"忠义良将"

盘山位于天津市蓟州城附近,北京之东侧,占地百余公里,素有"京东第一山"之称。传闻,东汉末年,曹操北伐乌桓时,田畴作为向导,指引军队,为曹操攻破乌桓立下大功。事后,曹操本想对田畴大肆嘉奖,但田畴却婉拒,率领族人隐居此山中。自此,人称此山为"田盘山",简称"盘山"。

盘山自得名以来,便一直是历朝历代皇帝游览之地。在此建造的皇家行宫、楼台、园林、寺庙数不胜数,乾隆皇帝第一次巡游盘山时,不禁赞叹:"早知有盘山,何必下江南。"据统计,盘山上最鼎盛时共建有72座寺庙和13座玲珑宝塔。在民国初年,盘山更是和泰山、西湖、故宫等并列为"中国十五大名胜"之一。

天津盘山

如此声名远播,便知山中景色定是美不胜收。只不过,相比秀丽山河,自盘山而出的忠义良将更让人心生敬畏。

盘山上自古便流传着八大怪事的故事。其中有一将军石,高三米，宽二米，犹如一位威武强壮的将军，终年驻守在山岗上，守护着盘山的安静与祥和。关于这座将军石，传说是由戚继光手下一位将军所化。戚继光任蓟镇总兵时，有一年冬天异常的寒冷，戚继光在云罩寺紧急召开会议，他让将军安排士兵在寺门前站岗，时刻注意敌情。将军说："敌兵近日时常进犯边界，形势危险，士兵站岗放心不下，还是我亲自站岗吧。"见将军爱国情深，又十分坚持，戚继光就同意了他的请求。就这样，会议进行了一个晚上，一整夜大雪纷飞，将军就一动不动地屹立在雪中，手持宝剑，两眼观察着周围一切可疑的动静。天明时分，戚继光去看望站岗的将军，却发现将军早已冻死在冰雪之中，僵硬的身躯依旧昂首挺立，目光锐利而警惕地凝视着山下，成为了一座永远的丰碑。后来，将军化作了青石，便是我们现在所见的"将军石"。

"将军石"的故事虽是传说，但"莲花峰七勇士"却是不可争议的事实。

那是1940年的春天，晋察冀军区冀东军分区副司令员兼十三团团长包森，将盘山东北部深山里的梁庄子作为抗日根据地，痛击日军。日军在遭受到几次打击后，纠集了强大的兵力，分几路包抄梁子庄。敌强我弱，部队只能转移。警卫班长马占东率领六名警卫人员，主动向包森请求担任阻击任务，引开敌军，为我军的撤退转移拖延时间。七位勇士从东坡攀上莲花峰，把日寇的大部队吸引了过来。利用地形优势，边后退边阻击敌人，战至莲花峰顶。打光了子弹，用光了手榴弹，就连石块也被投掷光了。宁死不屈的七名战士没有丝毫犹豫，纵身跳下了莲花峰。最终，六名战士英勇殉国，只有班长马占东幸而未死，摔成了重伤，被路过的当地村民带回家中救治。

如今的盘山烈士陵园长眠着2700多位抗日英雄，而在历史上从盘山走出的英雄人物更是不计其数。斯人虽已逝，但后世不敢忘记他们的忠义。就像一直屹立不倒的盘山一样，他们的精神也将亘古流传。

天津的七里海只有七里长吗

地处天津东北部宁河区的七里海有着京津"绿色肺叶"之称,温和湿润的空气,秀美壮丽的景色,让人心旷神怡。

自古以来,七里海都因其地势低洼、常年积水,所以盛产芦苇和水稻。如今,更是成为了天津最大的芦苇产地,和中国著名的小站稻基地。说到这芦苇,是一种适应能力强,旱涝保收的农作物,有"铁杆庄稼"之称。它不仅可以调节水质,净化空气,还可以用来造纸纺布,喂养牲畜。也正是因为这七里海的芦苇茂盛,所以七里海才水质优良,水产丰富,故民间有俗语说:"七里海,三宗宝:银鱼、紫蟹、芦苇草。"这三宗宝里的银鱼和紫蟹,在明清时还是宫里的贡品呢!

除了水产丰富,七里海的自然景观也可谓风光无限。牡蛎滩、贝壳堤和古泻湖湿地无一不是大自然的鬼斧神工,盛世杰作。七里海的贝壳堤是世界三大贝壳堤之一,牡蛎滩则是世界上

天津七里海

迄今发现的规模最大、分布最广、序列最清晰的古海岸遗迹。这两处不仅是天津极为珍贵的自然遗迹,也是世界级的地质研究瑰宝。而古泻湖湿地则靠着自己独特的湿地气候与秀美风光,吸引了几十种国家保护级鸟类,甚至是一度绝迹的丹顶鹤、天鹅,也成群结队地在此栖息、繁衍。

别看现今的七里海如此广阔,古时候的它可比现在还要大得多。据《明世宗实录》记载:"七里海,广袤二百五十二里"。只是,如此水域辽阔、物产丰富的海域为何要叫做"七里海"?

传说,很久很久以前,七里海还只是毗邻渤海的一个湖泊。湖中有一水怪,声如擂鼓,力大无穷,甚至还会呼风唤雨,引起水患祸害村民。周围的村民不知与它恶斗了多少次,皆是败下阵来。就在村民们一筹莫展的时候,突然有一位白须老人来到村里,对众人说道:"降水

怪，莫用慌，一条大河向东南。笛声响，神灵现，九天流霞落玉潭。"说完，老人便不见了踪迹，只有一只玉笛躺在地上。人们恍然大悟，纷纷向天跪拜，叩谢仙人指点迷津。于是，第二天一早，全村的男女老少都挥锹上阵，挖河不止，不知经过多少日夜，一条大河终于挖成。湖泊中的水顺着河道流走，水怪见湖水越来越浅，不由得大怒。一时间天上黑云弥漫，地上洪水咆哮。就在这时，村民想起了玉笛，便赶紧拿出吹了起来。只见天上云层内射出一道金光，一只威风凛凛的麒麟跳了出来，与水怪缠斗在一起。这一战天翻地覆，震撼凌霄，最后麒麟制服了水怪，将其击沉在海底。麒麟战后下来觅食饮水，被麒麟吃过的草越长越旺，被麒麟喝过的水由咸变甜。自此，这一片水域鱼蟹成群，水草丰盛，人们为了纪念麒麟的功绩，便把湖泊命名为"麒麟海"，后来不知怎么就一直被叫做"七里海"了。听起来是不是很有趣呢？

天津水上公园为何又叫"青龙潭"

素有"北方小西子"之称的天津水上公园，拥有三湖五岛，即东湖、西湖、南湖和春岛、夏岛、秋岛、冬岛、瀛岛，总面积达213公顷。边岸环湖的绿柳青松，湖面竞放的荷花莲叶，玉带碧水潺潺，石桥别致静谧，多处景色重叠组合，遥相辉映。清式长廊在这自然的绿荫中忽隐忽现，忽明忽暗，风格各异的园林景色美不胜收，姿态万千，不愧是"津门十景"之一——"龙潭浮翠"！

说到这里，你一定有个疑问：不是天津水上公园吗？为什么是"龙潭浮翠"？

原来，天津水上公园原来名叫"青龙潭"，说到这个名字还有一段故事哩！传说，因天津是九河下梢之地，

天津水上公园

在其上游有九条河,分别住着九条龙。海龙王为了拉拢这九条龙,让他们臣服于自己,就把自己的九位公主分别嫁给了他们。话说这一天,海龙王过大寿,女儿女婿们纷纷来为他祝寿。可是左等右等,都到了中午时分,还不见老龙王最疼爱的小女儿和女婿青龙,便派属下去看看是怎么回事。原来小公主夫妇在祝寿路上途经天津南门外的李七庄时,看到此地秧苗倒地,大地龟裂,饱受干旱折磨的人们都聚在龙王庙前求雨。于是,善良的夫妻二人马上施法布雨,天空瞬时电闪雷鸣,下起了倾盆大雨。求到了宝贵的雨水,人们喜不自胜,纷纷回家拿出锅碗瓢盆来接雨。虽然帮助李七庄的人们解了干旱之灾,但小公主却和青龙闯下了大祸。原来,李七庄的干旱是海龙王一手所为。海龙王不满此地百姓没有为他建造庙宇,雕塑金身,焚香燃烛,供奉果品。今春海龙王到此云游又遭冷遇,于是一怒之下决定十年不给这里半滴雨水,让整个庄子里的人畜都干旱而死。青龙性情耿直善良,听到竟是因为这个原因才不给半滴雨水,不由得有些气愤地问道:"为人间调节雨水是我龙辈的使命,岂能有职不尽?岂能以人间对我等的厚薄来乱施恩威?"海龙王一听,大声喝斥道:"好一个大胆的青河小龙,胆敢违抗本王钧旨,擅自施雨,是何道理?实为多事!"青龙反驳道:"救人性命!何为多事?"海龙王暴怒,立刻命令手下的虾兵蟹将将青龙推到李七庄上空,斩掉了他的龙头。青龙脑袋落地,却从脖腔中滚出一股清凌凌的泉水,一直向人间倾泻下去,在李七庄附近形成了一个碧青碧青的大水潭,灌溉人间方田。从此,人们为了纪念青龙,感怀他的恩德,都管它叫"青龙潭"。

俗话说"水不在深,有龙则灵",曾经的"青龙潭"虽然已被规划建筑了许多近代风格的园林广场,也增设了"过山车""激流勇进""空中飞人"等大型游乐项目,但仍旧不能改变这里的一草一木、一亭一廊所独具的灵动气质。近70年来,这座公园接待过毛泽东、周恩来、贺龙、陈毅等党和国家领导人,更是广大天津市民首选的游玩踏青的绝佳去处。泛舟湖上,看接天的荷叶,赏满眼的荷花,从小舟上望向岸边，又是一番别样的景色。听公园里有趣的人们讲述过去那些有趣的故事，不知不觉一天就过去了，简单中却包含静逸与温情。

历经半个世纪的风风雨雨和历史变迁，水上公园承载了天津几代人难以忘怀的回忆，修建一座"水上博物馆"的计划，也在近几年陆续开展。相信在不远的将来，那些被时间尘封的历史会重新跃出于世，回到后人的眼前。

你知道天津"八仙山"的来历吗

八仙山隶属于天津市蓟州区，是国家级自然保护区，也是天津市地势最高、群峰汇集的地方。东临金碧辉煌的皇家清东陵，西接巍峨壮观的黄崖关长城，南濒碧波荡漾的翠屏湖，北依雄奇险秀的雾灵山。整个八仙山自然保护区总面积为5360公顷，900米

八仙山

以上的山峰有19座，森林覆盖率达95%以上，大大小小的景观和建筑在青山碧水之中若隐若现，无一不透露着宏伟与绚丽。

传闻，当年八仙功德圆满即将飞升成仙之时，决定最后再游一次东海。当他们途经渔阳，也就是现在的蓟州上空时，看到一处山峰高耸入云，山中烟雾缭绕，青翠如画，飞瀑深涧，景致绝佳。于是众仙便降下祥云，赏玩美景。后来他们落脚的山峰就成了"聚仙峰"，也就是天津市的最高峰。而众仙休息宴饮时所用的巨石也被称为"八仙桌子"，这万亩山林也因此得名为"八仙山"。传说虽然不可信，但八仙山的仙气、灵气却是十足。此处的山林至今孕育了1000余种植物，其中名贵的中草药就有200多种，珍禽异鸟、野生动物更是高达500多种。

八仙山自然保护区不仅是各种动植物的伊甸园，还是皇家陵寝的风水禁地。从清代首次在清东陵建造寝陵，一直到清朝最后一位贵妃入

葬。这片区域的黄乜子、梨木台、太平沟、黑水河、八仙山等林区被划定为"清东陵风水禁地",也被钉上了"禁止行居樵垦"的大牌子。朝廷派了护卫军在这一带巡查看护,樵夫、农民等闲杂人等都不允许上山。除此之外,清王朝还在八仙山附近的黄花山麓、石头营村后建了6座王爷陵。不过,正是因为这种长期的封闭,才使得八仙山的植物和动物得到了很好的生养和繁殖,进而形成了这一片苍松翠柏、郁郁葱葱的茫茫林海。

蓟州的历史悠久,地理位置独特,自古便是兵家必争之地。抗日战争时期,蓟州自然便成为了冀东革命根据地之一。因为八仙山地区山高林密,人迹罕至,所以党组织经常在这里召开会议,存放文件和粮食,或是把伤员留在此处的小山村里养伤。曾经的八仙山用它得天独厚的优势,为八路军和老百姓筑成了一道天然屏障,为后续的革命事业提供了有生力量。新中国成立后,党和政府没有忘记这里的村民在那个最艰难、最残酷的时候对共产党和八路军的鱼水之恩,政府在古强峪村竖立了纪念碑,既是为了纪念那些在抗日战争中牺牲的当地英雄人物,也是为了警示人们不要忘记家仇国恨,以史为鉴。

曾有两位皇帝为"桃柳堤"亲笔题诗

天津有名的美景不少,每到春暖花开之时,能让天津市民扶老携幼,相约踏青;让文人墨客感怀吟咏,提笔赋诗;让景区内欢声笑语。人山人海的美景,桃柳堤算是一处。

桃柳堤,又名"桃花园",本是天津红桥区西沽北运河南岸数百米的长堤,自元朝时期开始,每到清明时节前后,杨柳吐丝飞絮,桃花绽放开满枝头时,被红桃翠柳吸引而来的踏青赏花者就不在少数。明清时,沽上

桃柳堤

盛景已小有名气，文人骚客们寄情山水，纵意笔端，更是留下了许多好词佳句。这题词赋诗的人中，论起身份的话，估计没人能比康熙皇帝和乾隆皇帝更尊贵了。小小桃柳堤竟能得到两位皇帝的赋诗，可见其秀美风光名不虚传。

据记载，康熙四十七年，康熙皇帝南下巡视江浙一带时，兴起赏花，只可惜桃花易逝，花开不多时便凋零，使得康熙帝败兴而回。谁知沿运河返京时，路遇天津桃柳堤附近，再次见到沿岸盛开的桃花，仿佛春去又回。康熙帝大喜，并题词一首："再见桃花，津门红映依然好。回銮才到，疑是春两报。锦缆仙舟，星夜盼晨晓。情飘渺，艳阳时袤，不是垂阳老。"后来，到了乾隆三十一年，天津遭遇水患，他亲自赶往天津北运河处，视察灾情，督修堤防。此时的乾隆帝虽已年近花甲，但在看到桃柳堤的美景后，仍决定在北运河畔"弃舟登岸策马进城"，并寓情于景，赋诗两首，即现在天津人熟知的《西沽二首》。还将北运河此处的堤岸，赐名为"桃柳堤"，足见对其喜爱之情。

只是，时光荏苒，乱世春秋。在动荡的年代里，桃柳堤被人为破坏，已是残败不堪，直到1985年才得以重建。重生之后的桃柳堤被更名为"桃花园"，南依北运河，东至北洋桥，西至千里堤。园内建筑多为牌楼、亭、廊、阁、洞、山石、池榭等，各类桃木有800余株，靠近河岸的堤坡则多以垂柳为屏。亭台楼阁，精致巍然；河水潺潺，清流映带；桃香满园，花开灿烂；绿柳扶风，摇曳多姿……多重景色搭配得绝妙自然。每年清明节前后，便是踏青赏花的高峰期，桃花园内游人如织，最高峰可日达5万人次。园内不仅景色宜人，还有诗画文人泼墨挥毫，戏曲艺人搭台表演，可谓津味十足。

龙王也来天津"九龙山"抢木头

天津的九龙山森林公园坐落在蓟州城东穿芳峪境内，包含九龙山、梨木台山、黄花山三大景区，占地2126公顷。园内景色云蒸霞蔚，峰峦叠翠，其中的九龙山景区更是因其连绵耸立着九条山脊，恰似九龙聚首，宛若皇家之龙气所在，在清朝时期被列为皇家园林。

园内的主要山峰有147座，其中最高峰为海拔有近千米的梨木台山。登山而望，极目远眺，西可望盘山主峰，东可看清代皇陵，南边是碧波万顷的翠屏湖，潺潺流水，宁静深远，北边是雄伟壮丽的古长城，蜿蜒巍峨，气派不凡。四方景色远近纵横，明暗有序，山光水色，交相辉映，仿佛一幅山河秀美的画卷展于眼前。

在这崇山峻岭之中，有一半壁山格外显眼。一面是倾斜的山体，另一面却好似如刀砍斧劈过一般，呈现出近乎垂直的切面。相传很久以前，这九龙山盛产一种双芯木，此木木质奇特，既实用美观还防水防潮，用来建房造屋是再好不过了。东海龙王听说了这种双芯木后，十分中意，并亲自率虾兵蟹将来到九龙山开采此木，用于修建海底龙宫。那时候的半壁山还是一座完整的山，碧绿的山上风光秀美，景色宜人，山下有一汪清澈见底的溪水，穿村绕户直奔远方。正当老龙王发愁这伐好的木料如何送出山去时，正好看见这溪水。于是，便让虾兵蟹将们将砍好的木料结成筏子，一排排顺流而下运到山外。谁曾想，龙王带手下进山伐木时，惊动了一直住在山洞里的黑鱼精。这黑鱼精修炼千年早已化作人形，便不想再继续修炼仙道，一直筹划着在不远处的村庄里盖间房子，好娶妻生子，成家立业，体味一下凡人的天伦之乐。所以，从龙王进山之时起，他就在暗中观察。只待龙王将木料放置上游的溪水中，顺流而下时，他便在下游截获，将木料偷偷藏置自己洞中，等以后盖房子用。只可惜，没过半天就被老龙王发现了。龙王辛苦半日却为他人做了嫁衣，不由得大怒，挥起龙爪向黑鱼精直扑过去。那黑鱼精眼见事情败露，便一个土遁，钻入泥里逃走了。龙

九龙山

王瞬间扑了个空,没能抓到黑鱼精,反而一爪将山劈碎了一半。从此,半壁山就只有一半的山体和一面的石崖峭壁。

如今的九龙山森林公园被誉为"天然氧吧",一年四季皆可赏花挖菜,采摘果实,成为了人们休闲度假、疗养身心的极佳之地。

你听说过天津翠屏湖旁的"睡美人"吗

位于天津蓟州城东部的翠屏湖,又名"于桥水库",是当年理蓟运河的主要工程之一,也是国家重点大型水库之一。

来到此间,翠屏湖水开阔静谧,碧波荡漾,翠屏山峰清翠葱郁,烟波浩渺。南岸葡萄压枝,满园桃李,西岸绿树绕堤,远山如黛。如此水天一色、相映成辉的风光景色,叫人心旷神怡,流连忘返。翠屏湖盛产鲤鱼、元鱼、鲫鱼等,尤以金翅鲤鱼闻名天下。到此游玩,上山可采蘑菇木耳,下湖可捞鱼螺虾蟹。

翠屏湖

站在五指乡街道上远望翠屏湖西北方向的山峰,从西向东一路曲折婉转,线条柔美,婀娜多姿,宛如一个沉睡的美人,静静地躺在碧波荡漾的湖面上。这便是翠屏湖有名的"睡美人"。据当地人传说,这个体态婀娜、风姿万千的"睡美人"本是一个下乡的美女知青的化身的背后,却有一个凄美心酸的故事。

如今,仍有一些当地的天津老人,在男女结婚闹新房时,将枣子、桂圆、核桃、花生之类的东西,包好压在新床枕下,预祝新人"早生贵子"。并声称这山上的红枣便是已化作"睡美人"的知青,无时无刻不在祈祷世间有情之人,终成眷属,早生贵子的美好祝愿。

金钟河里真的有"金钟"吗

金钟河发源于旧三岔河口,向东蜿蜒从北塘流入渤海,横贯整个东丽区北部。一开始,金钟河只是塌河淀到七里海之间的一条小河,名为"东河",后来改名为"金钟河"。

这名字的由来一直有两种说法,一种是说金钟河的入海处,水流湍急,潮来汐至,其声响若洪钟。每每夕阳斜照,河面上金光粼粼,由此得名"金钟河"。而另一种说法则颇为传奇。相传乾隆年间,这塌河淀水域水产丰富,草茂鱼肥。在金钟河岸边有许多住在窝棚里的渔民,以船为家,以打渔为业。有一对住在岸边的老夫妇,每日靠一条小渔船为生,日子十分清贫。许是上天怜悯这对老人,有一天老汉做了个梦,一条金色鲤鱼化为仙子,对他说:"财宝藏在深水淀,连撒三网宝自现。一网白银鱼,二网碧玉蟹,三网打出黄金链。打到黄金链,捌三环,剁三环,份外财宝不可贪。"说完,仙子就不见了。老汉醒后将梦里的事告诉了老伴儿,老伴儿大喜,说道:"这是鲤鱼仙子显圣送宝来了,这回咱可要发大财了!"于是,第二天一早老两口便乘着小渔船,出海打渔。几次撒下渔网,果然是一网白银鱼,二网碧玉蟹,三网打上黄金链。老汉把金链拉到第三环时,刚要剁断金链,却被老伴儿一把推开。老婆婆不停地拉着金链,不一会儿,满船的金链就把渔船压得倾斜了。老汉眼见不好,刚要去阻止,可惜还是晚了一步。小渔船失去了平衡,船身一歪便将两人沉入了水底。泛起的巨大浪花里出现了一口光彩夺目的金钟,金钟掀起的巨波海浪向着东方翻滚而去,那长长的金链就拖在金钟之后,经过的地方化成一条宽阔的大河,这便是金钟河的来历。

在铁路运输还没有普及之前,天津的内地运输主要依靠河流和车马,金钟河便是其中的主要河道之一,为人们的生活提供了不少的便利。后来,铁路修通之后,金钟河便不再作为主要运输河道。如今,铁路、公路发展迅速,交通网络遍布全城,金钟河也一改往日的运输作用,变为灌溉农田的水源,也为汛期的海河减轻洪水压力。

天津的"白蛇谷"曾是白娘子修炼的地方吗

《白蛇传》一直是民间家喻户晓的故事，虽是人妖相恋，有违天道，但人们还是感怀于许仙与白娘子之间矢志不渝的爱情，以及许仕林孝感动天的故事。大家都知道，白蛇和青蛇原本出生和修炼在四川峨眉山的白龙洞里，那天津这个"白蛇谷"又是怎么一回事呢？

据说，白蛇与青蛇在峨眉山修炼了千百年后，需要吸取北方的日月精华，以提升道行。于是，便结伴来到有数亿年历史的燕山深处的白蛇谷和青蛇沟中潜心修炼。大功告成之后，二人准备就此沿路返回峨眉山，不想正巧遇上在山上采药的许仙。白娘子对许仙一见倾心，决定先不回峨眉山，和小青一起偷偷跟随许仙来到杭州。接下来发生的"断桥相遇""西湖借伞"等一系列的事，我们就再熟悉不过了。再说后来发生的事，就有些不太一样了。白蛇水漫金山，被法海压至"雷峰塔"下。青蛇无奈道行不够，为救白蛇不得不返回青蛇沟又修炼了五百年，终于将白蛇救出。逃出"雷峰塔"后，白蛇便带着青蛇躲回燕山脚下的白蛇谷与青蛇沟。得知白蛇出逃，玉皇大帝震怒，遂派托塔天王李靖率天兵天将捉拿二蛇，但一直未能成功。无奈之下，李靖只得将自己的王冠摘下，抛向燕山。王冠从天而降，变成一座大山，将白蛇与青蛇的藏身之处压在下面。如今，这大山就是王帽顶山，山下左侧为青蛇沟，右侧为白蛇谷。

白蛇谷中有一百鱼石壁图，岩石纹路十分奇特。相传是法海趁白蛇怀孕，行动不便，法力不支时，将其打成重伤。青蛇带白蛇逃回燕山的白蛇谷中养伤，法海却不依不饶，非要将这姐妹俩置于死地。就在法海即将得手之时，一直暗恋青蛇的小神龙率领神龙潭百余名神鱼将

白蛇谷

领以及数万虾兵蟹将缠住了法海。法海大怒,遂施法阵,只见金钵升起至上空,一束强光从金钵中射出。小神龙见状,大呼不好,急忙叫手下跃出圈外,躲避金光。只可惜,法海为时已晚,无数的虾兵蟹将和那百名神鱼通通被金钵罩住不得脱身。待法海收起了金钵,这群水族兵将已被金光照得现出了原形,深深嵌入在了山石上。如今,在蓟州北部、东部一带的山上仍能挖掘出带有虾米、鱼、蟹等图案的石头。

盛夏时节,大雨来临之前,青蛇沟便会升起缕缕青烟,逐渐遮住山腰、山顶和天空。雨后则有两团青白色的云雾缠绕在王帽顶山和青蛇沟、白蛇谷两条沟谷中,久久不曾散去。云海烟波,倒真是像极了它的神秘传说。

天津也有一处"神农架"

在天津最北端的梨木台自然风景区,山峰峡谷雄伟险峻,森林景观秀丽幽静,深潭瀑布碧波万顷,藤萝绿蔓缠绕多姿,如此奇特的地质景观,绝美的自然风光,一度被很多自然学家称为"天津的神农架"。

作为天津唯一有活水景色资源的山水景观,梨木台原名为"梨木安台",取平安之意。它本来只是坐落于深山峡谷之中唯一的一块平台。因为在其周围生长了许多酸梨树,而过去医疗不发达,民间大都缺医少药,于是生活在梨木安台附近的百姓常常

梨木台

采摘它周边的酸梨,用于治疗咳嗽、感冒、头痛、发热等疾病。据康熙年间县令张朝宗所书《蓟州志》记载:"康熙十八年,曾发生大地震,次年春瘟疫盛行,死亡人畜无数……而久居梨木安台周边的百姓却无一沾染疾病"。于是,这一奇观的现象随即被地方官员上报给了朝廷。康

熙皇帝甚是诧异，遂下旨命太医院彻查此事。后经过太医们的多番调查研究，才发现生活在梨木安台附近的居民常年食用酸梨，而酸梨具有抗沾染、抗病毒、抗感冒的作用，故唯有此处的百姓才逃过了此劫。康熙皇帝听后十分感慨，便把这酸梨赐名为"安梨"，寓意能带来平安、康健之梨。因为康熙皇帝把"安"字赐给了酸梨，"梨木安台"便不可再用"安"字，于是便更名为"梨木台"，并且沿用至今。

梨木台有大小上百个天然形成的池、潭、瀑布，半山腰上相对平缓的地方汇成一注注静谧幽深的潭水，落差险峻的山崖口形成了磅礴壮阔的瀑布，而山崖石缝间流出的潺潺溪水，清澈见底，悦动轻灵。人们身处其中，既可以在水面上的石板桥上观水拍照，也可以在浅水处涉水嬉戏。如果说梨木台的水是有灵气的，那梨木台的山就是有仙气的。天津最好看的、海拔最高的梨木台山坐落于此，登顶祈福便是每年天津人的一大盛事。梨木台山秀美壮观，峰峦叠嶂，像是一幅由大自然泼墨挥毫、匠心雕琢的中国山水画。在此登山祈福，不仅可以强身健体，得偿所愿，还能一览自然风光，畅怀于胸，实在是一个不可多得的妙处！

春赏山花烂漫，夏可戏水游玩，秋得果实累累，冬见冰瀑奇观。梨木台为天津乃至全国人民提供了一处"四季常青"的游玩胜地，也向所有人展示了自然风光的独特魅力。

《红楼梦》中的大观园在天津吗

作为经典名著的《红楼梦》，总有许多我们耳熟能详的片段章节，其中"刘姥姥进大观园"算是整本书中最为热闹有趣的故事之一。但你知道，曹雪芹笔下的"大观园"可能是在天津吗？

我们都知道，曹雪芹所写的《红楼梦》是依据他这一生的经历，他笔下的人物、风景、故事和建筑等，都是以当时的社会生活为原型的。从书中信息来看，可以推断真实的大观园应是一座清代大型园林，不仅规模宏大，水域广阔，还曾经有皇室巡游。当然，这座大观园还得是曹雪芹相当熟悉的。于是从曹雪芹的身世找寻，不难发现，书中那座让刘姥姥惊艳不已、叹为观止的大观园很有可能就是天津的水西庄。

水西庄坐落于天津南运河畔，建于雍正元年，占地百亩，曾是查氏一族的私人园林。曹家与查家素来交好，故在雍正五年，曹家被抄之后，曹家人将年幼的曹雪芹托付给水西庄的查家，这一住便是十几年。当然光是这一点，并不能说明什么问题，很多红学家认为水西庄就是书中的大观园，主要是依据以下几个方面。

水西庄

证据一，相同或相似的景色和轩馆名称。大观园中有一胜景叫"藕香榭"，四面环水，菱藕香深。水西庄中也有一处。而且从时间上来看，水西庄建于雍正元年，曹雪芹却是从乾隆九年开始写红楼梦的，因此不可能是水西庄抄袭大观园的景名，应该是书中之名来自真实的水西庄"藕香榭"。如此的"巧合"还有很多，水西庄有"秋白斋"，大观园有"秋爽斋"；水西庄有"揽翠轩"，大观园有"拢翠庵"；水西庄有"于斯堂"，大观园有"榆荫堂"……像这样从字面上和含义上十分相似，甚至相同的轩馆名称，林林总总竟有14处之多。

证据二，百余亩的私人园林。据《红楼梦》一书中记载，大观园有"三里半大"，换算下来相当于一百余亩。要知道，古时候江南的私家园林多是精致小巧，并不追求广袤。而往北来，清朝时期的私家园林虽多，但能超过百亩的却屈指可数。即便是在京城，如恭王府一般宏伟大气、富丽堂皇的府邸，总共占地也不过八十亩，其中私家花园也才不到四十亩。如此一看，占地一百余亩的水西庄与书中的大观园在规模上倒是十分的吻合。

证据三，一景一院，集景式宿舍。清朝时期，入住的宅院和厢房与观赏园林大多是分开的，例如北京城内的诸多王府，住处和园林都是泾渭分明的。但从对大观园的描写中我们可以看出，大观园采用的是集景式建筑理念，即在园中建立数十处景点，每处景点建造相应的轩馆或厢房，供一位小姐或公子在此居住。与传统的前府宅、后花园的理念不同，大观园更像是高级版的"单身宿舍"。而水西庄正是典型的集景式宿舍型园林，一景一院，例如"泊月舫"就是专门为赏月而建的。

证据四，相同的特色美景和蔬果。看过《红楼梦》的人想必都对书中"白雪红梅"的美景有很深的印象，而"白雪红梅"也成了很多红学家辩论的中心。很多人认为大观园并不在北京的原因是，北京并没有成片的红梅林，自然也不会有"白雪红梅"的胜景。与之相反，曾有诗文记载，水西庄冬日有红梅绕屋、白雪纷飞的场景。此外，《红楼梦》第37回贾宝玉送给史湘云礼物时曾说："红菱、鸡头，这是今年咱们园子里新结的果子。"而红菱原产于江南，后来引种到水西庄，成为了天津独特的美味特产。

上面列举的不过是众多依据中的几点，无论水西庄是否真的是大观园，它都是天津最值得一看的园林之一。

天津的宝成奇石园竟是私人收藏展

说到名扬四海的中国奇石，大家可能会想到《西游记》中花果山上的孕育了孙悟空的石卵，还有《红楼梦》中女娲补天留下的那块巨石。这些奇石因为作者的奇思妙想，披上了神话的外衣，具有了神秘的色彩。但你知道吗？除了这些传说中的奇石能闻名于世外，天津却真的有一个实实在在的奇石园享誉全球。

这个包揽了六项"吉尼斯纪录"的天津宝成奇石园地处津南区双桥河镇宝成新村，占地120亩，拥有奇石、名石数十种共4000余块，其中主要以

宝成奇石园

木化石和太湖石为主。在2000年，宝成奇石园被《吉尼斯世界大全》收录为世界上最大的天然灵璧石人造石林。

奇石园内北园南侧矗立着高10.7米，重73吨的"亚洲第一石"——"佛祖悟禅"。奇石酷似一尊佛陀，身披袈裟，面朝西天参禅悟佛，让人望之心生崇敬，仿佛他在为洗涤众生忧心愁虑，摆脱俗世纷纷扰扰，寻求一条解脱之道。雨水风霜在他身上鞭挞了千百年，深深的沟壑记录了岁月的沧桑，可他仍旧潜心礼佛，不问得失。北园内另一主要的景观是"五百罗汉闹仙山"，它由500块大小不等、形状各异的石头堆建而成，真可谓集天下奇石为一处。看着这些奇石，忽然觉得在大手笔的自然面前，人类的才华与能力真的不值一提。园中拥有5亿年、8亿年高龄的388棵木化石矗立成林，最高的11米，最粗的周长11.8米，是世界上收藏数量最多的木化石石林。

就是这样一座震惊世界的奇石园，竟然只是一个人的私人收藏。

宝成奇石园的主人名叫柴宝成，为人朴实能干。早些年改革开放时，创办了一家锅炉企业，因为为人诚信、又聪明能干，是以生意越做越火，事业越做越大，最后成了远近闻名的农民企业家。多年走南闯北的从商经历让柴宝成的眼界越来越开阔，对很多事情都有了独特的理解和认知。农民出身的他，爱上了奇石、美石，他在这些石头上不仅看到了独特的形态之美，更因石中蕴含的坚韧力量和天地灵气而被深深吸引。柴宝成不仅发掘、收藏、研究奇石，还将奇石精神融入自己的企业文化。1999年春天，一个偶然让柴宝成听到了一桩奇石买卖的对话，有人为了牟利竟要将国宝级的灵璧石卖给外国人。柴宝成听到奇石即将外流，立刻坐不住了，将这块奇石买下。这是他第一次保护国宝奇石免于流落国外，也是第一次产生了收藏天下奇石于一园的想法。2000年，经过多番考察后，柴宝成不顾家人、朋友的反对，投资4亿多元，终于创建了这座拥有4000多块奇石的宝成奇石园。"穷则独善其身，达则兼济天下"，如此可谓之大善哉！

天津的赤龙河是怎么来的

赤龙河是海河在天津南部最大的支流。古时候的赤龙河宽广开阔，气派非凡，数十艘商船成群结队地穿梭于咸水沽与大小泊，航线直通静海、杨柳青等重要集镇，并连通南运河。那个时候的赤龙河各个河段的宽窄不同，宽处有20多米，水深10米左右，窄处也有十几米。一艘大对槽可以就地调头转向，两艘大对槽相对而行也各不相扰。通常一艘对槽能装红砖5000至6000块，总承载量大约为12吨至15吨。如此大吨位的内陆河运输，与当时的陆路车载马拉的运输相比，简直是发达至极。而且，静海、大港、西青、津南、南开、和平的沥涝排泄全部依赖于赤龙河，可以说，赤龙河对这一带的农作生产和经济发展的贡献是最大的。

赤龙河

相传，赤龙河这一条古运粮河道，曾被称为朱洪武运粮河，据推算应该是明代时期才开启了漕运之用。赤龙河有多处流入海河的口子，绕了多半个李七庄街辖区的村落，蜿蜒曲折像一条绸带一样拴着一溜的村庄，陪伴着他们度过了漫长的岁月。"赤龙河"这个名字的来历一直都有很多说法，一是说河道蜿蜒如蛟龙，上游河水所流经地段含有红黏土，以致上游水色浊红，故称为"赤龙河"。还有一种说法就比较具有神话色彩了。传说静海县有个老东乡，乡里有个大财主姓崔，他把自己十几万亩的地租出去给农民种，每年派人下去向佃户收租，过着剥削享受的生活。这个老东乡因为是退海之地，河水咸，所以打出的井水也咸。崔财主手下有一个佃户姓何，叫何赤龙。父亲早亡，与母亲相依为命。何赤龙年轻力壮，勤劳能干，又特别孝顺母亲，他为了母亲用水方便，就在自家的院墙外亲自打了一眼井，却没想到这井水竟然是甜的。

于是便把这个好消息告诉乡亲们，一同分享这口井水。崔财主听闻了这个消息，就想把这口井占为己有。他借口赤龙打井坏了他的风水，将租给赤龙的土地、房屋收回，把母子二人赶出了老东乡。幸而有熟人相助，母子二人在天津卫有了落脚之处，便接着踏踏实实地过日子。几年后，赤龙母亲病重，昏迷中忽然叨念着要喝自家的井水，何赤龙一听，拿起盛水的瓦罐就往老东乡赶，决心要为母亲取自家的井水。待赤龙回到老东乡，打了一瓦罐水准备往回赶时，不想却和崔财主打了个照面。崔财主骂他偷水，一拐杖把瓦罐给打破了。赤龙大怒，一把抓住崔财主揍了一顿。他拾起破瓦罐看到还有一点水，怕奔跑时洒掉，便将水含入口中，飞奔到家中。只可惜，还是晚了一步，母亲已在他赶来之前过世了。一时间，赤龙悲愤交加，急火攻心，一大口血水喷出，从南关往南冲出了四十里长的一条河。人们感念其孝心，便将此河命名为"赤龙河"。

如今的赤龙河虽不及古时那般波澜壮阔，却也是当地民众水路运输生产、生活资料的主干航道，是渔副业生产的主要水面及场所。纵然时光荏苒，赤龙河却依旧哺育着人们，亘古相依。

人文景观

瓷房子真的是用瓷器建造的吗

瓷房子是一栋名副其实的用瓷器堆起来的房子。7亿多中国古瓷片、5000多件古瓷瓶、4000多个古瓷盘碗、100多个明清瓷猫枕、400多尊历代石造像、200多幅古代、近代和国外名人的书画、几百件明清时代的家具、20多吨天然水晶和玛瑙装点……瓷房子可以称得上是一座价值连城的"中国古瓷博物馆"。

这栋有一百多年历史的法式格调小洋楼,是由瓷房主人——当代古瓷艺术家张连志亲自设计,历经数年,在原本年久失修、闲置十余年的法式建筑基础上改建的。瓷房子坐落在天津和平区赤峰道上。赤峰道东起海河,西到墙子河,横贯原来的法租界。因为曾住过直、奉、皖系等各系军阀的十五位督军,过去也叫"督军街"。

瓷房子

瓷房子里到处陈列着历代珍贵石造像、石刻、石狮子,历代古瓷瓶、古瓷盘、古瓷片,天然水晶玛瑙装饰。平面理性的几何形体,乃西方文化的象征,西方人善用雕塑展现力度和美感;而由笔墨或者肌理,构成具有东方直感的自由形体,则是属于东方的文化态度。瓷房子把东方中国古典艺术品与西洋建筑完美地结合到一起。

　　构成瓷房子的这些瓷片，很多都是张连志的父亲在三岔口收的。自天津建卫之后，很多皇家进贡的船只经过海河，那些用来进贡的瓷器是不可以有一点点瑕疵的，如果发现有破碎或者不合格的，就只能摔碎掩埋在三岔口。后来，只要是听说有挖出来的瓷片，他的父亲就会马上去收，他的父亲去世以后，收瓷片的人就变成了他。再后来，由于瓷片实在太多，存放起来比较困难。张连志就想到用展览的方式，既可以妥善保存，又可以让人们看到这些瓷片的风采，唤醒它们的第二次生命。于是，张连志用了八年的时间，建成了这座瓷房子。八年里，他跟工人同吃同住，一起挑瓷片、洗瓷片。在工地上丢失的古瓷片、明清的盘碗瓷瓶不计其数，被迫停工了好几次，甚至摔断过腿，还离了婚。八年后，瓷房子坎坷出世，惊艳了世界。

　　瓷房子给人的呈现方式，直接、震撼、看得见、摸得着。不像私人收藏，总是藏在最隐秘的地方；也不像博物馆里的珍品，被罩上玻璃，只能让人远远观望。可瓷房子却以一种近乎"暴殄天物"的方式，给这些承载着历史记忆、沉睡了许久的瓷器重新注入生命，让它们在世界的舞台上更加耀眼、夺目。

用来穿越的利顺德大饭店

　　天津的利顺德大饭店始建于1863年，迄今已有一百多年的历史。是中国唯一一家拥有专属博物馆的豪华酒店，也是唯一一个列入中国重点文物保护单位的酒店。作为中国历史最悠久的酒店，利顺德大饭店被称为"华夏第一店"享誉海

利顺德大饭店

内外。

曾经有人这样评价："近代中国看天津,近代天津看利顺德",在长达一个半世纪的时间里,天津历经清王朝的衰败、世界列强的殖民侵略、北洋政权的更迭、国民政府的起落、日寇侵略的劫难,并见证了新中国成立以及改革开放的新时代。而利顺德作为外国人在天津开办的第一家豪华饭店,跟随天津一起发展的同时,也见证了近现代中国的诸多历史事件。利顺德博物馆采用实物展览观摩、图片展示介绍、实景复原体验等形式,全面地展示了利顺德大饭店百年来的历史变迁。这里有百多年前的老电梯、老家具、老餐具、老电话、老报纸、老地图等实物,以及李鸿章、袁世凯、孙中山、黄兴、班禅、梅兰芳、胡佛、伊藤博文等国内外政界、文化界知名人士在此下榻的历史遗迹。

漫步穿过中庭花园,来到老大堂,脚底下老房子的木地板吱吱作响。四周的木饰颜色深着,不知沉淀了多少过往岁月。四下里,弥漫着怀旧的气息,经久不去。中国最早使用的电灯电话电梯、溥仪的留声机、宋庆龄弹奏过的钢琴、藏传佛教的稀世金佛……孙中山曾在这里指挥反对军阀的斗争;黎元洪曾在这里设立临时总统办公室;溥仪与婉容在这里跳舞、蔡锷和小凤仙在这里约会、张学良在这里与赵四小姐相识相知、就连美国第三十一任总统胡佛的婚礼也是在这里举行的……置身其中,仿佛没有了时间的束缚,百年间的风云际会,尽在眼前。

最能代表天津的一条街道在哪里

就像一坛老酒一样,每个城市都有自己独特的风味,历史越久,这风味越是醇香浓厚。在这城市之中,经历过最多变迁却仍不改其风貌的地方,便是这酒香的来源。天津的古文化街,街如其名,不仅承载了历史赋予的沧桑变革,还在新时代中找到了更为繁荣的方向。无论是时代变迁，还是物是人非，不变的是这条古香古色的老街千百年来的肆意与活力。

天津的古文化街位于南开区东北隅东门外，北起老铁桥大街，南至水阁大街，全长687米，宽5米。在南北街口各有一座牌坊，上面写着

古文化街

"津门故里"和"沽上艺苑"。旧时，这古文化街本是祭祀海神和船工聚会娱乐的地方，因位于天后宫的南北两侧，所以旧称宫南、宫北大街。南来北往的船工们经常在天后宫焚香祈求海神娘娘的保佑，后来一些商贩也渐渐到这里来做生意，建房开店，逐渐形成了一定规模的街道。一开始，街上多以盐业、当业、海运业为主，后来商贾越来越多，街上的行当种类也越来越多。衣饰鞋帽、餐饮小食、日用杂货、文教玩具等一应俱全。

古文化街上的天后宫，作为中国三大妈祖庙之一，与福建湄州妈祖庙、台湾北港朝天宫一样享誉全国。每年古文化街都会在年节时举行一些民俗活动，宫前广场及戏楼也常有民间文艺及戏曲表演。除了欣赏热闹非凡的活动与表演，还可一边啃着天津麻花，一边喝着温暖茶汤，静静地观赏街上的彩绘。从南街道口开始向北走，一直到北街道口，全部都是色彩艳丽、画风传神的壁画。东侧多是民间传说和历史故事，如昭君出塞、文姬归汉、孔雀东南飞、唐明皇与杨贵妃、西厢记、白蛇传、牛郎织女等。而西侧则以中国四大名著的《三国演义》《西游记》《水浒传》《红楼梦》，再加上《宋史》《聊斋》为主题，节选故事或典故，描绘其上。彩绘内容故事连贯，不错乱复杂，人物描绘清晰，脉络分明，极具观赏价值。

如果来天津不在古文化街上走一遭，就不算真正体会过津味文化，也无法明白天津人自在随性、乐观知足的性格。

天津的鼓楼为什么有钟无鼓

每个天津人都知道,天津卫有三宗宝:鼓楼、炮台、铃铛阁。它们见证了老天津卫百年来的历史变革、荣辱兴衰。作为"三宝之首"的鼓楼有着很多故事和传说,其中最为人们津津乐道的便是这有"钟"无"鼓"的奇特之处。

鼓楼建于明朝弘治年间,共有三层。一层楼底四面建有拱形门洞,分别通往东、西、南、北四条大街。二层则是供奉神位的地方,观音大士、天后圣母等诸神像立于此间,日日接受善男信女们的朝拜和香火。顶层就是鼓楼最瞩目的地方了,直径1.4米,高2.3米,大约3000斤重的一口铁钟悬挂于此,庄重威严,气派非凡。站在鼓楼最高处,极目远望四方,天津七十二沽尽收眼底。

鼓楼

虽然看到了如此气派的大钟,但是却未见到有"鼓",让人不禁心中疑问:虽为鼓楼,为何不见有一面"鼓"?其实,鼓楼原本是有鼓的,而且这"鼓"还有段传说。据传鼓楼刚建成时,人们请当时颇有名气的制鼓大王董师傅来为鼓楼专门定制一面鼓。董师傅和他的徒弟们花了九十九天,终于制成了一丈多高,有一间房子那么大的鼓圈。正在董师傅发愁用什么做鼓皮时,忽然听闻村里有巨蟒为患,吞食人畜,祸害百姓。于是董师傅便斜挎着一只腰鼓,将红绸绑在鼓锤上,来到巨蟒藏身的洞口击鼓。红绸随着"咚咚"的鼓声上下翻飞,巨蟒被吸引出洞,董师傅眼疾手快,一刀直击蟒蛇要害。杀死巨蟒后,他将蛇皮制成了鼓皮,蒙在大鼓上,这面巨鼓也被安放在了鼓楼之中。

如今鼓楼有"钟"无"鼓",是因为后来的人们为了报时的需要,才将鼓移走,换做了一口钟。旧时,鼓楼的敲钟人每天早晚要敲两次钟，作为开闭城门的信号。这敲钟还得有个节奏，要讲究"紧十八，慢十八，不紧不慢又十八"。早晚各54下，一天就要敲满108下。每次只要钟声一停，总兵署就要鸣炮开城门，或关城门。以前的人们日出而作，日落而息，这钟声自然也就成了计算时间时唯一可以参照的东西。

如今的鼓楼经过多次拆除和重建，虽不能全然看到往日的风采，但依稀可以感受到老天津卫时期的风土人情。鼓楼的钟尽管不再用作报时，也不再被人敲响，但它曾经的声音依然是老天津人脑海里最清晰的回忆，也会被后世永远珍藏。

天津的"大宅门"到底有多气派

从清朝中叶直到民国初年，杨柳青石家一直是津西首富，名列天津八大家之一。而坐落于杨柳青中心，京杭大运河流经天津的南运河岸边的石家府宅——石家大院，距今也有一百多年的历史了。提起当年石家的辉煌，老天津人没一个不知道的。石家原籍山东，祖辈漕运发家后在清乾隆年间定居杨柳青。清道光三年（1823年），石家析产为四大门，分别是福善堂、正廉堂、天锡堂、尊美堂，各门均建有一所颇具规模的建筑。如今的石家大院即为"尊美堂"宅第，曾有"天津第一家""华北第一宅"之称，足以见其规模与富丽堂皇。当时的石家财势显赫，修筑宅院时，光是门柱石鼓上的"八骏图"和"丹凤朝阳"就花费白银500两，由两位能工巧匠耗时一年才完成。在搭建地基时，石家人更是特意从北京高薪请来几十位建筑高手，采用了囤积50年之久的上等砖石木材来构建。整个工程耗费白银几十万两，光是工期就长达三年之久，后期修缮更是将近几十年。整个大院占地7200余平方米，其中建筑面积2900多平方米。60米长的大甬道的两侧共有四合套式12个院落，所有

石家大院

院落都是正偏布局，从寝室、客厅、花厅、戏楼、佛堂到马厩，无论是通体格局、建筑风格，还是艺术装饰，都极尽完美和民族特色。如此精细隆重，石家的财力可见一斑。

说到石家将产业分置四门，还是"旗奶奶"的主意。这个"旗奶奶"可是石家的传奇人物。石家的先人本是山东莱州人，早些年靠一只大船在运河上以水路运输为生。到了乾隆五十年，石万程这一代才开始落户杨柳青，在经营老本行的同时，还开设了一家小银号，娶妻生子，日子还算富足。嘉庆四年时，乾隆宠臣和珅获罪赐死，和府管事的丫鬟让自己的妹妹携带珠宝出逃，逃亡过程中在通州运河岸边被石万程的粮船收留。看见女孩容貌秀丽、谈吐不俗又无依无靠，石万程与妻子商量，不如将这女孩嫁给自己唯一的儿子石献廷。女孩心怀感激，便将自己的身世和盘托出，并将自己所带的财宝献给了石家。本来石氏一族三世单传，可这女孩嫁入石家后却连生五子，仅四子夭折。自此之后，石家人丁兴旺，而石家的产业也在女孩的领导下渐渐扩大，最后拥有土地四万多亩、多个银号商铺，富甲一方。因为女孩治家有方，又是八旗子弟，衣着打扮与汉人不同，所以被乡邻尊称为"旗奶奶"。道光三年，道光皇帝怕百姓过于富庶会有造反之心，便下了一道圣旨，规定了老百姓田产的最大拥有量。无奈之下，"旗奶奶"只得为四个儿子分家，老大宝善立门福善堂，老二宝庆立门正廉堂，老三宝苓立门天锡堂，老四宝珩立门尊美堂。这就是石家四门的由来。

虽然后来石家的繁华已在历史的风尘中远去，可这座石家大院依旧在彰显着曾经的荣耀和辉煌。它代表的不仅是一个家族的繁盛，更是中国古代汉族劳动人民建筑智慧的集中体现。

庆王府的主人曾是个太监

提起王府，大都是皇亲贵胄的住宅。例如北京的恭王府，就先后住过和珅、永璘，还有恭亲王奕䜣。但是天津的庆王府却不同，它一开始只是一位太监的府邸，那后来怎么又变成庆王府了呢？

庆王府是五大道上唯一一幢以中式风格为主，采用中西合璧的建筑方式建造的私人住宅。建于1922年，坐落在和平区重庆道55号的这一院落，围墙之内十分开阔，一幢青砖墙面的二层围合式的建筑楼体便是主楼。进入主楼，便是金碧辉煌的中庭和列柱式回廊。后花园内，假山、石桥、凉亭一应俱全。整个府邸虽不及恭王府富丽气派，却很奇巧精致，别有一番风味。

庆王府

庆王府的第一任主人，也是这座建筑的设计师就是小德张。他原名张云亭，序名张兰德，后慈禧太后赐名"恒泰"。小德张本是天津市静海县人，自幼家贫，为了生计不得已到宫里当差。他在宫中"升平署"学习京剧，因扮相英俊、聪明机灵，就被爱看戏的慈禧太后相中，调到身边随侍。后来光绪皇帝和慈禧太后先后去世，小德张利用自己在宫中的权势力保隆裕太后把持朝政，而他自己也取代了李莲英成为了太监大总管。在隆裕太后去世后，小德张便回到天津老家安度晚年。

虽是宦官，但小德张多才多艺，擅长手绘房屋建筑图。故宫之内唯一没有完成的西洋式建筑宫殿——延禧宫，便是出自他的设计。若施工期间不是辛亥革命爆发，延禧宫定会成为故宫内的一大亮点。庆王府的门檐窗栏皆用紫檀木，窗户是从意大利进口的彩色磨砂玻璃，绘着山水花草。厅室内的木板隔断皆刻着精美的雕花，大厅中央悬挂着从德国进口的葡萄吊灯，竖立在一旁的大玻璃柜里，摆满了玉器和象牙雕刻的工艺品。房间整体的布局风格，既有东方的大方稳重，又有西洋的富丽堂皇。值得一提的是，通往主楼正门的宝塔台阶，因着皇室才可用九、十八等数字，小德张虽曾权倾朝野，但仍不能逾越皇权，于是便设计成了十七阶半。看似十八阶，实则矮了半分，既能彰显身份，又不显得僭越。特别是主楼196根柱廊六棱琉璃栏杆，都是当初从皇宫中运出来的，根根保存完好。

后来，庆亲王载振辞官归天津，看中了小德张的府邸，对他设计的建筑更是赞不绝口。提议用自己在天津的十余所门脸房和英租界墙外的十余亩空地作为交换，以求取该府宅。小德张本是富甲一方，并不在意钱财，但碍于庆亲王皇亲国戚的身份，毕竟是旧主，有恩情在。所以几番思索之后，小德张最终决定把自己的宅邸转卖给庆亲王。

于是这座府宅在庆亲王载振的稍加改动之下，主楼加盖了一层，摇身一变就成了庆王府。现在这里是全国重点文物保护单位，对公众开放。

最"有情有义"的黄崖关长城

提起长城，大家多半想到的都是山海关、嘉峪关、八达岭之类比较著名的游览点。也许论蜿蜒秀丽、巍峨宏伟，黄崖关并不是最好的，但若论情义，黄崖关可以称得上是最有情有义的一段长城。

黄崖关长城在距蓟州区北28公里的崇山峻岭之中。始建于公元556年，关城东侧山崖的岩石多为黄褐色，每当夕阳映照，山石皆呈金光灿烂般的黄铜色，故此得名为"黄崖关"。明代名将戚继光任蓟镇总兵时，曾经重新设计过黄崖

黄崖关长城

关，最为有名的设计便是八卦城。八卦城周长七百零七米，设三关九门，按伏羲八卦图"乾、坎、艮、震、巽、离、坤、兑"的卦形规律，组织街道网络，纵横四十多条街，只有一二个门楼相通。关内门楼、院落、街巷，变化莫测，扑朔迷离，据说当年戚继光是按照诸葛亮的"八卦迷魂阵"所建。

在太平寨长城西段，有一方形楼，名为"寡妇楼"，距今已有一千四百多年的历史。相传戚继光任蓟镇总兵时，有一队河南士兵被征调到黄崖关缮修长城楼台。其中十二名士兵的妻子思夫心切，多番跋涉，结伴来黄崖关寻夫。没想到，得到的却是丈夫已为国捐躯的消息，十二位寡妇悲痛欲绝。戚继光闻讯后便亲自召见，安抚她们，还向每个人发放了不少的抚恤金。十二名寡妇深明大义，悲痛过后，决意将抚恤的银两全部捐献，用于修筑长城，以完成丈夫生前未竟之事。并投身边关，亲自参与修建了这座"寡妇楼"。

这座"寡妇楼"高13米，分为上、下两层，下层楼由四根大砖柱子把楼隔为四个拱顶大厅，楼的外墙与城墙相连。上层建了一个长方形小屋，屋脊两端装饰着龙头，四个檐角则以陶制蹲伏状的麟、凤、狮像作为装饰。小屋内空间宽阔，可容纳十余人。如此独特的楼台和其悲壮的身世，实在叫人感慨不已。与孟姜女哭长城的哀叹悲惨相比，寡妇楼更代表着这十二位寡妇的大义与忠贞，让人望之心生敬畏。千百年来，这座楼台仿佛无时无刻不在提醒着人们，在家与国的面前，巾帼不曾让须眉。

天津大沽口的五座炮台为何只剩下两座

天津的大沽口炮台与上海吴淞炮台、广州虎门炮台、厦门胡里山炮台并称为"中国四大古炮台"。大沽口炮台建于明代，后来随着时间的推移，炮台年久失修，风雨飘摇，到了清代才得以重修。清政府在原有的基础上修筑了炮台，建置了数门大炮，并不断加强与完善设施，最终确立了完整的海防体系。大沽口炮台共有五座，海河南岸三座，北岸二座，依次以"威、镇、海、门、高"来命

大沽口炮台

名,寓意炮台威风凛凛镇守在大海门户的高处。

如今我们再到天津,却只能看到南岸的"威"字和"海"字炮台。曾经五座威风凛凛的炮台,只剩下两座,岁月在炮台上留下的不仅是斑驳的裂纹与狰狞的弹痕,还有那些应被后人永远铭记的战役和中华民族不屈不挠的精神。

近代以后,外国列强对中国的侵略日益加深。南有虎门,北有大沽,这两处一跃成为中国最重要的海防屏障。大沽口成为了北方的军事要地,也首当其冲地在后来的战役里,成为战事最惨烈的几个主战场之一。

在第二次鸦片战争中,英法联军曾三次进犯大沽口,两次占领天津城。清政府官员腐败无能,不战而逃,但守城的将领和天津城内的百姓却宁死不屈,依旧奋战到最后一刻。将士们坚守炮台,并起誓:若大沽口失守,则就地自刎,不愿苟活。天津百姓也相约:"倘夷等仍前抢掠,则乡民随地砍打,倘夷聚众滋事,则我民鸣锣相应,群起而攻之。"第三次大沽口保卫战中,直隶总督史荣椿镇守南岸炮台,亲自发炮击沉敌舰,后不幸被敌弹集中,他在弥留之际仍指挥部下奋勇杀敌。大沽口副将龙汝元镇守北岸炮台,身受重伤仍坚持抗敌,最后被敌炮击中,壮烈牺牲。战后,清政府在塘沽于家堡为两位英勇就义的将军修建了"双忠祠",城内百姓自发到祠中凭吊、缅怀。如今"双忠祠"早在岁月的倾轧下消失不见,可是两位将军的英名和事迹却永远流传了下来。

光绪二十七年,腐败的清政府与列强签订《辛丑条约》,其中有"大沽炮台及有碍京师至海通道的各炮台一律削平"的规定,大沽口炮台随即被强行拆毁废止。直到1997年香港回归,市政府出资在原址上整修了南岸的部分炮台和石坊,这才有了如今"津门十景"之一的"海门古塞"。

命运多舛的天津"望海楼教堂"

位于天津市河北区狮子林大街西端北侧的望海楼教堂,始建于1869年,当时的法国传教士称其为"圣母得胜堂",可国人因其旧址为望海楼,则习惯称之为"望海楼教堂",并沿用至今。如今看这座教堂为砖木结构,坐北朝南,极具欧洲哥特式建筑风格。正面的三座塔楼,高22米,教堂长56米、宽15米,远看就像一列火车头,拖着几十米长的车身。别看现在望海楼教堂庄严肃穆,宏伟华丽,而历史上它经历过三次被毁,两次重建,一次修缮。只是这三次被毁中,一次是天灾,两次是人祸。

望海楼教堂

那是望海楼教堂落成的第二年,也就是1870年。天津遭遇大旱,许多村庄颗粒无收,饿殍遍地,无数的灾民为了生存便涌进天津城,一时间城内物价暴涨,人心浮动。就在此时,城内又发生了许多儿童失踪案件,更是人心惶惶。而六月初又爆发了瘟疫,育婴堂内有三四十名孤儿患病死亡,尸体被草草掩埋在城外。于是,各种说法、谣传便在城内四起。有人说是天主堂的神甫和修女派人抓小孩子挖眼剖心制药;有人说教堂里有几大缸眼珠子,是用来换银子的;还有人说洋人用小儿心肝蒸鸡吃,以求长生不老……天津城中的百姓本来就不太喜欢这些传教士,遇到走在大街上的修女,天津的妇女都唯恐避之不及。这些传闻一出,立刻引起了民愤。没过几日,拐卖儿童的犯人武兰珍被抓获了,供出自己是受法国天主堂的王三主使。天津官衙的几位大人带着武兰珍去望海楼教堂对峙,神父谢福音矢口否认,并称该堂并无王三其人,于是此事不了了之。但到了下午,群情激愤围堵在教堂门前,商大臣崇厚令天津知县刘杰派兵镇压。然而法国驻天津领事丰大业看到群众如此"嚣张",一怒之下开枪打伤了刘杰的随从。在场群众怒不可遏,将丰大业及其随从围殴致死,紧接着又鸣锣聚起了数千人,放火焚烧了望海楼教堂和教堂旁边的法国领事馆。即便如此,愤怒的天津百姓仍不解恨,不仅将东门外的仁慈堂烧毁,还拆毁了另外几所讲书堂,捣毁了几座英国及美国教堂。在这一片混乱之中，有十名修女、两名神父、两名法国领事馆人员、两名法国侨民、三名俄国侨民和三十多名中国信徒被打死。整场暴动持续三个多小时，史称"天津教案"。

　　1897年清政府赔款重建后，望海楼恢复了以前的样子。只可惜好景不长，1900年义和团运动爆发，作为"洋人残害和洗脑国人的据点"，义和团再度焚毁了望海楼教堂。直到光绪二十年也就是1904年，法国领事馆又用"庚子赔款"按原来的设计，重建了这座教堂。不幸的是，1976年，望海楼教堂在地震中严重损坏，直到1983年，天津市人民政府才拨款重新修缮了这座教堂。

　　三次毁坏，两次重建，一次修缮，望海楼教堂竟还能保持着原来的风貌，也算是天津城的一大奇迹了。

观音寺的"白塔"为何比观音寺还要早出现五百年

　　位于蓟州城西南隅，独乐寺南侧的白塔，旧时被称作"渔阳郡塔"。始建于辽清宁四年（1058年），后来明朝嘉靖十二年（1533年）在塔前修建了一座观音庙，故又称为"观音寺白塔"。白塔呈平面八角形，高30.6米，塔基由花岗石条砌成，石条之上筑仿木砖雕须弥座，须弥座的束腰处用砖砌出了24个壶门，每个壶门内刻有一组舞乐伎浮雕，舞伎高髻长裙，翩翩起舞；乐伎持数种乐器，共鸣齐奏。壶门两侧还雕刻了一些侍奉者，手托鲜花果盘，构成一幅欢乐祥和的礼佛盛况，刻工精细，栩栩如生。塔身上关于佛教题材的砖雕还有很多，八角塔面的转角处分别是八个大力士支撑塔身的砖雕。除却佛教图像，象征着释迦牟尼"八大成就"的八座砖雕功德塔和四句佛偈语也格外显眼。

观音寺白塔

四个侧面方位的凸雕碑形各刻有一句佛偈语,分别是东南面:诸法因缘生,我说是因缘;西南面:因缘尽故灭,我作如是说;西北面:诸法从缘起,如来说是因;东北面:彼法因缘尽,是大沙门说。

蓟州白塔是结合了密檐式、亭阁式和覆钵式三种形式的塔。塔身有小阁亭台的部分是典型的亭阁式设计,其上部的两层出檐则为密檐式设计,再往上的台座上放置着高达2.75米的半球形覆钵。三种设计相辅相成,相得益彰。所谓覆钵式塔就是"倒扣的钵",又叫喇嘛塔,是藏传佛教的塔。传说两千多年前,有信徒问释迦牟尼:"用什么方法可以表达对佛的敬意?"释迦牟尼回答道:"把长方形布片拼成的袈裟铺于地上,钵覆扣在袈裟上,再使锡杖竖于钵上"。后来人们按此形容建成的建筑,就是覆钵式佛塔的雏形。

关于这座塔的来历,还有一个有趣的故事。传闻,古时候有一户人家为了给儿子冲喜,娶了个贤惠的媳妇。但没过多久,丈夫还是死了。这个媳妇的婆婆很是刁蛮,对媳妇百般挑剔,非打即骂。有一回,媳妇挑水回来,婆婆嫌她去的时间长了,就劈头盖脸地打了她一顿,还声称要把她卖掉。媳妇心中委屈,边走边哭。忽然出现了一位白须老者,问她为何事如此伤心。媳妇心中难过,便一五一十地把自己的遭遇说了。老者同情她的遭遇,就从袖中取出一支鞭子说:"这支鞭子通着海眼,你回家去,把鞭子放进缸里,正转三圈,倒转三圈,水缸就满了。"媳妇一听十分惊喜,刚要下跪谢过老人,老人却不见了。媳妇回到家中,按老人的嘱咐一试,果然灵验。就在这时,婆婆领着个人凶神恶煞地走了进来,原来婆婆真的把她卖了。婆婆抢走了她的神鞭,可是缸里的水还是向外涌,媳妇眼看着水咕嘟咕嘟往外冒,大街小巷全都是水,整个县城马上就要淹没了。媳妇心里一横,拔下铁锅扣在缸上,自己又坐了上去。水不停地涨,缸也在长,好不容易水止住了,她也变成石头人了。后来,蓟州人为了纪念这个心地善良,拯救乡亲的好媳妇,就为她修建了这座白塔,并取名"金炉宝鼎塔"。

天津为何会有一家广东会馆

在距离鼓楼几十米远的南门里大街上,有一座古朴沉静、样式别致的建筑,它便是广东会馆,是天津市规模最大、装修最精致的清代会馆建筑。

清朝时期,南方的商人利用漕运之便,在每年春天季风来临之时,载满货物,结成商船队沿海北上,由海河进入天津经商。天长日久,这些商人便形成了一定规模,并建立了帮派。当时最早出现的"闽粤会馆"便是闽帮、潮帮和广帮这三个规模最大帮派的根据地。1860年后,天津被迫成为通商口岸,一时间成为了华北地区的工商业重心。广东商人此时已在天津站稳了脚跟,当外国势力和贸易进入天津后,他们与洋商之间的经济往来也随之增加,广帮的势力日益强大。为了方便联络同乡和巩固广帮的势力,当时几位颇有名望的广东商人向同乡筹资,在鼓楼南大街买下23亩地皮,用以修建广东会馆。广东会馆的建筑工程历时三年,终于在光绪三十三年一月十四日修建完毕。

整个会馆规模宏大,既有岭南的建筑风格,又融入了北方四合院的特点,十分罕见。进入大门,放眼望去尽是岭南风格的设计布局,无不透露着异地游子的思乡之情。广东会馆的主要建筑是戏楼。看台分为上、下两层,楼下是散座区和茶座区,楼上是

广东会馆

包厢,最多可容纳六七百号人。戏台为伸出式,深10米,宽11米,周围无木柱,观众可从三面观看表演。戏台正上方是用细木构件榫接而成的藻井,重约10吨,外方内圆,螺旋向上。这藻井不仅工艺精美,造型别致,据说这种特殊的构造还可以把声音传到戏楼的各个角落,有些类似于现代音箱的效果。

除却设计新颖的戏台，会馆内的木雕也格外引人瞩目。戏台周围的华板楣子和悬空垂莲柱，以浮雕龙凤彩云或圆雕狮子绣球装饰。包厢栏板和隔扇门窗亦雕刻着凤穿牡丹、松鼠葡萄、四季花卉等图案，刀法精细，栩栩如生。天幕正中镶嵌着寓意"天官赐福"的镂空彩色木雕，其中天官、仙童立于祥云之上，群猴嬉戏于松柏灵芝之间，而在浮雕四角处则刻画了衔着桃枝的蝙蝠。在中国民间传统习俗里，蝙蝠象征着福，桃枝象征着寿，如此分置四角，则寓意"福寿四方来"。

这座广东会馆曾经接待过不少的名人志士、戏曲名家。据记录，孙中山、黄兴、邓颖超等曾在此地进行革命活动，著名的"四大名旦"也曾在戏楼内演出。如今，广东会馆早已不再是广东商人的聚集地，已经演变为天津市戏剧博物馆。虽不再供人们看戏消遣，但它仍在为宣扬和传承传统艺术不懈地努力着。

你听过"天津之眼"的传说吗

"天津之眼"全称是天津永乐桥摩天轮，位于天津市红桥区海河畔永乐桥上。摩天轮高110米，直径也为110米，轮外装挂48个360度透明座舱，每个座舱可乘坐8个人，可同时供384个人乘坐、观光。摩天轮下的永乐桥是世界上唯一一座同时具有观光和通行功能的大桥，上层为机动车专用道路，下层既是人行道桥，也是摩天轮的入口。

摩天轮每个座舱的面积达到12平方米左右，游客在座舱内不仅可以坐着观景，还可以随意走动。摩天轮转动一圈的时间会受到乘客人数、天气变化的影响，但大致保持在20至40分钟之间。满舱启动后，48个座舱在电力的驱动下匀速旋转，转一圈大约需要30分钟。悬挂式座舱在旋转一周时，会横切路面两次。大桥上部的路面车辆在高速行驶，座舱内的乘客可以从各种不同的角度与汽车擦肩而过，感受一下象征着现代都市的高速汽车所带来的动感节奏，绝对是一种快乐非凡的体验。到达最高处时，可以欣赏到海河全景以及方圆40公里内的街景，晴空万里时，甚至可以看到天津港，因此被誉为"天津之眼"。这座桥轮合一、兼具观光和交通功用的摩天轮，不仅是天津的地标性景观之一，还是世界上唯一建在桥上的摩天轮。

与其他历史悠久的天津景观不同，"天津之眼"虽然没有历史沧桑的厚重感，但却独具一种现代主义文化的新奇魅力。传说，摩天轮上的每个盒子里都装满了幸福，所以当人们仰望摩天轮时，就是在仰望幸福。在摩天轮升到最高点之时，相拥吻的恋人会白头到老，携手走完一生。由此可见，"天津之眼"从"睁开"的那一刻开始，就承载着人们对于幸福的期待与渴望。

每当夜幕降临之时，摩天轮的夜间照明系统不仅将巨轮照得通体发亮，还同时从各个不同的角度将永乐桥的机动车道与人行桥一并照亮。这些以红绿色为主体的灯光与桥上商店、餐厅的霓虹灯交相辉映，使得海河的夜景更加绚丽多彩，活力四射。桥的独特成全了巨轮的风采，巨轮的绚烂又完美了桥的设计。一桥一轮，为津城平添了万种风情。

天津之眼

"六国饭店"是六个国家一起开的饭店吗

说到六国饭店，大家第一时间想到的应该是位于北京东交民巷的那座气势恢宏的大楼。这座诞生于20世纪元年、经历了三朝五代的古老建筑，见证了中国历史的风云变迁。当年出入这所大楼，风光无限的显赫人物都已随时间逝去，可这座大楼依旧屹立不倒，只留下了一个个为人们津津乐道的传奇故事。

可天津这座"六国饭店"却不同于北京的那座大楼。

在老南市的这家"六国饭店"，是一家卖"瞪眼儿食"的饭店。"瞪眼儿食"是天津方言，指的是一种杂烩菜，在北京俗称"杂合菜"，也就是我们今天所说的"折箩"。"箩"指的是饭馆的泔水桶，一般饭店会在泔水桶上架个竹箩筐，倒剩饭菜时，菜会被拦在上面，汤水则漏到桶里。而天津方

老南市"六国饭店"

言"折"有扔了、倒了的意思。那时候的南市饭庄有很多，所以每天的剩菜剩饭也不少，于是就有些人到每个饭店上门收集剩菜剩饭，然后回来加热出售，逐渐这群人在南市清和大街形成了一个摊群市场，也就是现在南市食品街南门附近的区域。如今看来这种出售剩菜剩饭的摊位很不卫生，可对当时的穷苦百姓来说，花钱不多，还能饱嘴福，解大馋，这可是一件不错的事。于是这饭摊不仅很受欢迎，还卖出了名气。最先专卖"折箩"饭摊的人姓王，他每天辗转于南市各大饭馆，向厨师收买宴席所剩的"折箩"。回来加热后，按质量好坏标定价格出售。饭摊大部分的食客都是贫苦的劳动人民，比如装卸工、人力车夫、要饭的乞丐等，常常把小摊位围得水泄不通。这些"折箩"菜来自不同的饭店，远远不止六家，食材也种类不一，从白菜帮子、火腿香肠，到鸡腿鸭块、

肉丁鱼胸都有可能遇上。时间久了，人们便把这王老板的饭摊称为"六国饭店"。以前很多初到天津的人，不明就里，还真以为天津和北京一样有一个豪华气派的"六国饭店"，其实说白了就是贫苦大众自我解嘲的戏言而已。传闻，后来这位王老板靠着经营"折箩"这个小饭摊，获利颇丰，也因此发家致富，在南市购房置地数十间。

虽然如今的新时代社会已不允许有"六国饭店"这样的饭摊出现，但在老天津人的心里，"六国饭店"代表着一代劳苦大众的真实生活写照，与自在洒脱、知足常乐的生活态度。

天津的民俗特色和趣闻

都说一方水土养一方人,那你想知道那么"哏"的天津人都有什么有趣的习俗吗?你想感受一下"曲艺之乡"的艺术氛围吗?你想见识一下心灵手巧、匠心独运的手艺人到底有多厉害吗?

也许你现在不能马上动身去天津,亲自领略那里的风土人情,但是读过本章节的内容后,你会对天津的民俗特色有一个新的认识。在旅行之前,了解更多的津味文化,明白习俗背后的意义,必定会让你的旅行在丰富精彩之余,更添一份对生活的感悟。

婚丧嫁娶

天津人结婚为什么选在下午或晚上

严格来说，只有天津市区是在下午或晚上举办结婚仪式，天津市周边及河北省等地区都在上午或十二点之前结婚，认为一旦过了中午再结就是"二婚"了，这在很多人眼里很是不吉利。那为何偏偏天津市区如此特别，一定要在下午或晚上结婚呢？

对此的说法有很多：

一说是因为早期移民。因为天津早期的居民大都是从安徽一带迁徙过来的，难免会带来许多安徽地区的习俗和生活习惯，而在淮安的某些地区也确实是有下午结婚的习惯。因此，很多人认为天津市区的婚俗习惯是早期移民带来的结果。

二说是因为"昏礼"传统。古时候人们成亲都是在黄昏时举行。有古语道："妇人属阴，须日落地平线后，进夫家成亲。"所以天津一直保持着古礼。

三说是因为码头文化。大家都知道天津是靠漕运起步，进而繁荣经济的。所以，平日里水陆码头最是繁忙。一般商船出发或停泊时间早，早上卸船装船没有空闲时间，就把成亲的事推到了下午或晚上，时间久了，就成为了习惯。

四说是因为租界影响。天津出现租界和教会后，传统文化也受到了外来文化的影响。国外教堂的婚礼仪式一般都是在下午举行，国人也根据自身需求加以模仿，接亲不再抬花轿，也不再起大早去接亲，逐渐改为下午和晚上。

五说是因为懒惰。个人觉得这是不太靠谱的说法。说天津自古便不适农耕，居民也多半从商或为人打工。按道理讲，从商者趋利，打工者守时，要想保证一家老小的温饱，就不得不起早贪黑地工作，又怎么会偷懒？

不过，无论是何种原因，何时结婚都只是一方风俗罢了。婚俗只是文化和仪式，人们对未来美好生活的向往与热爱才是获得幸福最有力的方式。

在天津交换了"龙凤帖"意味着什么

旧时，"龙凤帖"可是一件重要的信物，是双方订婚的证明。

一般前期经过媒人介绍，男女双方家长都没什么意见了，就可以去找一位"批八字"的先生合婚，看看有没有什么忌犯。不要小看了这个合婚，这可不只是为了图个吉利才走的流程。解放前天津有几位著名的合婚先

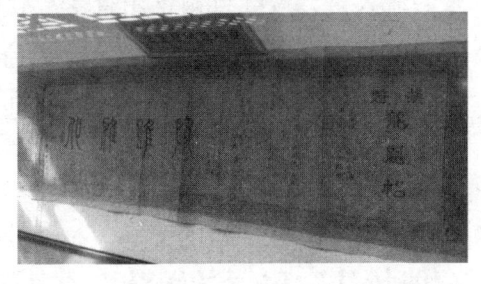

龙凤帖

生，天后宫的江少波，东门里的鹤鸣堂"马先生"，北门西的蒋雨洲。这一对婚姻成不成，全在他们一批了，足以见合婚的重要性。流程一般是媒婆或大宾把女方出生的年月日时辰小帖要来，交给男方，再由男方带到星相家去合。先生按照男女两人的生辰八字，批写两份，什么"金生水""水生木"等，写了一大套。只要两人在"命"上没有什么所谓"相克""相犯"的说法，这门亲事就算成了。

经过这样合婚或算卦手续之后，如果先生说这门亲事可以，那么下一步就是双方家长"换帖"，互换的帖子便是"龙凤帖"。"龙凤帖"

由纸庄专卖，通常是将大红纸裁剪成宽约七寸、长约一尺二寸的金花大帖，印上"龙凤呈祥"的图案，再折好装进一个套封内，封面写上"全福"二字。"换帖"时会在封面内里下角写上各自家长的姓名，在帖里的一条"金签"上写好换帖的年月日，表示在某年、某月、某日定了亲。

在天津，"换帖"的时间和仪式也很有讲究。要选择良辰吉日，预备一两桌酒席酬谢媒人或大宾。随"龙凤帖"一起交换的还有男方的订婚礼物和女方的回礼。一般男方的订婚礼物的多少取决于他的经济条件，比较讲究豪气的会以"四大金"为订礼，也就是一副金镯子，一对金戒指，一副金簪子，一对金耳环。而女方通常以靴帽、文房四宝等四色作为回礼。双方分别雇人把"龙凤帖"和礼物用四对"条盒"托着，八个人每人托着一个"条盒"。旧时经常能在天津大街上看到换帖的队伍，除了订婚双方穿着正式外，托"条盒"的人也全要穿上由赁货铺租来的蓝大褂，戴红缨帽，用青褡布扎腰，还穿上洒鞋、白袜子，并用红绸子在胸前背后扎上十字披红。他们一手托条盒，一手拿着一束大金花，组成一行小小的队伍，让人们远远一看就知道是换帖结亲的，好不喜庆气派！

"催妆礼"与"过嫁妆"在天津是指什么

在天津，结婚之前，还要有"催妆礼"和"过嫁妆"。"催妆"是指在这一天女方要送嫁妆到男方家，而男方在女方的嫁妆还没有送来的早晨，先要送去"催妆礼"。说起这"催妆礼"可是很有讲究的，一般是四对条盒和四抬食盒。条盒上面摆着新娘第二天上花轿时要穿戴的首饰和衣服，食盒里装着蒸食、炉食、鸡、活鸭、活鱼、鲜肉以及四色鲜果、四色干果等。当然这是富有的人家通常会准备的催妆礼物，平民百姓虽然送的少一些，但种类还是要齐全的。不过，如果女方的家境较为贫穷，男方也会只送上一笔钱，不送东西，被称作是

"折催妆礼"。

说完了"催妆礼",那"过嫁妆"又是怎么一回事?

男方的催妆礼送到后,女方的嫁妆就开始送过来,也就是"过嫁妆"。过嫁妆的时候,是在"催妆"那天午饭以后。女方嫁妆多的会在前几天就把陪嫁整理好,各种衣裳都必须叠好,用红丝线把四角绷上,比较讲究的衣裳和贵重的首饰,要明显地摆在条盒上。普通的衣裳用红丝线绷好了,装在箱子里。其他的陈设和零星用具,也要分类好绑扎在嫁妆桌上的栏杆里,还要把各项陪嫁用红线绳与栏杆拴系起来,以免抬起来颠动。各种什物用具都不许空着,里面都要装着应用的东西和红剪纸,并逐项放些栗子、红枣、桂圆,表示祝贺"早生贵子""早中状元",以示喜庆吉利。

过嫁妆

在"催妆"这一天女方家会高搭喜棚,大摆筵宴,把嫁妆摆在厅房里或院子里,让来贺喜的亲友参观。到了时辰,女方家会雇用大队人马,并邀请"大宾"护送,将所有嫁妆送往男方家。而男方那边已是早早收拾妥当,安排好亲朋迎接。女方的嫁妆是按"抬"计算,一抬指的是一抬嫁妆桌。当然由于经济条件的不同,陪送的嫁妆也有多有少。但即便是最贫穷的家庭,陪嫁也要买一个桶子。以前在天津有专门制售陪送用的马桶。过嫁妆时,要在这个桶子里面放上一朵大红绒花、"福喜字"点心和红冰糖,外面用大红布把桶子包起来。

过完嫁妆,男方家到了晚上要把屋内外的灯全点上,并雇用吹鼓手们吹大乐和十番,一直吹到五更天明。天津有一句俗语:"吹鼓手喝面汤——心里有准啦。"指的就是这一天夜间,男主人家会为吹鼓手们准备烧饼、果子、面汤作为夜宵。

如此热闹一夜,第二天到了吉时,便可以到女家迎娶新娘。

结婚的第二天在天津为什么又叫"两天送油"

别以为结完婚就万事大吉了，在天津，结婚的第二天又被称作"两天送油"。在这一天，新妇要给男方家中的女眷送梳头用的油。不过并不是女方本人亲自去送，而是由一位女仆陪着女方家的侄子或侄女送到男家。除了送油，还要准备一些鲜果糕点和"赏封子"，也就是红包，算是给男方家年幼的弟弟妹妹和子侄辈的见面礼。

女方都送了头油和见面礼，男方就更不能闲着了。

这一天，新郎要带着一名随从到各家亲属好友那里磕头拜礼，很是辛苦。在旧时天津有一个这样的风俗：成亲之后，女方家里的父母、兄弟姐妹等直系亲属，男方这边自是要认作亲戚的。至于其他如姑母、舅母、姨母、婶子、大娘等亲属，必须在双方结婚的第二天向男方家里送去点心，这叫做"认亲礼"。只有行了"认亲礼"，才能算作和男方家建立了亲属关系，以后就可以随时礼尚往来。如果这些非直系亲属不送这些"认亲礼"，就等于不认亲，以后过日子时女方在公婆面前就不可以提起有关这些人的事，男方家也无需与这些人应酬往来。

不过值得一提的是，中国旧社会的传统向来是重男轻女，家中大小事宜一般都是男子出头，女子不宜抛头露面。但在送"认亲礼"时，却得以双方女太太、夫人的名义写礼帖。由于旧时女子嫁人后皆随夫姓，礼帖上写的女子名多为"适某某郡某氏正容"或"适某某郡某氏裣衽"。送礼人数众多，礼多人杂，这样写又太概括，不明确。因此，通常会在礼帖的下角后面特意标注是新妇的姑母、舅母、姨母，或其他什么亲戚，好让男方知晓送礼的人是哪一位。

天津人婚后第三天还要"分大小"

"分大小"是天津民间很通俗的说法，其实就是新妇过门后要正式拜见男方家中亲友族人，想来也是体恤新娘结婚当日并没有仔细见过男方家人,所以特意安排一天来一一辨认、拜见。

通常是在婚后第三天,新婚夫妇要先拜谒祖先,才能去拜见翁姑、伯叔和其他亲友,这顺序万万不可弄错。依次跪拜时,要行叩头大礼,并且互送"见面礼",可以是钱,也可以是物品。这拜礼的步骤和流程非常复杂,又不可出错惹人笑话,所以一天下来,新妇多半是十分劳累的。如果体质再稍差些,经历了前几天成亲的操劳,又要再来一天的跪拜,磕上无数的头,多半是一整天都头晕眼花、神志不清的。又因着怕出错,不敢抬头看、乱说话,纵然是一天的时间,又能记得清几个人?如此,便要靠陪房妈妈的帮助了。分完大小以后,新妇便不再是客人,而是家中一员,不可再只盘膝坐着,而要试着与人搭讪说话,做一些家务。客人来访时,要点烟倒茶,招待亲友。

通常分完大小后,还会接着"散针线"。新妇会派遣陪房妈妈到各亲戚家里去"散针线",有的地方也叫做"送小礼"。通常是新妇给婆家里比自己小一辈或者平辈的人准备的一些小礼品,例如钱包、腰带、手绢、荷包什么的。对方照例多少都会收着一些,一来表示对新妇到来的欢迎,二来是给陪房妈妈找钱。因为这些东西一份一份都是由陪房妈妈用茶盘端着送到各家人面前,故对方收下东西必定是要给些赏钱的。

天津"回门请姑爷"会注意些什么

新妇在结婚后第一次回娘家叫做"回门",如今也有这样的习惯,只不过旧时更为讲究一些。而且,如今"回门"的主角是新妇,可是在以前的天津卫,"回门请姑爷"才是最重要的。

"回门"的日子一般是在婚后的第四天或第六天,视情况而定。在"回门"之前,会由陪房妈妈为男女双方家长互相传信,来确定具体是哪一天。确定日子后,女方家里就会准备一些四色茶点和鲜货作为"接姑奶奶"的礼物,送到男方家里。"回门"可分作"双回门"和"单回门",顾名思义,"双回门"是新姑爷和新妇一同回女方家,而"单回门"则是新妇独自回娘家。不过,虽然说是"双回门",但两人却不是一同回去的,通常是娘家先把新妇接回去,而新姑爷只需在快要开饭时赶到娘家即可。

即便是现在,女儿和女婿"回门"这一天也是个重要的日子,更何况是在旧时。为了迎新姑爷,女方家的客厅和院子会在原有陈设的基础上多出不少布置。桌前椅上会扎上围桌椅靠,摆上三明蜡扦,再在桌上铺一套红毡,奉上好茶,待新姑爷落座时饮用。饮完茶,稍坐片刻后,新姑爷便会被请到内宅,拜见岳父岳母以及各亲属。一番道贺寒暄后,就差不多到了饭点,此时便可请新姑爷入席了。

回门请姑爷

大家都知道,在中国,这个吃饭坐席的位置都是有讲究的,所以新姑爷需听从陪席的主人按次序坐好,方可下匙筷。上菜前,通常新姑爷的岳父会先致一番词,新姑爷要站起致谢,这之后才可以正式上菜。"回门"期间,因是喜事,所以凡有道喜的佣人随从,厨师小厮,一并都要打赏。吃饭期间,新姑爷不能喝酒,即便要喝也只是点到为止,以防醉酒出丑。饭毕,新姑爷要再次到内宅拜谢岳父岳母以及各亲属,女方家长免不了再叮嘱几句。之后,小夫妻两人便可离开回家了。

"回门"这一天的流程虽不比结婚当日的繁琐,但通常旧时新姑爷的年纪大都不满二十,又是初次无父母长者在身边提点,未免出了错,贻笑大方。因此新姑爷在回门之前,会在自己家中先演习一遍。以前在天津,有钱人家的佣人不少都明白这些礼法,有需要的人家便会把这样的佣人请到家中来,教导新郎如何按照规矩待人接物。并且,在"回门"那天,请这位佣人作为新郎的临时随从,若是新郎有做得不对的地方,也好帮其兜住、补救。

离不开"七"的天津殡葬习俗

俗话说得好:"人除生死无大事",这丧葬之事历来都是被人们极为看重的事。旧时的天津因其特殊的地理位置和历史进程,形成了独特的津味文化。而天津的殡葬习俗就是这津味文化中最具代表性的一种。

暂且不说出殡下葬的过程,光是前期准备的工作就有许多,包括请总管,设账房,找杠房,刻棺木,找棚铺,租桌椅,找茶房,找白货铺,请吹鼓手,订彩扎,找裁衣铺,订酒席等。做好了所有的前期准备工作,才能开始正式入殓老人。

不过,殡葬的流程和时间都是要计算好的,也都和"七"这个数字息息相关。

先是"小殓",待老人即将咽气时,为老人做好清洁,穿上寿衣,将其从床上抬到吉祥板上,脚要顶墙,因此也叫"倒头入殓"。一般倒头后第三天便可火化。从人死后便要开始计算时日,每七天必要祭奠一次,被称为"做七"。

殡葬习俗

"一七",也就是我们熟知的"头七",在这一天要布置好灵堂,供好牌位。儿女亲属要穿好孝服,其他非亲属关系的吊唁者,只需佩戴一只黑纱即可。家中门前还会搭一棚铺,棚内点着长明灯,摆放着烧纸和纸牛纸马,有条件的人家还会请僧人来念经,超度亡者。在灵前行礼时,家中的晚辈要行大礼,在灵前磕4个头,朋友及街坊来吊唁时行鞠躬礼,在灵前鞠4个躬。直系晚辈磕头后要跪在灵台两旁陪众人礼。遇到旁系晚辈给亡灵叩头时,应陪礼叩4个头,遇到朋友来吊唁时,要叩1个头还礼,以表感谢。

"三七"又叫做"散七",老人的子女要准备好纸钱元宝,拿到三岔路口焚烧并呼唤死者,为其招魂,或上坟焚香引亡灵回家。

"五七"这一天通常被认为是亡灵回家"省亲"的一天。除了要准备祭奠供台外,还要请僧侣或道长来诵经做法事,亲友们也会在这一天再次前来吊唁。在天津,面食供点也是有讲究的。老人若为男性,会多蒸一份"莲花",若为女性则多蒸一份"如意"。

"七七"也被称作"满七""断七"。家中会举行最后一次,也是最为隆重的一次祭奠仪式,亲友们也会来烧纸祭拜,或是一起到坟前吊唁。

老人死后,其子女要服孝三年,俗称"服三"。这三年中子女不可穿过于鲜艳华丽的衣服,也不能大肆酒食、入朝为官。待三周年过后,丧葬礼仪才算正式结束。

值得一提的是,天津还有一种名叫"烧心"的习俗。在往生者去世第二年的清明当日或前一日,家人、亲友都需要到坟地祭拜亡者。携带的祭品除衣帽鞋袜各式纸扎外,还要蒸空心的面食供品,俗称"烧心",又称"安心",旨在告慰亡灵,不必惦念阳间的亲友,一切尽可安心。

天津人有多看中寿衣

一般电视剧里考古专家在发掘新的陵墓时,往往不必等所有的墓室都挖掘完毕,仅凭棺木中死者的寿衣及陪葬物便可推断出墓主人的级别,甚至是具体身份。虽有些夸张,但也确实有事实根据。旧时天津人认为寿衣往往代表了对死者这一生的总结和圆满,因此,但凡有能力的家庭都会将寿衣打造得极尽奢华。

前面说过,"倒头入殓"之前要为死者换上寿衣。寿衣都是棉的,且以单数为吉,在规格档次上差距很大。一般人家的寿衣是一套棉衣、一件长袍、帽子和鞋,再配上黄色褥单和白色盖单,取"铺金盖银"的富贵之意。稍微好一些的可以做成明朝服装的样式，被褥也是绣着游龙戏凤或是八仙过海的图案，俗称"海褥海被"。再高级一些的会做成清朝官服的样式，男性共穿七件：一身布质单裤褂，一身绣着小圆兽字的绸质棉袄裤，一件蓝色绸质寿字长袍，一件绣花平金花袍，一件天素色的褂子。上衣一般都没有领子，也不钉扣绊，头上戴红缨子官帽，脚穿朝靴，内有白色棉袜子，胸前会佩戴朝珠。女性呢也是七件，内穿布裤褂、棉裤袄、大棉袄、氅衣、裙子，外衣都是平金绣花，头戴凤冠，披霞帔，还要莲花坠一个、如意簪一支、镶珍珠耳环一副，全部都是赤金制成的。男女都要佩戴"九连环"，女的插在发髻上，男的握在手中，说是亡魂西行途中，经恶狗林时驱恶犬、经鬼门关时扣门所用。

在天津城，外面套着的寿衣需要到专门的寿衣店买，而里面的衣服一般都是自家缝制的，因此寿衣规格的高低就取决于自家的经济条件。很多比较讲究的大户人家，不仅做工精细，还多用上等绸绫制衣并缀以珍珠宝石，极尽奢华之能事。这些都不是寻常百姓之家能负担得起的。

旧时天津"出殡"的排场到底有多大

旧时传统社会为了彰显声望与实力，在办白事时大讲排场，极尽奢华，整个丧葬过程充满了复杂繁琐的礼节和仪式感。"出殡"便是这其中最为突出的一个环节了。在老天津卫人眼里，家庭财力、儿女的孝顺程度以及社会地位的高低，都可以从出殡的规模中看出来。

出殡时间有早、晚两种。早殡在上午10点以前，目的是省钱。晚殡则在10点以后，因为要招待亲朋，所以要摆酒设席，因此开销较大。

先来说说这仪仗队的阵容和顺序吧。一般是：开路鬼打头，左右各一大头鬼，4米左右的铭旌高高

出殡

挂起，后面是一对大锣，一班吹鼓手，几对官衔牌，一堂红彩谱，一顶返魂轿，再就是几个"大座"，包括灯亭、炉亭、花亭、香亭、影亭。"大座"是由16人一班抬着，两班人倒，每人发新毛巾一条，打执事的孩子带着刘海箍走在前边。每个"大座"前有一堂与亭绣片相同颜色的八顶绣花大伞。接着是花圈、挽联、匾额、披孝服的孝子、送殡的亲友、客人。最后面是僧、道、尼的诵经队伍，一组被称为"一棚"，棚越多越隆重，越能显示死者家的社会地位和经济实力。

如此大排场的队伍，行进速度自然较慢，路过城门或桥梁时还要撒纸钱，俗称"撒路钱"。有时大座还要"路落"，就是让某一大座停住，压住整个队伍的阵脚，等前边打执事的孩子走出一段距离，再抬起大座在这段一两丈远的路上跑步前进，打头的人口中喊"落……"几个抬"大座"的跑起来步调整齐，亭子不歪也不掂，就能看出这些人的功底。若在旧时的天津卫街上远远望到这一幕，也很是壮观有趣。

节日习俗

天津人过年前为什么要到娘娘宫"洗娃娃"

年前自腊月十五开始,各色的年货就陆续上市了。大街小巷满是喜气洋洋的节日氛围和川流不息的人群,这其中最热闹的就要数娘娘宫了。每年的娘娘宫和它附近的街道都是采办年货,进香还愿的人们必去之地。男人到娘娘宫不是游玩就是采购,而女人到这里多半是来"洗娃娃"的。

这个"娃娃"可不是指家里面的小宝宝。在天津有一个很奇特的风俗,叫做"拴娃娃"。在天后宫里有很多可爱俊俏、神态各异的泥娃娃,全部是由天津的手艺人所塑。这些泥娃娃被天后宫的道士们摆放在宫内一侧的"娃娃山"上,凡是来求子的妇女在许愿奉香之后,便会到"娃娃山"上选择一个泥娃娃。相中了哪个小泥娃娃,就趁道士们"不注意",闭目击磬之时,用一根红线系在它的脖子上,偷偷带回家中。据说这样做之后,便很快会有子嗣投胎到家中,十分灵验。倘若真的生了个儿子,就要尊这个泥娃娃为大哥,生的孩子只能排行老二,这也是天津人为什么排行第二的特别多。

每年春节前女人们必须要做的一件事,就是把从娘娘宫拴回的娃娃"洗"一次。

洗娃娃

毕竟是泥娃娃，这"洗"肯定不会是水洗了。而是每年都要把泥娃娃带到娘娘宫附近的娃娃铺里去"洗"，也就是由手艺人将泥娃娃改塑一下，给它添置眼镜、毡帽、胡须、长袍马褂等。随着弟弟的成长，"娃娃大哥"也会"长大"。时间一久，娃娃大哥便穿起了长袍马褂，蓄起了胡须，变成了"娃娃大爷"，甚至是"娃娃老太爷"。每年和全家在一起过节跨年，享受供奉和天伦之乐。直到弟弟终老，泥娃娃才会随其一起被厚葬。

如今的天后娘娘宫依旧香火鼎盛，善男信女络绎不绝，只是大殿里已经没有了"娃娃山"。但是，可爱俊俏的"娃娃大哥"依然在天津人的心里，默默被铭记与供奉，从未远离。

天津人过年为什么要贴"吊钱儿"和"肥猪"

过年贴窗花对于我们来说并不陌生，而窗花的样式也多半是"福"字和吉祥语，或是年年有鱼和年节生肖的图案。

不过，你知道吗？在天津，人们大多贴的可是"吊钱儿"和"肥猪"。

一般窗花都有代表着吉祥语和美好的祝愿，天津人的吊钱儿和肥猪也不例外。这吊钱儿又叫"门笺""挂钱"等，和其他地区的窗花一样多是用红纸剪裁而成。在一张长方形的红纸上剪裁花纹图案，上半部会写着"恭喜发财"一类的吉祥语，下半部多剪成流苏状的纸条。挂在门楣或是直接贴在门上、窗上，以示"招财进宝""五谷丰登"的意思。

"肥猪拱门"则是天津特有的一种节日窗花。与传统用红纸剪窗花不同，"肥猪拱门"是用黑色的蜡光纸剪裁的。猪背上驮一聚宝盆，表示招财进宝之意。每逢农历正月初一，多数人家

肥猪拱门

会在屋内的玻璃窗上左右各贴一只。在天津，成对的"肥猪拱门"甚至可以代替门神，在春节时被张贴在门上，以祈求福运来到。

值得一提的是，天津人对这贴吊钱儿的日子很讲究。一般都在腊月二十九那天就要开始贴吊钱儿，和福字、窗纸花儿、春联一起贴。多把吊钱儿贴在屋内或屋外上方的门栏上，任红色的薄纸随风摆动、飘扬，浓浓的年味也在屋内屋外蔓延开来。天津有句俗语叫："二五填仓撕吊钱儿。"正月二十五这一天又叫做"填仓"，取福财填满仓之意。既然福气与财气都已经填满了，那就该把吊钱儿撕下来了。所以在这一天必须把所有的吊钱儿撕下来，若是贪心不肯撕的话，春节里招来的财和福就会随吊钱被风吹走，到时候便是竹篮打水一场空了。做人要知足，要安时处顺，如此简单的道理被寄予在天津的年节习俗里，想来也很是有趣。那么，天津的"填仓节"与其他地区有何不同？

前文说过，农历的正月二十五又叫"填仓"，取五谷丰登、福财满仓之意。传说"填仓"本来是"天仓"，是"天子之仓"之意。很早的时候北方遇到连年干旱，颗粒无收，可是封建统治者仍然横征暴敛，致使百姓们饿殍遍地，

填仓节

易子而食。有个看守粮仓的官吏实在于心不忍，便私自打开了粮仓，将粮食发放给百姓。他自知已犯了死罪，于是等到百姓把粮食运走后，在仓库放了一把火，自己也投身火海。官吏放火那天正是正月二十五，人们为了纪念这个善良的人，决定把这一天定为"天仓节"，后来逐渐演变为"填仓节"。

虽然"填仓节"这一节日在很多地区都有，但对比起来，还是天津的"填仓节"更有风味与氛围。

在天津，虽然已经到了正月二十五，但年味儿依然浓郁。在这一

天的早上，大年三十贴的吊钱要全部撕下来。如今已不像旧时，家家屯粮，有粮仓，但天津人仍想出了有趣的"代替仪式"。在院子里用灶灰撒一个圆圈，圈子口再撒出一个小梯子，就像是古时的粮仓一样。在圆圈中间放上五谷杂粮，把撕下来的吊钱包上铜钱，压在上面。如此，便是填仓完毕，祈祷来年"粮财满仓"。

除了要"象征性"地填仓外，在这一天还要吃干饭，喝鱼汤。在天津有句俗语："填仓填仓，干饭鱼汤。"因为旧时粮食不充裕，家家户户每年可得的余粮极为有限，所以经常用喝粥的方式填饱肚子，维系生活。能吃上一碗干饭则表示大丰收，因此，在填仓这一天一定要吃干饭，以喻来年五谷丰登。

那为什么又要喝鱼汤呢？天津人有吃鲫鱼的习惯，在填仓这一天要煮鲫鱼汤，而且人们只能喝汤，要把鱼留给小猫吃。这么做是为了奖励辛勤工作、看守了一年粮仓的小猫，并希望它来年继续努力捉老鼠，保护粮食。听起来是不是很有趣呢？

除了吃干饭，喝鱼汤，天津人还会吃饺子和合子，吃饺子象征填仓，吃合子象征盖仓，无一不体现天津人对美好富足生活的向往，而这些饱含寓意的食物和习俗也让天津独具风韵。

天津还有个"姑爷节"

在中国，正月初二通常都是回娘家的日子，已出嫁的女儿带着姑爷回娘家给父母拜年。但在天津，正月初二可是堪比大年三十么重要的日子，也因此天津人将这个重要的日子称为"姑爷节"。

在旧时封建社会，女性的地位比较低，无论是新婚回门还是过完年回娘家，姑爷都是娘家的贵客，岳父母必须要好好招待。但随着社会的进步，初二回娘家本应是座上客的姑爷渐渐不再是被人伺候的"大爷""一个女婿半个儿"这句话，在这一天被很好地诠释了。

如今，初二一早，姑爷便要穿好新衣，大包小裹地拎着各种礼品，带着妻子回娘家看望岳父岳母。无论平时多懒多不修边幅，但在这一天姑爷们都把自己打扮得干净利落，神采奕奕。妻子们不管平时多喜欢对丈夫发号施令，甚至是指手画脚，在这一天也必须对丈夫言听计从，甘当陪衬。到了岳父岳母家拜完年后，姑爷们也不能闲着，有活就要上，干活时还要十分卖力才行。据说，天津人如此看重正月初二是因为：一年之中能看望岳父母的日子实在不多，过年回门必定极尽孝礼。而且，天津人爱热闹，姑爷回门时岳父母会非常高兴，提前就会准备好烟、好酒、好菜，鲜果糕点排满桌面。还会准备天津特色的"四碟捞面"，即一碟海鲜菜、一碟酸甜口的菜、一碟炒鸡蛋和一碟菜码。晚饭时，推杯换盏，闲话家常，其乐融融，一顿饭不吃上三四个小时都无法尽兴，堪比除夕之夜。

姑爷节

天津人幽默风趣将正月初二调侃为"姑爷节"，这可以说是天津特有的节日。这名字不仅有趣，更为这个日子增添了一份温情。

为什么天津人的"破五"又叫"打倒小人节"

说到"破五"，大家可能并不陌生，因为过了这一天，在正月里的很多迷信禁忌就都可以解除了。商店、菜市场也会开门，生活节奏慢慢会恢复到过年之前。在这一天，家家户户都要包饺子，吃饺子。在中国，饺子的意义非凡，除夕的饺子必须有一盘是素馅，取来年平安素净之意。初一吃的饺子必须是除夕夜剩下的，表示吉庆有余。同样的，在"破五"这一天的天津，饺子的出现更是意义非凡。

天津人一般从早上开始就要准备食材包饺子，到了中午就能吃上。

准备饺子馅时，要使劲剁馅，寓意为"剁小人"；在包饺子时，要将饺子皮捏紧，就好比捏紧小人的嘴，叫他们这一年都不能无中生有，乱说是非；煮饺子时更是要小心，不能把饺子煮漏了，漏了就说明小人的嘴没能堵严实。除了"折腾"饺子外，妇女们也会找出几件旧衣服来拆，俗称"拆小人"，以示驱逐以往的霉运。因此，在天津"破五"又被戏称为"打倒小人节"。

不过，除了这些"暴力打压"小人、驱散厄运的习俗外，也还有很多祈祷好运和平安的方式。人们通常会在饺子里包好硬币、红枣、蜜饯等，预示着来年财源滚滚、红红火火、日子甜美。而且因为正月初五要开市，所以各路商贩会在前一天准备好供品祭台，以便在初五凌晨迎财神。待凌晨一到，街道上百家商户齐开市，统统敞开大门，燃放爆竹，锣鼓喧天，好不热闹。

天津人端午节吃的"五毒饼"真的有毒吗

中国的节日都与吃食有关，提到除夕就能想起饺子，提到中秋就会想到月饼，提到端午必然浮现在眼前的是白白嫩嫩的粽子。吃粽子、赛龙舟是为了纪念屈原，那天津人在端午吃五毒饼是为了什么？五毒饼和五毒有什么关系？

早些时候的老天津，每到端午家家户户不仅要包粽子，还要自己制作五毒饼。之所以叫五毒饼，是因为在制作时会将"蛇""蝎""壁虎""蜈蚣"和"蟾蜍"的图案印到饼上。五毒饼以吉豆馅儿和玫瑰馅儿为主，所谓的"吉豆"就是我们熟知的绿豆，因为绿豆可清热解暑，又在端午佳节被使用，所以取一"吉"字来讨个好彩头，期望通过食用五毒饼来达到身体康健的愿望。而用玫瑰作馅，一是取其花香清甜，亦可美容养颜，二是因为端午节前后正是采摘玫瑰的时节，随时令入馅是再好不过的了。

除了五毒饼会在上面印制五毒的图案，老天津人还会为五岁以下的孩子穿戴"五毒衣""五毒鞋"和"五毒帽"。其用意和制作、食用五毒饼一样。旧时家家住平房,遇到这些毒虫的几率很大,大人白天晚上都要劳作,不能时时陪在孩子身边。于是这些大人便想出了这个办法,通过把五毒的图案印在吃食、衣物上,让孩子从小便认识这些毒虫,遇见时注意躲避,从而避免被它们咬伤蜇伤。就这样,端午吃五毒饼,穿五毒衣的习俗就流传了下来,在缅怀先贤的同时也多了一份舐犊之情。

五毒饼

在天津端午节为什么要插艾草

艾草在天津被叫做"蒿子",每到端午时节家家户户就会把艾叶和菖蒲买回家。因为以前人们大多住的是平房,所以一般会用红布条把艾草系好,绑在门把手上或是挂在大门的门环上。现在,人们多是将艾草插在门楣上。

艾草之所以在端午节这么受欢迎,是因为五月时节正是春夏交替之时,这个时期雨水多发,气候温暖潮湿,于是很多蛇虫鼠蚁便开始出来活动,极易咬伤人,特别是小孩子。而艾草的气味特别,对驱除蚊蚁蛇虫十分有效,并且艾草一向是避邪保平安的象征,所以插艾草理所应当地成为了天津人端午节不可或缺的风俗之一。

不过,艾草为什么能驱邪保平安呢?

相传,唐朝时期,黄巢起兵造反,民间有传闻,凡其所到之处皆是烧杀抢掠,无恶不作。所以老百姓一听到黄巢要来,就纷纷收拾行李,携妻抱子去逃命。

有一年五月份,黄巢的军队兵临邓州城下。黄巢骑马在城外巡查时,看见一个妇人背着包裹,一手牵着一个年纪小的男孩,一手却抱着个年纪大的男孩。他很奇怪,便下马派人询问妇人要去哪里?妇人答道:"听说黄巢的军队就要攻进邓州了,城里的男人都被征调去守城,只剩下我们这些老弱妇孺。待军队进城定不会放过我们,还不如早早离城去逃命。"黄巢又问她:"那你为何手上牵着小的,怀里却抱着大孩子?"那妇人又回答道:"我怀里这个是我大伯家唯一的活口,手上牵着的才是我的儿子。我知城外也是兵荒马乱,万一不幸遇上紧急情况要逃命,我宁可抛下自己的亲生儿子,也得为大伯家留下这根独苗。"黄巢听后十分感动,就对那妇人说:"大嫂,你且快快回城去,把菖蒲和艾草插在门口,这样黄巢的军队就不会伤害你了。"妇人听了话,半信半疑地回了城,照他所说的做了。不仅如此,她还把这件事告诉了城里的其他人,于是家家户户纷纷效仿。第二天也就是五月初五的端午节,邓州城破,黄巢领兵入城,只见每家每户门上都挂上了艾草、菖蒲。为了遵守诺言,黄巢只得领兵离去,全城得以幸免。

由此,艾草便成为了驱邪避难、逢凶化吉的象征。每到端午,人们在打扫庭院的同时,都会插好艾草,以求平安。

天津人过中秋的"兔儿爷"与北京的有何不同

"兔儿爷"的习俗原本来自北京,是对月宫之上一直陪伴嫦娥的那只玉兔的尊称,后来明末清初时传到了天津。北京的"兔儿爷"都是泥塑的,但到了天津之后,心思巧妙的天津人设法将"兔儿爷"平民化。于是,一直高高在上被人们供起来的"兔儿爷",一下子变得"亲民"起来。

每到中秋佳节,京津地区的人们除了赏月拜月外,还要买一只"兔儿爷"供在屋里。摆在供桌上的"兔儿爷"多呈坐姿,用拟人化的方式将其打扮成将军扮相。一身大红色的战袍,金盔金甲,头上两根雉鸡翎,还有标志性的三瓣嘴儿,威风凛凛的扮相中又有一点俏皮可爱。供桌上月饼糕点、鲜果蜜饯一样不少,香炉内的香烟冉冉升起,为人们祈求和顺与安康。

只是，天津人是不会只满足于供奉"兔儿爷"的。

在天津，匠心独具的手艺人们发明了一种玩具"兔儿爷"。用纸浆脱模的方式做出立兔模样，用油彩画出各式吉服，两只红色的兔眼睛和两只兔爪做成松动的。拉动绳索时，两只兔眼睛一眨一眨，一只小爪会敲响身前的牛皮纸小鼓，另一只爪子也会将缚在身上的两只铁片小镲敲响，十分灵动可爱，让人看了之后忍俊不禁。

兔儿爷

糖制的"兔儿爷"也是中秋节不可少的小吃。中秋前后，街上的大小糕点铺子都会准备形态各异的"糖兔儿爷"。这种糖兔通常使用白砂糖熬制成浆，再倒入模具内，还会绘上食色，成品又好吃又好看。因此也常有人对比说，北京的"兔儿爷"身上是一堆泥土，而天津卫的"兔儿爷"身上尽是香甜的砂糖。

除了这些，天津城内还会贩卖"兔儿爷"的鬼脸面具，憨态可掬的兔娃娃，漂亮精巧的"兔儿爷"风筝，泥捏的"兔儿爷捣碓"……如此"亲民"的"兔儿爷"也就只有在天津能见到了。

中秋节天津人必玩"螃蟹爬月"

在中秋满月之时，各地的人家都会相聚到一起，一同祈福赏月。天津也不例外，只是在祈福的同时，还会进行"螃蟹爬月"的游戏。这个游戏为天津所独有，在中秋这个人月两团圆的节日里，不仅能带来好兆头，更是增添了一份别样的乐趣。

游戏之前先要祭拜月神。在老天津的旧俗里，有"男不拜月，女不祭灶"一说，所以祭拜月神的事就得由家里的妇女全权负责，不过孩子们倒是不论男女，都可以参与。月圆的时候，要在房前的院子里摆上供桌，正中央要摆放好神位和香炉，周围放上月饼、鲜果等供品。拜月时，家里位分最高或是主事的妇人先点燃香，然后带领家里的女人和孩子一起跪拜月神，祈求全家平安健康，心想事成。

拜完了月神，就要开始"螃蟹爬月"的游戏了，这也是孩子们最喜欢的环节。

八月中旬，天津一带河蟹正肥，中秋这一天家家户户都会准备不少的河蟹。拜月仪式之后，把提前就准备好的小蜡烛点燃，将蜡油滴几滴在河蟹的蟹壳上，趁热把蜡烛固定住。一只河蟹"背"着一只小蜡烛，满院都是"螃蟹灯"，甚是有趣。人们让"螃蟹灯"肆意在院子里爬行，借着烛光观察河蟹的走向。如果大多数河蟹向院里爬，则表示招财进宝，日后必会致富发财。相反，若是多数向外爬则表示破财，是不好的兆头。于是，每每到了这个游戏，家里的主妇会让小孩子们把螃蟹向院里驱赶，一个也不许跑出去。孩子们你追我赶地捉螃蟹，家里的大人饮茶赏月，看着孩子们玩闹，一家人欢声笑语，其乐融融。

至此，小河蟹们的使命还没有完成。游戏过后，这些为主人家带来好兆头的河蟹即刻就被送上了蒸锅，成为了餐桌上最为鲜美的一道菜。

民间艺术

天津"泥人张"真的像传说中那么厉害吗

且不说在天津,哪怕是在其他地区,提起"泥人张"想必大家都不会陌生。上学时语文课本上那个"贱卖海张五",技高人胆大的手艺人给我们留下了很深刻的印象。传说他捏出的泥人眉目传神,栩栩如生,简直比真人还要像真人。而且此人嫉恶如仇,最喜欢用泥人记录劳动人民的质朴善良,讽刺剥削者的丑恶嘴脸。

我们都知道很多民间传闻往往有些夸大事实,"泥人张"的传说果真如此吗?

"泥人张"如今已是一家民间彩塑的招牌,它的创始人名叫张明山。张明山是土生土长的天津人,从小家境贫寒,所以他只上了三年学便念不起了,年仅八岁就跟着父亲走街串巷以捏泥人卖钱为生。许是从小就耳濡目染,学习父亲的手艺,再加上他心灵手巧,独具匠心,每日在集市上、戏院里观察各行各业人的神态和动作,自己再偷偷捏泥人练习,没过几年便名声大噪。他捏的泥人能真实地体现出人物性格、体态,取舍得当,夸张合

泥人张

理，在原有的泥塑基础上加入彩绘，使得泥人更加生动活泼，妙趣横生。而且，"泥人张"深受老百姓喜爱的一个重要原因是，他的作品多是体现劳动人民淳朴憨厚的生活态度，和调侃讽刺很多官吏和奸商飞扬跋扈、横行霸道的丑态。想来，老百姓觉得"泥人张"的泥人比真人还像真人，指的应该是泥人的神韵。"泥人张"可以透过人的音容笑貌看到这个人的本质，透过虚伪的表象，将人的本真性格映射到泥人的身上，如此便是货真价实的传神之作了！

清朝光绪年间，慈禧太后听说民间有这么一位"泥人张"，就召张明山进宫为她捏泥人。张明山把棉花掺到黏土里，搅拌均匀后，便摆弄起这团黏土来，几个手指飞快捏弄着，让人眼花缭乱。不多时，几个栩栩如生的古代人像就出现在慈禧太后眼前。慈禧太后看了，十分惊喜，不禁连连叫好，并经常叫他到宫里来为自己捏人像。至此，"泥人张"之名誉满天下。

为什么说天津的"杨柳青年画"是"半印半画"

年画对于中国人来说意义非凡，特别是在春节时期，家家户户挂年画，即便是在日新月异的今天，张贴年画仍是过年前重要的事项之一。

和中国的很多传统事物一样，年画也有南北之分，有名的"南桃北柳"便是指南方的苏州桃花坞年画和北方的天津杨柳青年画。作为北方年画的代表，天津杨柳青年画到底具有怎样独特的风韵，从而闻名全国的呢？

杨柳青年画全称"杨柳青木板年画"，属于木版印绘制品。相传是在元朝末年，有一位雕刻艺人因战乱逃亡至天津杨柳青，看见这里梨树、枣树众多，很适合用来做木刻版印制年画之类，便在此定居以卖年画为生。没想到这木版年画很受老百姓喜爱，于是这门手艺也被发扬光大。那时的天津杨柳青镇及其附近村庄，可以说是"家家会点染，户户善丹青"，杨柳青年画也因此闻名全国。在清朝中期，杨柳青年画出现了以表现历史故事为主的齐家和以表现小说戏曲为主的戴家,到了清朝末年,又出现了兼并前两家特色的霍家。时至今日,这三家的画庄仍是杨柳青年画的最大产商。

杨柳青年画的制作工艺繁琐却严谨,大致分为创稿、分版、刻版、套印、彩绘、装裱。即先定好图案画稿,在木板上雕刻出图画线纹,然后将墨印在上面,再套印两三次单色版。与其他木版年画最不同的地方,便是这最后的手工彩绘工序。如此半印半画半印半绘,既能体现版画的刀法韵味,又能结合彩绘的绚丽色调;既是雕刻艺术又是彩绘艺术,不得不让人惊叹啊。

杨柳青年画

杨柳青年画有五大类:娃娃类、仕女类、民俗类、戏曲类和神像类,几乎涵盖人们生活的方方面面。出生于天津的著名作家冯骥才曾经这样评价杨柳青的年画:"中国没有任何一种民间艺术,包括剪纸、皮影在内,像年画这么全面地反映农耕时期的人的生活理想,它不仅是生活,也包括宗教、民间崇拜。"年画不仅仅是一种形式,一种艺术,它包含了人们对美好生活的向往。纵然工业机器可以复刻出更精巧的图案,但它却无法像纯手工艺术一样,传达并承载人们最原始的渴望与期待。

天津人的风筝都是揣在口袋里

老天津卫有三绝:泥人张彩塑、杨柳青年画和"风筝魏"风筝。我们知道前两者的历史文化悠久,工艺精湛,构思奇巧,堪称双绝。那"风筝魏"的风筝是如何与这两者比肩"三绝"的?

说到风筝,一直都是我们童年不可或缺的玩具。奇花异虫,飞禽走兽的图案,被高高地放飞在天空,风筝下面是一张张带着汗水和兴奋的纯真笑脸。既然风筝如此受欢迎，自然就有做风筝的手艺人。"风筝魏"本名魏元泰，由于家境贫寒，不得不辍学到扎彩铺当学徒，因此学得一手扎风筝的好手艺。后来自立门户，开始专门研究风筝工艺。魏元泰将传统工艺改良，在造型、彩绘、飞行、特技、便携等几个方面下功夫，将风筝制作工艺精益求精。最厉害的是，他发明了一种新型的可折叠的风筝。传统风筝多以硬翅为主，虽易造型但风筝若是面积很大时，携带不方便。但魏元泰所做的这种风筝大概一尺多长，几下折叠后可轻松放进信封或者口袋之内，十分便于收藏和携带。他一生都在苦心钻研风筝的工艺，不断创新，共发明了200多种新型风筝，并因此在天津老百姓的心里创下了响当当的"风筝魏"名号。

风筝魏

到了如今，"风筝魏"之名早已走出国门，他的风筝曾多次代表天津，代表中国出展美国、德国、加拿大、澳大利亚等国。美国莱特兄弟的后代甚至曾专门来到天津，拜访"风筝魏"的传人，参观传统工艺，互通有无，并表示希望两家能够长期友好往来。可见，"风筝魏"为"天津三绝"之一，确是名副其实啊！

现在的天津人闲暇时，无论老人还是小孩都会组织风筝队，参加比赛，互相切磋。很多时候比赛的结果并不重要，只要能看到承载着美好愿望的风筝越飞越高，人们心里的烦恼和苦闷就都会一扫而光。也许，这就是"风筝魏"一直坚持、存在的意义。

以蛐蛐罐发家的天津"罐子郭"

老天津手艺人的名号多半是以技艺加姓氏，"罐子郭"虽不及"泥人张""风筝魏"那般历史悠久和闻名于世，但在全国喜爱蟋蟀的业界人士中，没有人不知道天津有个"罐子郭"，这些蟋蟀爱好者都以能拥有"罐子郭"所出产的精品蛐蛐罐为荣。

说到斗蛐蛐，现在的人可能有些陌生了。你可能想不到，斗蛐蛐这一游戏在中国已经有八九百年的历史了。斗蛐蛐时，要调重量、大小出不多的比赛，以示公平。然后把罐里放土捣平，将两只蛐蛐放进罐里，用蛐蛐草引导两只蛐蛐，使其相斗。几场交锋下来，被击败的蛐蛐一再退却，任对手撕咬。赢了的一方则振翅长鸣，大展威风。起初斗蛐蛐只是民间的一种儿童游戏，后来因其观赏性高，娱乐性强，一度发展成为全民游戏，民间各城镇、集市更是设立赌场。宋朝时期，无论是百姓还是官吏都大肆斗蛐蛐，就连皇帝也沉迷于此，于是便有了"万金之资付于一啄"。由此可见人们对这项游戏的狂热程度。

"罐子郭"真名叫郭景生，自小便喜欢中国古董文化，也对蟋蟀颇有研究，于是便立志要开发出更为精致实用的蛐蛐罐。他多次往返京、津两地，了解研习制罐工艺，从蛐蛐罐膛底到蛐蛐罐器形变化，从总结虫体饲养经验到制罐用泥的选取，无一不是精挑细选，多次创新实践。经过几十年的努力，"罐子郭"终于创立了津门学义派系的制陶工艺，其生产出的蛐蛐罐，或品相端庄，手感细腻，或配以浮雕，精致独特。既可以饲养蛐蛐，也可以用来收藏把玩，一直被蟋蟀爱好者们视为罐中极品。

天津"罐子郭"

三百六十行，行行出状元。每一个行业都可以成为一门艺术，就像"罐子郭"的蛐蛐罐是郭景生终其一生的事业。只此一生，将手艺变为艺术的人，都有一个匠人之心。

"行走的鸡毛掸子"在天津指的是什么

很多年前有一部剧叫《行走的鸡毛掸子》,讲述的是凭借制掸子的手艺得宫中赏识,进而繁盛荣耀的家族故事。这部电视剧里的家族原型便是有"津门贡掸"之称的蔡氏家族。

说起这个鸡毛掸子啊,可谓历史悠久了。从4000多年前开始,就是家家户户必备之物,只不过当时并不是用来打扫屋子的,而是作为镇宅辟邪的装饰物,通常被放置在瓷瓶中,取"平(瓶)安吉(鸡)祥"之意。后来逐渐演变为实用的清洁工具,同时也成了很多人的童年噩梦,在私塾犯错会被先生用戒尺打手心,在家犯错就少不了被家长用鸡毛掸子抽一顿。不过,可不要小看了这个鸡毛掸子,清朝时期,在天津蔡家的手艺人手里,这一个掸子可价值千金。

作为皇家贡掸,选材必定要格外讲究。通常只选取雄鸡脖子下面到翅膀前面的十几根肩毛,这个部位的毛一只雄鸡可拣取出二两左右的分量,筛检过后能用的不过一钱。而且取毛的雄鸡必须是散养的"野生鸡",也就是

蔡氏贡掸

人工放养在山上或野地里的,专吃活食的鸡。饲养过宠物或者其他动物的人都应该知道,动物的毛发和饮食密切相关。这种放养式的雄鸡,羽毛浓密,毛色光亮,手感极佳。选材尚且如此考究,更别说还要经历穿线、洗水、风干、扎捆、高温消毒等18道工序了。蔡家的贡掸多用深色典雅的檀木杆,手柄处雕刻龙纹,既美观又可以起到防滑的作用。掸子上的羽毛毛色光亮,羽尖下垂富有层次感。静置时,雍容华贵,气质不凡。风吹过,羽毛随风抖动,在阳光下熠熠生辉,灵动飘然。

蔡家曾在慈禧太后50岁诞辰之时,特意奉上99把上等贡掸作为贺寿礼,慈禧太后大悦,十分喜欢。从那以后,蔡家的掸子便不允许在市面

上销售，只能为皇室供应，蔡氏一族也从一方手艺商人成为了皇商，吃朝廷的俸禄。

如今，这扎制掸子的手艺已经被列为天津非物质文化遗产，而"津门蔡氏贡掸"也走入了千家万户，百年传承，经久不衰。

天津可以私人订制葫芦人像

前面提到的津门手艺人多是历史悠久，世代经营。但就在这荟萃了众多手艺匠人的天津，出现了一个"新人"，既传承了古代工艺，却又颠覆了传统理念，向人们展现了天津又一项不可思议的艺术文化。

这个"新人"名叫黄全华，说他是"新人"是因为他的父亲是位中医，虽然他从小对古玩艺术很有兴趣，却并未专门去学习，家中也并没有从事范匏工艺的人。2008年的时候，偶然翻阅到王世襄的《中国葫芦》一书，书中的内容让黄全华印象深刻，他决心要学习并传承范匏这一中国传统工艺，还要在传统技法上对其加以完善和改造。

范匏工艺可能大家不太清楚是什么，但是提到范制葫芦可能会有人明白些许。范匏，就是将刻有花纹图案的模具套在小葫芦上，迫使葫芦在成长过程中依照模具塑型，待模具褪去之时，葫芦上的图案清晰可见，精致宛若浮雕，却丝毫没有人工雕刻的痕迹。除了做些装饰精致的工艺品，古时候人们还会用这项工艺将葫芦制成食具、酒器、药罐等日常用品。

不过，可不要单纯地以为套个模具，等葫芦长大就可以得到想要的工艺品。这范制葫芦套在模具之内，隔绝了阳光和空气却依旧能蓬勃生长，没有极丰富的养殖经验是做不到的。而且模具的制作与选材也需要仔细斟酌，

范匏工艺

才能得到想要的作品。得益于早些年的农业种植养殖经验和模具制作的经历,黄全华发现,传统范匏工艺多用木质模具,这种模具怕水,受到葫芦生长压力易变形,塑型成功率很低。而烧瓦模具同样容易被撑裂,变形的几率也很大。现代的范匏模具多用石膏制成,虽然塑型性好,但石膏长时间与葫芦接触,会灼伤葫芦皮,而且石膏模具只能采用两板拼合的方式,套用在葫芦上。这样一来,成品葫芦上会有范制时留下的痕迹,不够自然。黄全华仔细钻研后,将模具改为合成材料,不仅不会留下范痕,还增强了模具的透气性和防水性。如此制得的葫芦,不仅形状多样,姿态万千,花纹图案还格外清晰传神。

迄今为止,黄全华已投资千万,拥有六十多亩种植基地,来钻研、实验和开发他的"人像"葫芦。如果你有幸到天津,不妨去他的店里看看他的"关云长像""清明上河图""马未都像""八仙过海"等等,单单是他的店,就足以让你来天津走上一遭儿。

天津为什么又被称作"曲艺之乡"

中国曲艺剧目种类繁多,发源地也不同,但是它们却有同一个发祥地,那就是素有"曲艺之乡"之称的天津,这是为什么呢?

在以前,有这样一种说法:一个角不到天津就唱不红,就没法进北京城,即便有幸能在北京唱,可是若没去过天津,就不会知道什么叫唱得好。正因如此,很多发源地为其他地区的剧种,例如京剧、评戏、河北梆子、京韵大鼓等,都是在天津唱红了,才在全国广为流传。剧种如此,名角就更是如此了。过去的一代大师梅兰芳、骆玉笙、荀慧生等人都在天津的戏曲演出码头红极一时,被后

曲艺之乡

人传颂。如今的冯巩、郭德纲依旧是家喻户晓，为人们带来欢笑。据不完全统计，在天津短短三百年的曲艺历史上，就出现过七十二种曲艺种类，其中广为流传的不在少数，享誉全国的天津艺人或是在天津发迹的大师更是数不胜数。

  除却天津是众多曲艺剧目发祥地这一原因，天津人对曲艺的热爱与痴迷，更是很多戏曲大师选择在天津表演的重要原因之一。天津还有一座著名的"中国北方曲校"，选取热爱戏曲、有才华的孩子在曲校接受三到五年的专业艺术培训，为中国传统曲艺界提供了大量的储蓄人才。如今这些曲校的毕业生仍活跃在戏曲舞台上，为人们展现着中国戏曲的魅力，也将天津"曲艺之乡"海纳百川、传承经典的精神文化发扬光大。

休闲娱乐与特色文化

天津人都说天津话吗

答案是否定的，只有天津市区中心的人才会说天津话。

其实，我们所熟知的天津话并不是天津原住民的语言，而是外来的方言。由于历史变革，天津曾经历过大规模的移民，外来的方言逐渐占据了原来的方言区，而原来的方言区则包围着外来方言，使其成为了独立的方言区域。这也就是为什么只有天津市区中心才说天津话。有语言学家分析考证，在天津历史上发生的那次大规模移民，很有可能是"燕王扫北"事件。明朝初期，燕王朱棣扫北，曾把江苏、安徽的士兵带到了天津，随着这些士兵而来的还有大量的家属。他们在天津置家，繁衍生息，世世代代生活在这里，构成了天津市区最初的原住民和天津方言，可以说，如今为我们所熟知的天津话最早是来源于苏、皖两地的。

与天津市区中心不同，周边的郊县各有方言。宁河、汉沽几乎说的就是唐山话，蓟州、宝坻、武清跟北京话差不多。而静海、津南的口音很接近，如此看来，他们很可能是最早的天津原住民的口音。

为什么说天津人是最好的观众

天津素有"曲艺之乡"一称，其主要原因是天津是众多戏曲剧目的发祥地，但能吸引这么多戏曲大师和艺人来津表演和发展的另一重要原因是，天津有着最好的曲艺观众。正所谓"士为知己者死，女为悦己者容"，在最能欣赏自己艺术的观众面前表演，得到内行人的称赞和鼓励，想必这比通过表演得来的财富和名气更能让人觉得有成就感。

天津人懂戏曲爱戏曲，甚至已经到了痴迷的程度。台上的艺人表演过程中若是忘了词，台下的观众就会跟上提词，每段戏他们都会、都熟。很多大师的用腔、发音、特点他们都知道，也都熟悉并掌握。所以若想在天津观众中获得好评，唱出名气，不是一件简单的事，需要下很大的功夫。每年天津都会举办"津门曲荟"，这不仅仅是天津的曲坛盛事，很多外地的艺人也会慕名而来，参与其中。各个曲种竞相演绎，老中青三代人同台献艺，爆趣纷呈。一天几十场，场场爆满，哪怕是散场之后，仍然会有一大票戏友不舍离去，聚在一起讨论刚刚的戏如何如何精彩，表演者的哪些细节令人拍案叫绝。

就这样，世世代代的天津人培养和激励了一批批曲艺演员，而这些优秀的曲艺演员又用精湛的表演回馈着天津观众。曲艺给了天津人快乐爽朗的性格，天津人便回报以包容接纳的胸怀。不得不说，成熟并且对曲艺具有高度热忱的天津观众，便是曲艺表演的最好观众。

天津相声都是两个人表演吗

一块醒木、一把折扇、一条手绢，身着长袍马褂的表演者，妙语连珠，口若悬河，这便是天津茶馆相声最初也是最自然的表演形式。如今在天津，依旧能看到人们在茶馆中嗑着瓜子，喝着大碗茶，在台下因表演者的表演或捧腹大笑，或鼓掌喝彩。

天津相声作为全国闻名的表演艺术，其发源地却是在北京。很久之前，许多相声艺人从北京的天桥来到天津的茶馆、剧社，因为表演形式和内容贴近生活，票价也相对低廉，再加上天津人爱热闹的性格和对曲艺的热爱，天津茶馆相声越来越火爆，最后成为全国人民最重要的娱乐方式之一。

相声多以包袱笑料、滑稽问答和说唱,来针砭时弊,反映社会现象。用老百姓们所熟知的语言,在台上嬉笑怒骂,讲述人生道理。无论是以前的马三立、马志明、侯宝林等老艺术家,还是现在我们熟知的德云社,多是两个人在台上表演,一为捧哏,一为逗哏,相互依托,完成表演。但相声的表演形式远不只是这样。相声的表演形式一般分为单口相声、对口相声、群口相声等,长篇单口相声通常分为多次表演,有点像评书,但内容笑料百出,偏向于娱乐大众。双人相声又称"对口相声",也就是我们最常见的相声表演,以前的对口相声多是一男一女,如今学相声的女性不多,表演者也多换作两个男性。群口相声的演员人数在三人或以上,最典型的便是马季等人在春晚上表演过的《五官争功》。

如今的天津,人们不但可以随时从收音机里听到相声,电视机里看到相声,还可以在茶馆剧场里近距离地欣赏相声。可以说,相声这门艺术已经成为天津人生活中不能缺少的一部分。

天津相声

天津人为什么喜欢"萝卜就热茶"

中国人喜欢饮茶,各地饮茶的风俗也不尽相同。

在天津,关于饮茶最看重的是香气与滋味,也因此天津人偏爱浓茶和热茶,越浓的茶喝着越香,越是烫口的茶喝到嘴里、胃里,越是舒服。想来,这喝浓茶、喝热茶的习惯与天津人豪爽豁达、自在洒脱的性格确实很贴合。一般是早中晚三遍茶,早上洗漱完毕了,沏好一大壶茶水,喝到舒坦之后,再吃上一套煎饼馃子或是二两肉包子,便是精力充沛,可以开始一天的劳作了。午间喝茶通常是在饭后或午睡后,茶要浓才有助于消化和提神醒脑。一天操劳下来，晚上舒舒服服地泡个澡，沏上一壶热茶，几杯下来，洗尽一身风尘和疲劳。就像天津民谣里面说的一样："早茶一盅，一天威风；午茶一盅，劳动轻松；晚茶一盅，提神去痛。"

如此喜爱热茶的天津人饮茶时还有一个有趣的喜好，就是一定要配着天津的沙窝青萝卜。天津的沙窝萝卜果肉翠绿，入口清脆，十分爽口。而且这萝卜多产于冬季，人们在午后或是晚上归

萝卜就热茶

家后，切上几块沙窝萝卜，清甜的气味在空气中蔓延开来。咬上一口萝卜，甜辣脆爽，再喝上一口热茶，唇齿留香。不仅美味，沙窝萝卜还有清热解毒、顺气开胃的功效，是冬季养生的佳品，故在天津有："萝卜就热茶，气得大夫满街爬"的俗语。

为什么都说天津人说话"哏"

中国方言众多，天津话能在其中脱颖而出，想必天津相声在其中"出了不少力"。就像有人说东北话听着"冲"一样，很多人说天津人说话"哏"，那这"哏"是什么意思呢？这就要从天津人的说说话习惯开始讲起了。

旧时天津人以漕运为生，潮起潮落，工作繁忙，是以说话只求通俗易懂，利落准确，不打官腔，不说套话。除此之外，天津人生性洒脱，开朗幽默。无论多么生气着急，都会以幽默风趣的语言冲淡话语里的负面情绪。若是和天津人吵架，或许吵着吵着气就消了，从而避免了冲突。不得不说，这是天津人与生俱来的语言智慧。"哏"是北方方言，翻译过来指的是滑稽有趣的语言和动作。天津人不仅说话"哏"，人本

身也"哏"。"哏"代表着他们身上的一种随遇而安、及时行乐的生活态度。他们最常挂在嘴边的话就是:"乐呵乐呵得了。"柴米油盐,皆是笑料,烦恼忧愁,一笑了之。做事兢兢业业,做人却要不求甚解,难得糊涂。把复杂的人生当作游戏,不求得失通关,只求乐在其中。

可以说,"哏"就是天津人的生活态度,不管别的城市变得多繁华、多现代,天津人都不会去羡慕。他们永远讲究吃喝,讲究舒适自在,心满意足地过着自己的小日子。

为什么天津很多人都不分东南西北

初次到一座新城市,在找不到地方时,很多人都会选择就近问一下旁人怎么走。问路本是一件小事,可在天津,这件小事可能就会成为让你头疼的一件大事。因为天津很多人是不分东南西北的,是不是很奇怪?

关于不分东南西北这件事,天津人表示他们也很无奈啊!除了曾经的天津卫老城区有东南西北正向的大马路外,老城区外的道路基本都是依据海河的走向建造的。于是天津就很少有直道,大部分的路是有交叉路口或者弯道的,时不时再来个不规则的曲线。如此"婀娜多姿"的路线,让指路的天津人如何用东南西北来向问路者阐述呢?想来,如果真的告诉问路者:"前面往东南拐然后再300米处又往西边弯了……"暂且不说能不能听得懂、记得住,只怕走着走着也不一定能找到地方,顺着南道可能就走到北了。很多外地人第一次见识到五岔路口就是在天津……如此一来,天津人也就放弃了用东南西北来指路的方式,报自己所在地时,一般会说是××道与××路交会处,旁边有什么标志性建筑。指路时多用"简直走""左拐""右拐"这些词来形容。这也反映了天津人自在洒脱的天性,分什么东南西北呀,能找到地方不就行了。

如今智能手机普及盛行,很多年轻人即使第一次来到陌生的城市也不怕找不到路。但科技虽然能标记城市的每条路线,却无法记录这些路的过去。偶尔放下手机，询问一下当地人如何去到目的地，也许会发现不一样的风景。

天津有着最奇特的"混混儿"文化

前些年，冯小刚主演的电影《老炮》掀起了一阵全国的"老炮热"。很多人看了电影，都会回想起旧时自己家乡城镇里那些"老炮"们，他们或热血，或无赖，或重义，或强横……这些人行为处世有着自己的一套道理和规矩，也为旧时城镇增添了一种别样的文化。

说起这些"老炮"们，全国各地都有各自的特点，不过大都是些好勇斗狠、爱打群架的帮派混混们。在其他地区的帮派混混们在比拼谁更能打、武艺更高时，天津的"混混儿"却在比谁更能挨揍，更能对自己下得去手，这听起来是不是很奇怪？

天津的"老炮"名为"混混儿"，又叫"混星子""憨不畏死"。光是听这个名字，就能知道其"核心本领"就是不怕死。这些"混混儿"通常聚在一起，拉伙搭伴，平日里不事生产，就只是招惹是非，讨一顿打，借此成名。你可

"混混儿"文化

能会问了，挨打怎么能成名？在天津，这帮人的圈子里挨打可是有规矩的。按他们的规矩，挨打时不许还手，也不能出声喊痛，就任人打到停手为止。多半打人者是不想闹出人命的，所以打一阵也就停下了，面对如此不怕被打死的无赖，日后也就只能退让三分，定期给些钱避免他来闹事。如此，这"混混儿"就赢了，在圈内就有了名气和威望，便可以在手下招人，组建帮派，争抢地盘。但如果"混混儿"一个不小心在挨打时没忍住疼，呼痛出声，打人者会立即停手，而这"混混儿"则颜面尽失，沦为笑柄，不得不灰头土脸地爬走，这顿打也算是白挨了。

一般刚入行的"混混儿"多半会到赌场闹事，一来那里的老板都是有钱的主，二来赌场龙蛇混杂，最容易"一打成名"。闹事方法多半是搅乱赌局来讨打，就像上文提到过的，挨打也不能喊疼，最好还能边挨打边骂人，骂得越狠越好。打完后赌场老板会问清"混混儿"的名号、住址，再派人用门板将已被打得半死不活的"混混儿"送回家中，第二天则亲自带上医药费和礼品登门拜访，也可谓"不打不相识了"。

除了挨打，厉害的"混混儿"还会用自残的方式震慑对手。同样是闹赌场，厉害的"混混儿"会直接从大腿上割一块肉扔到赌桌上。赌场的头头见状会一边好言相道，将人拉至一旁，一边命手下给"混混儿"上药。手下拿来一大把盐，直接倒在伤口上揉搓，"混混儿"尽管疼得冷汗直流，但脸上依然要无所谓，与众人谈笑风生。如此，便可一举成名，每日都可到此来拿钱。

老天津卫的"混混儿"文化，尽管难以理解，但存在即合理。虽已不复存在，仍让后世唏嘘不已。

天津趣闻

旧时天津妓女是有上岗证的

古代时,男女私通可被定罪,但青楼却是合法的存在。到了近代以后,青楼渐渐被取缔,卖淫嫖娼被列入刑法。可是你知道吗?在民国时期,妓女这个职业是被允许的。

民国时期,妓女从业是需要政府批准才可以的。想要成为妓女需要先填一份"妓女申请书",申请书前半页的内容是姓名、年龄、籍贯、住所、为娼原因、有无丈夫及亲族、是否自愿等10栏。后半页是保证书。从现今已有的历史资料来看,当时确有已婚女子申请当妓女,男人让自己的妻子去当妓女的情况。

在当时,天津市共有妓院448家,妓女两千多人,依靠妓院为生的茶房、跟妈等有两万多人,而妓女这种职业也是民国时期的纳税大户。在那个可以用一分钱购买食物的年代,每年光是在北京的妓女上交的税就将近42万。如此看来,民国政府设置妓女从业资格除了有思想观念和社会需求的考虑,经济因素也是不容忽视的一大原因。

哪吒闹海和天津陈塘庄有何关系

提起哪吒闹海,大家都不会陌生,这个耳熟能详的故事从童年开始就陪伴着我们。不知大家可还记着故事中对这个"叛逆少年"身份的介

绍：哪吒为天津陈塘庄人，是陈塘关总兵李靖的三公子。真的有陈塘庄吗？如果真的有，那故事中"哪吒闹海"的"海"又是哪里？

先来说说这陈塘庄。历史上的陈塘庄位于现在天津市河西区的东部，大约在大沽南路和洞庭路交会处及附近地区。根据史书记载，明代天启年间这里就已经有了村庄，不过当时的村名叫"陈堂庄"，直到清代道光年间才开始称作"陈塘庄"。关于这名字的改变，有两种说法，一说是明初燕王扫北时，从山西迁移过来了几户陈姓人家，这几户便是最早居住在这里的人。他们定居后，组成了一个小村庄。因为居住地地势较低，离海河又近，有水灾隐患，所以村民们修起了塘坝以抵御海河泛滥，也由此更名为"陈塘庄"。另一种说法便是和传说有关。传说这里曾是唐朝大将李靖镇守之关、哪吒闹海之地。从时间上看，"陈塘关"是清代之后才开始使用的，这种说法应该是根据明人所编《封神演义》得来的。

既然天津真有陈塘庄，那传说中的闹海之地又具体是在哪里？

这故事中既能通海，又能被龙王拿来威胁李靖，水漫全城的地方，仔细一想便不难猜到，正是紧邻陈塘庄的海河。而哪吒闹海的具体位置对应现实生活中，便是海河边上，三岔河口处。明代这里作为漕运中心十分繁荣，曾有"晓日三岔口，连樯集万艘"的盛况。

故事虽然是假的，但天津人对哪吒的喜爱却是真的。有名的杨柳青年画里，抱着锦鲤的胖娃娃便是以哪吒为原型。三岔河口的狮子林桥边曾经还伫立着哪吒战胜龙王的雕像。无不体现了天津人对哪吒的尊敬与爱戴。

为何旧时天津一直被俗称是"小扬州"

最先称旧天津是"小扬州"的属清代诗人张船山，他曾在《过津沽诗》中写道："十里鱼盐新泽国，二分烟月小扬州。"后来，又有一位天津才子名叫刘云若，他遍寻和旧日天津景色人情有关的古诗，写出了一本长篇小说《小扬州志》，将天津水乡景色、人文风俗与扬州对比，最后证得旧时的天津确实是一个小规模的扬州。

那么，天津到底和扬州像在哪里呢？

历史悠久的扬州城是周敬王三十四年（公元前486年）建立的，《左传》中记载："吴城邗，沟通江淮"。距今2495年前，夫差北上争霸中原，率军渡江来扬，为水运军备，在扬州开挖了运河，同时筑邗城为屯军据点，这便是扬州城的初始模样。近两千年后，公元1404年，天津城也问世了！那时的中国，已经是大明的天下，建立天津城的就是赫赫有名的明成祖朱棣！起初，这位明太祖的四皇子只是个燕王，镇守北平。当时明朝的首都定在南京，朱元璋驾崩后，长孙朱允炆继承大统，史称明惠帝。朱棣并不服气自己的侄儿称帝，便发动"靖难之役"，率兵由北平从直沽渡江，而所渡之河就是南运河。朱棣选定扬州作大战总攻前的最后蓄势，大军沿运河呼啸南下，一举攻陷南京，最终取代侄儿成为天子。在这场战役中，运河是进军线，天津是渡河地，扬州是桥头堡。登基后，朱棣一直没有忘记天津与扬州这两块福地。于是永乐二年，明成祖在直沽筑城屯军，设立了天津卫，天津作为京城门户的地位确立了。"卫"是军事组织，每卫定编5600人，当年扬州驻扎左卫营的地方，就是如今的"左卫街"。天津从此开始筑城建市，设立衙门、书院等基本城市建制，历经千百年的风霜洗礼，逐渐走向了今日的繁荣昌盛。

由此可见，扬州与天津，都因运河而兴起。自隋炀帝开凿大运河后，扬州便以长江与运河的交汇点，赢得了唐代漕运中心的地位，成了明清时期经济文化的中心。而天津亦是如此，自元代对运河裁弯取直，京杭大运河贯通后，据天津地方志载，运河"纳九州，穿津沽，泽惠津城"，南运河、北运河与海河三岔河口荣升为北方内河贸易大港口，并迅速崛起于幽燕大地。

除此之外，扬州和天津还都是曲艺之乡。运河经济的繁华吸引了各地来往的商旅，作为码头这样特殊的位置，为了满足劳苦大众和乡绅商旅的娱乐需要，说唱戏曲逐渐成为这两座城市不可或缺的生活文化。以清代形成全国说书中心的扬州评话为代表，扬州形成了扬州弹词、扬州鼓书、唱梨膏糖、唱麒麟等曲艺形式。而在天津，运河上船夫们哼唱的歌谣小调逐渐发展成为了天津时调，加上相声、单弦、京韵大鼓、连珠快书、铁片大鼓……可谓门类齐全，百花齐放，给世代社会底层的民众带来了精神快乐。而且，从这两个城市走出了不少闻名于世的戏曲家和相声演员，例如王少堂和马三立等人，他们的作品和表演家喻户晓，流传于世，成就了戏曲艺术的巅峰时代。

天津北大关一带竟然有个"老虎洞"

天津北大关，又名"天津钞关"，是早年坐落在城厢北门外、南运河畔浮桥北端的收税关口。在明朝，上税时必须要交纳"明钞"，也就是明朝发行的纸币，而收税的机构就叫做"钞关"，或简称"关"。当时由南运河进京的漕运船只，必须在北大关交完税后才

北大关

能通行。因为北大关在所有的收税关口中规模最大，而且位于天津城区北部，所以就被老百姓们称为"北大关"。自大运河开通，天津筑城设卫后，北大关一带成为了漕粮转运的必经之路和通往京城的要冲，并逐渐发展成天津最繁华的商贸区。

传闻，有一次乾隆皇帝巡游天津，他走到哪里，天津的县府衙门就到哪里净街，生怕老百姓不小心冲撞了乾隆皇帝。这下虽然安全，可是冷清清的街道，一个百姓商贩也没有，无趣得很。于是，乾隆皇帝叫来县官，假装无意地问："附近哪里最热闹啊？"县官忙答："北大关是个好地方，摊贩多，人也多，最热闹！"乾隆暗自记下，趁大臣太监们

没注意,换上长袍马褂,一个人微服出巡去了。

没走多久,就到了北大关的市集。果然如知县所说,店铺成排,酒旗招展,百姓商贩,游人如织,十分热闹。只是没走几步,一个富商模样的人就把乾隆拉到树下,神秘兮兮地掏出一个盒子,揭开盒盖,竟然拿出一棵一尺来长的大人参。那人悄悄对乾隆说:"这棵可是真正的千年老参,无价之宝。只是我如今急用钱,为了换点路费不得不卖掉,你若是识货想要的话,给十两银子就成。"乾隆一听十分欢喜,想不到今日出门运气竟十分的好,这样好的千年人参宫里都少见,于是就痛快地掏钱买下了。

乾隆抱着人参盒子继续往前走,忽然看见一群人正在套圈儿,这在皇宫里可是根本见不到的。乾隆觉得特别新鲜,就买了一大把藤圈套了起来,没想到一个也没套上。乾隆觉得不甘心,又买了几十个圈一下子都投了出去。这回倒没有一无所获,套上个大泥娃娃。乾隆心满意足地抱着泥娃娃接着前行,一位相面算命的相士走过来,端详了乾隆一会儿,摇头晃脑地说:"好面相,一辈子吃喝不愁,只有一事不大顺心,就是目前还缺个孩子。"原来,天津旧时有"拴娃娃"的习俗,盼望早生贵子的人到庙里拴个娃娃,来年即可招致子女。相士见乾隆怀抱娃娃,还以为是想求个孩子呢,就顺水推舟地说出了这样一番话。乾隆一听觉得荒唐,也不听那相士继续胡说八道了,赶紧付钱打发他走人。

又转了一圈,乾隆看见有一群人在玩"押骰子"的游戏,似是很有趣。乾隆禁不住又掏钱押宝,却没想到运气不好,左押右押,全都不中。最后,不仅银子输光了,就连长袍马褂都押了出去。可怜这位在紫禁城养尊处优的皇帝,哪里会知道摆宝摊的人早就在骰子上做了手脚。

再说说行宫这边吧,皇帝不见了,这可把大臣太监们急坏了,全城一通寻找,终于在北大关把皇上找到了。据说当时的乾隆只剩下一身里衣,腿上放个盒子,怀里抱个泥娃娃,累得靠在一块石头边打盹儿。回到行宫,群臣一边请罪,一边给皇帝换上衣服。乾隆拿出人参盒子,对周围的人说:"还好这次总算不虚此行,至少买了件便宜货。"说着,从盒子里拿出那棵人参。众人仔细一看，哪里是人参啊，分明是一根干萝卜！知道真相的乾隆，想起自己屡屡受骗的事，不由得大发雷霆，叫来县官大骂："混账奴才，什么繁华地，你该到北大关看看，净是吃人的老虎，简直就是个老虎洞！"那县官吓得连连磕头说："是、是，小臣有罪，这是个老虎洞，小臣这就去收拾这帮'老虎'。"

从此以后，北门外到北大关这条不长的街道，就被叫做"老虎洞"，直到民国以后，一些商家嫌这名字不好听，才用谐音改叫"乐壶洞"。但天津的一些老人仍然改不过口，直到现在还叫它"老虎洞"。

天津饭店里的"独特表演"

相声名段《报菜名》大家可能都听过，观众们都惊叹于相声演员流利的嘴皮子和惊人的记忆力。其实，在旧时天津的餐馆饭店，报菜名可是每个服务员的基本功。

旧时的饭馆一般都不叫服务员，都叫"伙计"或是"跑堂儿的"。过去饭店学手艺，一种是学习烹饪技术，也就是厨师，再一种就是学习跑堂。那时候，在饭店里跑堂可不那么容易，要有眼力，只一眼就能看出顾客的社会层次和消费水平，就是我们通常说的"看人下菜碟儿"。在过去没有看人下菜碟儿的本事，你就休想立足社会，饭店也断断不会要你。来了身份尊贵的客人，你像一般人对待，砸了生意事小，弄不好就是一场事端；来了普通百姓，你当尊贵客人对待，普通百姓也承受不起，还会以为你如此殷勤是想敲竹杠。

现在的饭店通常是将每样菜拍成照片，印制成菜谱或是陈列在玻璃窗里，任由顾客选择。服务员只需在顾客每点一样菜后，记录在小本子

相声《报菜名》

上。要知道，在以前可没有菜谱这类的东西。旧时在天津的饭店吃饭，顾客到了要先让座、敬茶、摆餐具，然后站在一旁，看准顾客是哪个阶层的，然后恭恭敬敬地询问："您用点什么？"如果顾客没有什么特别指定的菜，只说个范围或是随便，那伙计就要开始报菜名了。从肉类开始，这种肉，那种肉，一连报上几十种肉菜菜名。如果客人没有点菜，就要继续往下报鱼类、煎炒类……一连报上上百种菜名，而且中间不能停顿，不能迸唾沫星儿，简直比相声演员还要精彩，一点褒贬也挑不出来。通常学习报菜名，最少也要几年时间，一两年的学徒，只能做些扫地、洗盘子的杂事，根本上不得厅堂。用心一点的学徒，大都是白天扫地洗盘子，晚上蒙在被窝里嘀里嘟噜地练习报菜名。

除了这报菜名外，过去的跑堂还要有一项基本绝活，就是"结账"。在以前可没有计算器，顾客吃饭也不能拿本一笔一笔地记下来。通常酒足饭饱之后，顾客一扬手"结账"，跑堂的立刻跑过去，先要询问一句："您不再用点什么了？"顾客说："不了，结账。"这时候，就要看这跑堂的真功夫了，他一边收拾盘、碟，一边报出每一道菜的价格，再一样菜一样菜地加起来，速度要快，因为顾客没有时间等你，而且要准确，绝不能少算一样菜，更不能多算一分钱。有时要一口气报出什么菜几寸，多少钱，又是什么菜，几寸，多少钱。有的大席，十几样菜，外加酒水、主食，眼神儿要好，残羹剩饭要看得准确，菜品价目要算得清楚，有的时候听他们结账算钱可以称得上是一种生动别致的表演。

如今科技发达了，报菜名和结账这种事已经在饭店中看不到了。收银台的电脑屏幕上会记录并显示你点过的每一道菜，买单时也只需拿着计算好的消费小票去结账。虽说方便，但也确实少了从前那种独特的体验了。

你听说过老天津的"铁算盘"和"袖里吞金"吗

天津人口中的"铁算盘"是指能熟练使用算盘的算数高手。通常这

种高手打算盘一是要快,几根手指上下齐飞,令人眼花缭乱,计算速度绝不亚于现代的计算器。再一个就是极高的精准度,无论多少笔账,一口气算下来,结果都绝对正确,分毫不差。

　　就如"报菜名"的跑堂一样,在旧时的天津,这些令人称奇的本事都是各行各业的基本功。"铁算盘"在那时也并不稀罕,几乎每家商铺都有一位铁算盘,而铁算盘最集中的地方是当铺。据天津的老人讲,年终结账时,当铺里面才热闹呢!四张大条案,分别挨着四面墙壁放好,四位老先生就各自坐在自己的条案后面,气氛有些凝重。再看这四位账房先生,个个驼背,戴着水晶老花镜,面黄肌瘦的样子倒像是痨病腔子。每张条案上,"一"字排开摆着四把算盘,这就表示今天结账的数目巨大,很可能是个天文数字。四张条案中间,坐着两个唱账的徒弟,和一个比账房先生更瘦的当铺掌柜,倚着窗户边站着。待一切准备妥当,老掌柜看看四位老先生,示意可否。四位先生向掌柜点点头,老掌柜便大喊一声:"唱!"只听算盘哗哗地响起来,四位老先生的手指便开始在算盘上飞舞起来了,十分炫目。一般唱账的徒弟,嗓音洪亮,吐字清晰。进多少,出多少,支多少,借多少,每笔账只唱一次,绝不重复。四位老先生全神贯注,手指如飞,因为只要稍一走神,一笔账没有听清,这饭碗就算是砸了,以后也再不会有人来请自己做账房先生了。所以,每年结账对于账房先生来说,就是年终大考,是一场关乎前途和声誉的考验。

　　每笔账从第一把算盘开始算起,第一把算盘不够用了,账房先生的手指就接着往下一把算盘跳,等到第四把算盘开始使用的时候,四位账房先生几乎已经半站着身子了。算盘上也早已看不清四人的手指,只能看见一道一道的光影飞来飞去,屋里面除了唱账的声音,就只剩哗啦哗啦的算盘声音。只过了几个小时,这账目的结果就出来了。几位先生背靠着座椅,伸展一下有些酸痛的腰背,接过徒弟们送上来的茶盅,喝口热茶,缓口气,顺便等着老掌柜发令报数。待老掌柜高声说完:"报!",便立即按照座位顺序,一位先生接着一位先生将自己算盘上的结果报出来，即便是上百万、上千万的数字，四位先生也算得分文不差。算完账后，事先准备的酒席也一早摆好了，老掌柜会好酒好肉地招待四位铁算盘，并附上工钱，以慰辛劳。

看到这，你一定会问了："要是四个人都算错了怎么办？这当铺的老板不就有可能亏钱了吗？"

这你就有所不知了，但凡能开当铺或是大商铺的人，都有一定的绝活或实力。一般当铺的老掌柜都有一门叫做"袖里吞金"的绝活。就在四把铁算盘稀里哗啦打算盘的时候，老掌柜站在一边两只手半握拳头，藏在袖里，徒弟唱一笔，他藏在袖的手指就动一下，一直到账目唱完，老掌柜这边的结果也出来了。与四位铁算盘的结果一对，丝毫不差，便可以放心地带众人去吃喝了。可以说他的十根手指，就相当于那四位老先生的十六把算盘，无论多大的数字，他绝对不会有一分一毫的差错，真可谓神乎其神了！

如今能有这铁算盘功力的人实在是不多了，袖里吞金的绝技更是早已失传，想要再见当年的盛况只怕是已不可能了。

你知道在天津有一个"鬼市"吗

"鬼市"作为天津最具特色的集市，自明清开始流行，距今已有几百年的历史了。老天津人称它为"鬼市"，是因为集市一般都是黎明前开张，太阳出来前就收摊。换句话说，就是只在天色暗的时候才出来买卖。每逢有集会，灯烛光影，忽明忽暗，买卖人群影影绰绰，远看不免有些诡异。而且，通常在鬼市交易的商品也是什么都有，既有比较廉价的二手生活用品，也有玉石古玩等比较值钱的东西，可谓五花八门，良莠不齐。

只是，这鬼市为什么非要在夜里开张？为什么老天津人会说鬼市里有"鬼"？

相传那是19世纪末的清朝时期，天津作为北京的门户，每逢天灾人祸，逃难的灾民都要来天津找活路。光绪年间天宝路附近的一个为灾民施粥的粥厂发生了大火，由于安全防范意识不够，加上未能及时疏散人群，这场大火竟烧死了一千多人，伤者更是不计其数。随着灾民的不断增加，

鬼市

吃穿用度就都成了问题。于是，一些头脑灵活的商贩便想到了一个赚钱的好办法，他们走街串巷，搜罗了许多别人不要的、不用的旧东西，再低价卖给灾民。后来，不只有商贩会这么做，一些拾破烂的、扫马路的、急用钱的……都会参与其中，逐渐就形成了一个规模不小的集市，贩卖内容也由一开始的"破烂"变得品种多样起来，有时候还能看到不少的"宝贝"。将交易时间安排在天色较暗时也是有原因的，在以前不论是收来的东西还是自家不用的东西，可不像现在这样，有时候收上来还都是八九成新，那时候的东西都用得上了些年头才肯拿出去卖，所以基本上很多都是破烂不堪的。这样的东西要想卖出去，不搞点鬼，伪装一下，怎么可能有人买！于是，就会有人将破棉衣漏出棉花的地方叠在里面让你看不来；有的将旧鞋刷上墨汁，看着就新了许多；还有的把要散的家具钉巴钉巴，瞧着挺结实的，没准拉回家就散架了。其实这些骗人的小伎俩买卖双方心里都清楚，看出来了也不说，只是使劲地往下砍价，是占便宜还是认倒霉就要看买主的眼力了。如此一来，卖家怎么可能愿意在大白天卖，当然要选择天色昏暗的时候才好出手啊！除了正常收购再拿出去卖，鬼市上还有许多落魄的大户人家去变卖家底，这些人怕去当铺典当东西丢面子，就在鬼市上卖，反正天色暗也看不清楚自己是谁。还有很多人的东西来路不明，交易时就更不能见光了。如此想来，鬼市也算是应需而生，难怪几百年来一直没有随历史消散，反而流传至今。

天津龙亭街的"扁林"是怎么来的

老天津人口中的"扁林"是由"匾林"音译而来的，顾名思义，就是指匾额很多，足以悬挂成林。天津的匾林在龙亭街一带，这些匾额的所有者便是曾经书本上提到过的，被泥人张戏弄过的海张五。为何海张五会有如此多的匾额呢？

这就要从海张五这个人的身世说起了。海张五原名张锦文，是天津静海人。自幼丧父，家境贫寒，和母亲相依为命来到天津讨生活。年少时一直在西关大街的一家小饭铺当学徒。后来经过他舅父介绍，便在盛京将军海仁家做佣工。虽然张锦文没读过几年书，但是他头脑灵活，能言善辩，非常善于交际。最重要的是他对海大人忠心耿耿，所以一直深得海大人的喜欢，还被收为了义子，与海大人的

扁林

儿女以年龄排序，排在第五位，所以大家都叫他"海张五"。既有了海大人作为靠山，海张五自又善于钻研，不久便有了不少的资产。当时的津门巨富多为盐商，海张五投身其中，不仅身价暴涨，还结识了不少官场政要，混得是风生水起。

第二次鸦片战争爆发后，清政府一边向英法联军求和，一边派蒙古亲王僧格林沁来天津筹办防务。一方面，为了给清政府留下好印象，海张五主动帮助亲王修备战具，利用存盐的盐坨席包，垒起一些简易的临时炮台，这种方法既节省时间，花费又不多，亲王十分嘉许，但海张五却表示："此微末之举，实小事一桩，王爷过誉也。"另一方面，海张五为了取悦于侵略者，在锅店街设立"支应局"，负责给洋人采办一切物资。在洋人两次侵占天津时，当地的百姓多番受到他们的侵扰，既气

恨又惧怕,敢怒不敢言。不知是怕自己的财产也受到侵犯,还是真的想护庇乡里,海张五把天津城内一些有名望的大绅商召集到一起,请他们各自慷慨解囊,筹集一些钱财来,献给侵略军头目们,并请他们下一道命令:务必要求洋兵不要骚扰百姓。侵略军头目们收了钱财,果然信守承诺。于是天津局势暂趋平稳,百姓的日子也好过了不少。不管是为了保全自己,还是沽名钓誉,海张五都算是做了一件好事。清政府对他的举措褒奖有加,并命令地方官给予"花红匾额",其他地方绅商见朝廷赐匾,于是纷纷效仿,百姓们也认为海张五做了件好事,不少人也送匾额表彰。如此一来,因匾额过多,海张五除了在自家庭院悬挂外,自井泉会所以东,一直到龙亭街东头儿、南北两面房檐下,黑匾金字的匾额足有几十块,匾文大都是"泽被乡里""三津保障""造福乡梓""津门救星"等恭维海张五保境安民的一些颂词。真可谓一道特别的风景线!

天津人口中的"南蛮子憋宝"是怎么回事

传说在过去,天津三岔河口的三股河水颜色是不一样的,它们并排流淌,各走各的,不混颜色,叫人称奇。天津人都说之所以会这样,是因为在水下有一口分水宝剑,这口剑在水底将水切开,所以三股河水从不相混。在天津一直流传着一个关于分水剑的传说,这个传说还与"南蛮子憋宝"的秘术有关。在以前,南方人把北方人叫北侉子,北方人管南方人叫南蛮子。相传在广东有人会用一种秘术来训练刚出生的幼儿,需将足月的产妇放置在一个门窗密闭的暗室内,从婴儿出生开始就不让他见到光亮,如此过了一百天,这个孩子的眼睛就会异常明亮,可以在黑暗中看清楚东西。这之后再交由师父传授识别宝物和收集宝物的本事,待学成之后,无论埋在地下的,还是沉于水底的宝物,他们都有办法找到,并用法术取得。这就是江湖上流传的"南蛮子憋宝"秘术。

话说这一天,天津郊区有个种瓜的老农,他的瓜地里长了个又长又白的瓜，很是奇怪。老翁觉着这瓜长得老了，不适合食用，就打算留着做种，不准备出售。谁知有个南方的客商却非要买这个瓜，还给出了很高的价格。老翁觉得十分奇怪，要客商一定说出缘由，要不然给多少钱这瓜也不卖。无奈之下，那客商只好说出实情，原来三岔河口内有个"分水剑"，才使众流在此汇海而直下。此宝剑价值连城，但河内有老龙看守，必须以奇门古术摄之，才能盗取，唯有骑瓜下水，方可降伏老龙。老翁听了很感兴趣，表示卖瓜可以，但要客商带自己一同前往，去看一眼这个宝剑。客商求瓜心切，只得答应了他的条件。当晚，两人便约在河边，客商嘱咐老翁道："我给你赤、绿、黑、白、紫，五色旗。等我下水后，就会有巨手从水面伸出，到时候水是什么颜色，你就向河中抛什么样的旗子。切记勿惊勿恐，我得此宝剑之后，必会重谢。"快到子时的时候，二人驾着小船来到河心，那客商将白瓜投掷到河里，跨之潜入水中，转瞬间无影无踪。没过多久，就见河面波浪翻滚，一巨手破水而出，其大如斗，颜色赤红如血，老翁赶紧将赤旗投下，不久后又出现一只黑色巨手，水波更加汹涌，小船被河水冲击得左摇右摆。老翁赶紧将黑旗投下，心里却不免有些担忧："这分水剑乃是神器，用来镇河一方的。万一被这客商盗走后，发了大水，我这祸可就惹大了。"正在他犹豫思索时，河中又伸出一只白色巨手，老翁一时分神竟误将绿旗投下。只见河水更加汹涌肆虐，小船几乎就要被打翻了，老翁眼见不好，急忙划船返回岸边。过了许久，河水才渐渐平静，那南蛮子的尸体也被冲了上来，想来应该是被镇河老龙杀死的。那老翁看到尸体，就知宝剑没被盗走，也不敢声张，只得返回瓜园。不过，虽然宝剑没有被盗走，但经此事件之后，三岔河口里的水就再也不是三种颜色了，而变得与寻常河水没有分别了。

天津的美食特产

  天津作为海河的入海口，素有"九河下梢天津卫"的称号，又因为靠近北京，很多在北京无法养家糊口的人都会选择迁到天津来，所以虽然在天子脚下，天津却鱼龙混杂，能人异士更是频出。在民国年间，天津甚至一度成为"三不管地带"。因为天津聚集的大都是只为了讨口饭吃的劳苦大众，所以天津的美食多是取材方便的街头小吃。除了街头小吃之外，天津由于紧靠北京，还有许多流行在民间的美食都是官里面的吃食。官里面流出来的吃食的盛行，也反映出了老百姓对皇帝生活的好奇和想要把日子过得越来越好的愿望。除此之外，天津的很多吃食都寄寓了美好的愿望和寓意，即便取材简单，但是也能够反映出天津人想要把日子越过越红火的决心。从天津的美食小吃里，还能看出天津人民乐天安命的性格。

狗不理包子真的是连狗都不愿意理吗

狗不理包子始创于咸丰年间,是天津名小吃。以鲜肉包为主,还有三鲜、海鲜、酱肉等六大类灌汤包。和一般包子不同,狗不理包子正常情况下每个都有十五个及以上的包子褶,在天津人眼里,最正宗的狗不理包子应该有十八个褶。

关于"狗不理包子",很多人对"狗不理"三字不理解,它到底是什么意思呢?

有一种说法是狗不理包子的创始人高贵友的爹觉得取了贱名的孩子好养活,就给高贵友取了一个小名叫"狗子"。狗子十三四岁的时候离开家里去做学徒,学了一身的好手艺,

狗不理包子

他做得最好的就是灌汤包。出师之后,高贵友终于开了自己的包子铺。由于包子味道鲜美,吸引了不少食客,高贵友更是每天忙得不可开交,没有时间理和他聊天的人。于是就有了"狗子卖包子不理人"的说法。高贵友卖的包子也就被戏称为"狗不理包子"。

另外一种说法是,咸丰年间,高贵友夫妇开了一家包子铺,因为皮薄馅大,赢得了大家的喜爱,每天都有很多人上门来吃。有一天,高贵友夫妇把卖包子所得的铜钱不小心扔到了装包子的碗里。店铺旁的狗以为碗里有好吃的包子便凑了过来,却发现里面装的是没有办法吃的铜钱,就都跑开了。这是"狗不理包子"名字的另一个传说。

"耳朵眼炸糕"为什么会这么叫

耳朵眼炸糕由回民刘万春创立于光绪年间,是天津有名的特产,刘万春也因为做的炸糕好吃而被天津人称为"炸糕刘"。耳朵眼炸糕是以

糯米为皮，红豆、白砂糖为馅，最后放进香油里仔仔细细地炸成金黄色的小圆饼。"耳朵眼炸糕"炸成后外形成扁球状，炸糕馅儿呈黑红色，十分细腻，是天津有名的特产。

既然"耳朵眼炸糕"的形状是圆形的并非耳朵眼的形状，那么耳朵眼炸糕和耳朵眼究竟有什么关系呢？

其实，"耳朵眼炸糕"是因为"炸糕刘"的店面在天津北门外大街的耳朵眼胡同的出口处，才被大家叫"耳朵眼"的。

耳朵眼胡同靠近天津估衣街和针式街两条商业街，炸糕又有"步步发财""步步高升"的意思，很多商铺都喜欢预订"耳朵眼炸糕"，借"炸糕"取个财源广进的彩头。借着优越的地理位置和出色的手艺及味道，"耳朵眼炸糕"生意越来越好，很快就在天津城打开了知名度。

耳朵眼炸糕风味绝佳，外皮看起来酥酥脆脆，一口咬下去却甜甜糯糯，十分受天津老少人民的喜爱。但是食用耳朵眼炸糕的时候要注意几点才能食用到可口的炸糕。第一是一定要趁热吃才会感到外焦里嫩。第二，吃的时候一定要十分小心，防止炸糕里面的蒸汽太多导致炸糕炸裂并且因此烫伤嘴。

耳朵眼炸糕

十八街麻花是有十八个卷儿吗

"十八街麻花"创始于20世纪30年代，与"狗不理包子""耳朵眼炸糕"一样，是"天津三绝"之一。十八街麻花的创始人范桂林从13岁开始，就在麻花店里当学徒，学习炸麻花的技术。后来，范桂林开了自己的麻花铺子，并将自己的麻花铺命名为"桂发祥"。这就是最早的十八街麻花。后来，由于经济不景气，麻花的生意一落千丈。有一天，桂发祥的少掌柜出去办事，回来的时候因为太饿了，又没有什么东西可以吃，就让人把点心渣和麻花面和在一起下锅煎炸。没想到味道意外的香。后来，经过一系列的改进和升级，现在最正宗的十八街麻花中心夹有一个由芝麻、桃仁、瓜子仁儿、青梅、桂花、青红丝等小料配制成的什锦小条，麻花中心还有冰糖、青红丝和瓜条等配料。但是"十八街麻花"麻花卷的卷数并没有明确的要求。

十八街麻花

那么为什么"桂发祥"的麻花会被称为"十八街麻花"呢？其实和"耳朵眼炸糕"一样，"十八街麻花"是因为范桂林的麻花铺开在东楼十八街而被大家叫为"十八街麻花"，并不是因为有十八个卷儿。

如果大家去天津要买"十八街麻花"的话，在滨江道附近会有很多个不同品牌的"十八街麻花"，但是真正意义上的"十八街麻花"只有"桂发祥"一家，而且十八街麻花只有东楼十八街的那家桂发祥是最正宗的。现在的桂发祥早已上市，十八街麻花也不仅仅是天津的代表小吃，更是中国的民间代表点心之一。

天津的捞面和炸酱面有什么关系

炸酱面一般是由炸酱卤、菜码和面组成的，菜码一般为黄瓜和香菜，炸酱则是黄酱和甜酱爆炒后的炸酱。一提到炸酱面，大家一般会想到的是老北京的炸酱面。那么捞面又是什么样子的面？与北京的炸酱面有什么不同呢？

其实捞面也由卤、菜码和面组成，不过与北京的炸酱面不同的是，天津的捞面除了单一的炸酱卤之外还有许多其他不同的卤，比如西红柿鸡蛋卤、土豆炒肉卤等，可以说天津人的捞面可以伴着饭桌上所有的菜吃，也因此，天津的捞面风味十分多变。

由于制作方便，而且材料易得，天津人十分喜欢在夏天吃捞面，天津也流传着"没水没电吃捞面"的戏言。制作捞面时,只要在菜市场买好面条和想吃的捞面卤以及菜码所需要的原材料,回家稍微煮一下面、炒一下卤,便可以伴着清爽的黄瓜和香菜吃了。在炎热的夏天,大家都不想做复杂的饭食的时候,制作方便且不油腻的捞面便成

捞面

为天津人最喜欢选择的料理了。而且在入伏之时吃捞面也代表着炎热的天气赶快随着过水面过去的意思,寄寓着老一辈希望炎热的天气快快过去的美好寓意。

制作方便,有独特的美好寓意,这就是为什么天津人喜欢在夏天吃捞面的原因。

驴打滚为什么会叫"驴打滚"呢

"驴打滚"是由大黄米面、黄豆面和成面,夹着馅料卷成的长卷,因为长卷下面铺着黄豆面,吃的时候将长卷滚在黄豆面上,样子特别像驴在黄土上打滚,滚出一层层灰尘,所以被大家称为"驴打滚"。"驴打滚"的制作分为制坯、和馅儿和成型三道工序,制成的驴打滚直接放入黄豆面中滚动入味。驴打滚外表呈金黄色,口感香甜软糯,微黏,有浓郁的黄豆粉面的味道,所以驴打滚又被称为"豆面糕"。

"驴打滚"传说是在2000年前的东汉被光武帝刘秀手下的大将"云台二十八宿"之一的马武发明出来的美食。马武在驻守之时,士兵们因为长期都吃黄米馍一样食物,产生了厌食的情绪,每天吃不下饭导致士兵的身体状况越来越差。马武害怕军队战斗力会因此直线下降,看到了毛驴在黄土上打滚沾满黄土,在机缘巧合之下创制了由黄黏米裹挟黄豆粉的驴打滚。士兵的厌食症也因此得到了缓解。

还有一种传说是慈禧太后吃腻了宫中的食物,想吃些新鲜东西,这

可愁怀了御膳房。御厨经过左思右想之后终于用黄黏米裹着红豆沙做出了一种新的吃食,谁知道新菜一做好,便被一个叫小驴的太监打翻到了装着黄豆面的盆子里。这可把御厨急坏了,重新做又来不及,只好把菜硬着头皮呈到了慈禧太后前面。没想到慈禧太后觉得味道还不错,便问这道菜叫什么名字,御厨一想是因为驴儿才得到了这道菜,便跟慈禧太后说这道菜叫"驴打滚儿"。从此,便有了"驴打滚儿"这道民间小吃。

驴打滚

但是驴打滚实际上是由承德传出,因为八旗子弟喜爱黏米制成的食物,便传入北京,后由北京传入天津。后来由于驴打滚作为糕点口感独特,容易食用,便在民间风靡了起来。很多人都以为驴打滚应该是肉制品,里面会有驴肉,但是实际上驴打滚是实实在在的黄豆面制成的点心。

熟梨糕真的是蒸熟的梨做的吗

熟梨糕又叫"甑儿糕",是天津的特色小吃之一。熟梨糕由大米制成,将大米磨成粉渣后蒸熟作为主料,再将米面置于木甑中,放在蒸锅上蒸上片刻,最后再涂抹上各种小料。后来,由于越来越多的人都在卖熟梨糕,有些小贩便对熟梨糕进行了改进。熟梨糕渐渐地由本来的豆馅儿、红果儿、白糖三种馅料,增加为包括橘子、苹果、菠萝、草莓、巧克力、黑芝麻等多种口味的小料,成为天津大街小巷都在贩卖的风味特色小吃。又因为熟梨糕大多沿街售卖,走街串巷时会发生"嗡儿嗡儿"的汽笛声。小孩子们听到声音便会从四面八方涌来,争相购买,所以熟梨糕又被小孩子们称为"嗡儿嗡儿糕"。

既然熟梨糕里面没有梨,那么熟梨糕又与梨有什么关系呢?其实熟梨糕和梨一点关系都没有。是因为熟梨糕中的"梨"与"哩"字相同，意思其实是"熟哩儿"，因此谐音为"熟梨糕"。

"熟梨糕"曾经因为各种原因一度消失在天津人民的视线当中，不过近年来由于新媒体传播技术的发展，越来越多的人开始回忆起童年的小零食"熟梨糕"，"熟梨糕"也借这一波回忆热潮重新回到人们的视线当中，又成为了天津的代表小吃之一。

熟梨糕

猫不闻饺子和狗不理包子有什么关系吗

猫不闻饺子创立于1996年，最初由猫不闻大酒楼制作并贩卖。从名字可以看出"狗不理包子"应该和"猫不闻饺子"有很深的联系，但实际上，"猫不闻饺子"只是一家由模仿"狗不理包子"而创建的品牌。"猫不闻饺子"的馅料包括猪肉白菜、猪肉韭菜、猪肉茴香、猪肉芹菜四种，在1997年被"中国烹饪协会"认定为"中华名小吃"。

现在的"猫不闻饺子"已经成为猫不闻速冻食品有限公司旗下的产品"猫不闻速冻饺子"。不过如果不想吃速冻版的猫不闻饺子的话，也可以去南开区的猫不闻大酒楼品尝。

由于名字与"狗不理包子"的联系太过密切，还有一种说法是猫不闻饺子和狗不理包子、耳朵眼炸糕和十八街麻花并称为"天津四绝"。如果大家去天津品尝狗不理包子的时候，也可以抽空去体验一下猫不闻饺子，看看饺子和包子两种面食究竟哪一种更加美味。

猫不闻饺子

为什么天津人喜欢在冬天吃糖炒栗子

糖炒栗子的制作要精心挑选出优质的板栗,并把板栗放进装有沙子和糖稀的锅内翻炒。出锅的糖炒栗子呈深棕色,栗子壳有其独特的光泽,且栗子皮由于被炒得干脆,十分容易剥,是天津人在冬天时十分青睐的美食。

相较于夏天时糖炒栗子摊点和店铺在天津店铺的萧条,在冬天时十分容易在天津的大街小巷看到售卖糖炒栗子的摊点,究竟为什么天津人喜爱在冬天吃糖炒栗子呢?

第一点就是由于栗子的收获季节是在秋天,相较于夏天,冬天更容易获得质量好而且价格相对低廉的栗子作为原材料,生产糖炒栗子的成本也会大大降低。第二点是由于糖炒栗子必须要趁热吃才能吃到最正宗的味道,而在夏天由于天气炎热,大家都不愿意吃热食,糖炒栗子自然就无法激起人们的购买欲望。而在寒冷的冬天,如果在街边看到热热的糖炒栗子,人们自然无法拒绝糖炒栗子甜甜的香气。第三点就是从前夏天大多是农忙之时,人们忙于农活,没有时间空出时间吃糖炒栗子这一类小吃,而到了冬天,没有农活可做,剥一剥糖炒栗子,慰藉一下空了一年的胃口也是一种不错的选择。

糖炒栗子

豆根糖为什么不甜呢

豆根糖在天津又被称为"豆哏儿糖",跟天津相声里的角色"逗哏儿"同音,是老天津人最爱的零食之一。

虽然豆根糖被称为"糖",但实际上甜味却并不太够,这主要是由它的原材料而决定的。"豆根糖"主要由黄豆面粉制成，炒制时混合少量的赤砂糖，再进行压制而成，外表再覆盖一层黄豆面。由于豆根糖的原材料大部分都是黄豆面粉，只有少部分的糖料，所以豆根糖的糖味并不高。

豆根糖的成品呈棕黄色，形状基本上都是圆柱形的细条，像一根根小筷子一样。虽然豆根糖外表看起来比较朴素，但是吃起来却和外表的感觉截然不同，别有一番风味。在过去物资并不充沛的时候，糖类的份额也格外吃紧，豆根糖作为一种拥有甜味

豆根糖

的糖类，深受小孩子们的喜爱。即使是在今天，豆根糖虽然不像其他糖类那样甜，但是含在嘴里的那种浓浓的黄豆香味，还有细细咀嚼时似有似无的清淡口感，仍然十分受天津的老少人们的喜爱。在一个悠闲的下午，拿一袋豆根糖当零食，边吃边看电视，不得不说也是一种十分惬意的选择。

为什么天津人要在年二十三的时候吃糖瓜

天津作为一个拥有将近千年历史的文化古城，自然有很多流传至今的传统习俗，在年二十三吃糖瓜也是天津习俗中不可缺少的一部分。那么糖瓜究竟是什么呢？为什么要在年二十三的时候吃糖瓜呢？

糖瓜实际上是一种麦芽糖，用小麦和小米发酵而成，先把小麦发成芽，再把小米蒸熟发酵，之后混合碾压熬成糖浆后，放在低温的地方凝固而成。糖瓜分为有芝麻和没芝麻的两种口味，糖瓜的中心大都是空的，越吃到最后就会越粘牙。

民间有俗语道："二十三，糖瓜粘"，据传说每年农历腊月二十三的时候，灶王爷都要上天庭向玉皇大帝汇报每户人家的功德罪过，然后

由玉皇大帝进行奖惩。为了讨好灶王爷，人们在祭灶的时候都将糖瓜用火融化后，涂在火灶上，让灶王爷不在玉皇大帝那里说坏话。也有一种说法是：在二十三吃糖瓜是为了去除一年里嘴里的苦味，好在接下来新的一年里都甜甜蜜蜜，每天都过上好日子。

其实糖瓜相较于豆根糖，更是一种精神象征，豆根糖的价格比糖瓜便宜，老天津人每年即便舍不得吃豆根糖，二十三的时候也一定要买上两个糖瓜吃，希望自己的日子能够过得越来越红火，越来越顺心。

腊八蒜一定要在腊八吃吗

每年到了农历腊月二十八的时候，老天津人就会熬制腊八粥，并和之前就腌制好的腊八蒜一起食用。那腊八蒜又是怎么制成的呢？腊八蒜作为腊八节不可缺少的食物，一定要在阴历腊月初八开始腌制，将大蒜瓣儿放进罐里，并浇上醋，直到醋把罐里的蒜全部淹没，然后盖上罐盖封好，拿到屋外腌制，直到腊八节那天再打开食用。经过醋充分浸泡的蒜最后会变成翠绿色，像是翡翠一样，口感上也是酸酸甜甜十分好吃。

但是，腊八蒜除了配着腊八粥一起吃之外，还有另外的含义。在过去，每年的腊月二十八都是做生意的人盘点账目的时候。有的人脸皮薄，不好意思直接上门要账，便给欠款的人家送腊八蒜过去，谐音"腊八算"，意思就是提醒欠债的人家赶紧把家里欠的钱算一算，还上缺口，好让放款人有钱过个松快年。同时，自己家腌制腊八蒜，也是有自己给自己算算账，看一看今年怎么过的意思。

实际上腊八蒜作为一种配菜，每到年关的时候，家家户户都会腌制很

腊八蒜

多，除了腊月二十八吃之外，剩下的也会成为每家每户桌子上的菜肴，接着吃。到今天，腊八节吃腊八蒜已经成为了一种习俗，但是即便过了腊八节，想吃的时候也会自己腌制腊八蒜，而用醋腌制而成的大蒜也被统称为腊八蒜。所以腊八蒜不一定要在腊八节吃，但是腊八节一定要吃腊八蒜。

糖堆儿和糖葫芦究竟是什么关系呢

糖堆儿和糖葫芦其实是一样的东西，不过叫法不同而已。糖葫芦是大多数情况下的叫法，因为糖葫芦的外形像葫芦，所以被称为糖葫芦；而糖堆儿是天津的叫法，由于糖堆儿是一个个山楂果堆起来用竹签子串在一起再裹上糖浆制成的，所以叫糖堆儿。

在大多数人的印象里，糖葫芦应该只有山楂一种口味，但是实际上天津的糖堆儿还分为红果、山药豆和黄梨等口味，近年来，糖堆儿的口味越来越多，好像任何水果都可以做成糖堆儿似的，现在街上除了上述三种口味之外，还有草莓、苹果等口味。

糖堆儿

糖葫芦最早起源于宋代，于清代盛行，具有开胃、养颜、清热等功效。制作糖葫芦时，先把砂糖倒进锅里，然后加入适量的水进行熬煮、搅拌，直到锅里的糖浆全部沸腾后，停止搅拌并继续用小火慢煮，再将事先用竹签串好的山楂串浸入糖浆里，并瞬间摔打在已经抹好油的菜板上，冷却五分钟，一个糖葫芦就成型了。同理，糖堆儿也是这样制成的，只不过将原料换成了其他东西，但是味道还是一样的好。

由于糖堆儿味道独特，十分受天津的老少人们的喜爱，从前经常可以听到老天津巷子里糖堆儿的叫卖声，不过现在糖堆儿渐渐都搬进了商铺里，少了一分韵味，多了一分整洁。

为什么只有冬天才有糖粘子

糖粘子是天津的特色小吃，由山楂和砂糖制成，与糖葫芦的外形相似，但是糖粘子不像糖葫芦那样被竹签子串起来，而是一个一个散装的。

糖粘子的制作方法也与糖堆儿类似，先将砂糖放入锅中熬化后降温，让糖浆返砂变白。再在糖浆中投入山楂，等待糖浆凝固成糖块后，将糖块敲碎，糖粘子便做好了。

由于糖粘子外面包裹的糖衣遇到高温容易融化，所以在天津，一般只有冬天才能看到售卖的糖粘子，很多小孩子冬天最高兴的事情就是能在放学后买一两包糖粘子吃。

因为糖粘子制作成本低，物美价廉，十分受天津人民的喜爱，故每到冬天，基本上每家每户都会买一两包糖粘子吃。如果有机会在冬天去天津的话，一定要去吃一吃四远香售卖的糖粘子，相较于街边小巷的糖粘子，四远香的糖粘子更加正宗，风味十足。

正宗煎饼馃子究竟要怎么做呢

煎饼馃子是天津早点构成必不可少的一部分，很多人提到天津，除了狗不理包子和十八街麻花之外，第一时间想到的应该就是煎饼馃子了。那煎饼馃子究竟是怎么做的呢？最正宗的煎饼馃子又是长什么样子的呢？

煎饼馃子

煎饼馃子的原料是面、鸡蛋还有油条，以及类似于葱姜蒜还有咸菜等一系列配料。由于天津人喜欢将油条称为馃子，煎饼馃子也因此得名。煎饼馃子在饭店和酒楼里是吃不到的，想要吃到正宗的煎饼馃子只能去街边的小推车里找。

街边售卖的煎饼馃子，一般情况下会先将面调制成面糊，以方便取用。待有客人过来的时候，再用小勺将事先备好的面糊浇在已经加热好的烙锅上用工具摊平，再打一个鸡蛋在饼上并用工具戳碎然后翻面，反复翻转直到煎饼馃子的饼皮熟透，再放上两根油条，刷上甜辣酱，并放入顾客指定的葱、香菜和咸菜等小料，一份热腾腾的煎饼馃子就出锅了。

传说煎饼馃子是由清末山东省内的一个马姓男子发明的小吃，由于不小心惹上了人命官司，马姓男子便逃亡到了天津，因为善于用刀，便被大家称为马老刀。一天，老刀饥饿难耐，但是身上却只有一袋面粉和两根馃子，便灵机一动，效仿狗不理包子做出了一个吃食，并取名为"煎饼裹着"，在天津沿街贩卖。因为浓浓的口音，老刀口中的"煎饼裹着"渐渐地就变成了"煎饼馃子"。

很多人其实并没有分清楚山东煎饼和天津的煎饼馃子的区别，煎饼馃子的外皮是软的，而山东煎饼的外皮是脆的，煎饼馃子里面会夹油条，而山东煎饼里面则会夹上香肠等作料。说了这么多，你吃到的煎饼馃子是正宗的吗？

银丝卷里真的有银丝吗

天津的特色面食——馒头里夹着面条的银丝卷一度被评为最奇葩的面食。但实际上，银丝卷是天津酒席上经常能够看见的主食之一，尤其是在过年的时候，天津人更加喜欢在自己的餐桌上摆上银丝卷这道主食，究竟天津人为什么这么喜欢银丝卷呢？银丝卷这个最奇葩的面食又是怎么制成的呢？

银丝卷的外观像馒头一样，但是掰开之后，里面还有面条状的面制品，质地同银丝卷的外皮一样。和馒头的制作方法相似，不过在制作时除了要和出银丝卷外皮所需的面团之

银丝卷

外，也要和出里面的银丝的面团，先将一部分面团做成小面饼状，再将另一部分切成面条状，刷上油，切成小段儿。然后将"面条"裹进"面饼"里，放入蒸锅中蒸透，便成了银丝卷儿。老天津人认为银丝卷儿掰开，里面的"面条"就像一根根"银丝"，银丝卷儿里好像裹着银子，象征着吃下去就能发财，寓意十分吉祥，便十分喜欢在过年及有喜事的时候把银丝卷作为主食，希望接下来的日子越来越红火。

迎宾火腿是迎宾用的吗

迎宾火腿可以说是一代老天津人的记忆，一提到迎宾火腿，大家都以为是迎接宾客用的火腿，但是实际上迎宾火腿是天津一个火腿的品牌。

在过去物资相对匮乏的时候，迎宾火腿在天津人的眼中就像哈根达斯一样的存在，如果不是逢年过节或者家中有贵客来访，迎宾火腿很难出现在天津人的餐桌上。

迎宾火腿

迎宾火腿分为老火腿、拐头还有玫瑰等，其中，迎宾二厂的老火腿最受欢迎。由迎宾火腿组成的火腿拼盘最受喝酒的汉子和小孩子的喜爱。用餐时，把火腿切成一片一片，再摆放成好看的火腿拼盘，小孩子们偷吃，汉子们下酒，是天津人不可磨灭的回忆。

到今天，天津人基本上都有条件能够每天吃上迎宾火腿了，但是迎宾火腿也作为一种独特的记忆，深深地烙印在老天津人的心头，久久挥之不去。

崩豆张的崩豆和其他的崩豆有什么不同呢

崩豆张是天津的老字号之一，在1993年被国家内贸部认定为"中华老字号"。店中贩卖了很多种口味不同的崩豆，但在天津人眼中，一提到崩豆张，首先想到的就是那种外面裹了五颜六色的糖衣，形状很像棘利的那种。

相传崩豆张其实是一道宫廷小吃，最早起源于清朝的御膳房中，它的创始人张德才本为天津武清人。由于乾隆皇帝有磨牙的嗜好，当时还是御膳房的御厨张德才便潜心研制吃食，研制出多种干果，乾隆皇帝尤其喜欢其中的崩豆，也因此对张德才颇为赞赏。

崩豆张

咸丰年间，张德才去世，"崩豆张"的二代传人张永泰兄弟三人便回到天津并定居，"崩豆张"这道宫廷吃食也随着他们兄弟三人来到了天津。"崩豆张"这个名号便第一次出现在了天津，他们兄弟三人先后创立了"永泰成""永德成"，"崩豆张"在天津也迅速风靡起来，提到崩豆张可以说是家喻户晓。就连称帝仅仅只有83天的袁世凯也十分喜爱崩豆张，即便在倒台之后，还时常让家人买"崩豆张"家的"糊皮正香崩豆"吃，可见崩豆张味道之独特。

如今，崩豆张除了上面说的那种口味之外，还有去皮夹心崩豆、桂花酥崩豆、冰糖怪味豆、去皮麻辣豆豌豆黄、三豆凉糕、冰糖奶油豆、儿童珍珠豆等，崩豆张咬起来脆而不绵，并且不含胆固醇，至今仍十分受天津人的喜爱。崩豆张的总店设在天津南市食品街，如果有空的话，可以去看看。

津味嘎巴菜和大福来有什么关系

在天津"嘎巴菜"又被称为"锅巴菜"，是天津的特色早点吃食之一。津味嘎巴菜事实上由山东煎饼演变而成，早年到天津奔波寻找生计的山东人经常把绿豆煎饼切成细条，再拌进制好的卤汁里，再添加小料混着吃。这群山东人偶然间发现这种吃食十分受天津人喜爱，便开始沿街出售，逐渐传遍天津，由于天津人喜欢把绿豆煎饼称为"嘎巴"，津味"嘎巴菜"便因此得名。

在天津，最有名的嘎巴菜便是天津西北角的"大福来"，说起"大福来"，便不得不提到嘎巴菜和乾隆皇帝之间的一段传说。相传乾隆帝有一天到天津微服私访，在大福来点了一份煎饼卷大葱，忽然口渴难耐，便叫店里的伙计上汤。可是大福来只卖煎饼，不卖汤，无奈之下便把煎饼撕碎并加上调料冲上了热水，没想到乾隆皇帝觉得此汤味道十分鲜美，便问汤的名字。店主误以为客人在问自己的名字，便回答道"郭八"，乾隆帝大笑说："汤怎么能叫'锅巴'，不如叫'锅巴菜'吧。"隔了两日，乾隆皇帝身边的御前侍卫来到大福来，并放下纹银二百两，祝贺店家道："你的大福来了。"从此以后，"大福来锅巴菜"便成为了天津远近闻名的名小吃。

津味嘎巴菜

栗羊羹里面真的有羊吗

栗羊羹最早起源于唐朝，最早的栗羊羹的原材料里真的有"羊"。最早的栗羊羹是将羊肉煮成羹汤，后来经过中国传入日本的时候，因为日本寺庙中的僧人不吃肉食，便将栗羊羹改良，用红豆、葛粉和面粉做成羊肝的形状，又因为日语中"肝"和"羹"的发音相似，所以就被称为羊羹，在某种意义上，栗羊羹其实是一种果子。

现在在天津所吃的栗羊羹，便是从日本再次西渡而来的没有羊肉的栗羊羹，经过一系列的改良，便有了今天的天津民间小吃——栗羊羹。栗羊羹在天津有很多不同的名字，例如，羊羹、栗子羹、羊肝羹等，是天津人民最喜爱的零食之一。

栗羊羹的做法十分简单。只要将煮好的栗子晒成蓉，再将它与红豆沙一起搅拌，放置冷却，等栗蓉和红豆沙凝固成型的时候，栗羊羹便做好了。现在我们所吃的栗羊羹大多只能吃到红豆沙的味道，并不能品出栗子的味道，不过自己亲手制作的栗羊羹还是能吃到羹里面没有完全晒碎的颗粒。

煎焖子里面的焖子是什么

农历二月初二，是老人家口中龙抬头的日子，在这天，天津人一定要做两件事，第一件是理发，第二件就是吃"煎焖子"。"煎焖子"又被天津人称为"煎龙鳞"，因为切好的焖子排在一起特别像龙的鳞片，将每片焖子两面都煎成棕黄色的焦糊状，来惩罚"懒龙"，并且希望新的一年里，龙能够好好工作，使天下风调雨顺，能让百姓们有个好收成。

天津人吃的焖子一般都是用绿豆淀粉做成的，其颜色也大多呈银白色。天津的焖子和凉粉、粉皮很像，都是由淀粉兑水熬煮至黏稠再经过低温冷却而成的。

天津人煎焖子时，一定要用平底铛。先把锅内的油热好并且将切好的焖子放入其中，煎炸至焖子的两面呈金黄色，铲出锅，再将焖子浇上芝麻酱、蒜泥、醋、盐、香油等，配上绿豆芽菜，一盘香喷喷的煎焖子就出锅了。

煎焖子跟凉粉一样"性凉"，但是经过一系列煎炸之后，焖子又热气腾腾的，在农历二月这个人火气上升却又有春寒入体的节气里，煎焖子正好巧妙地平和了这种寒热冲突，体现了古人的智慧，更体现了老天津人的养生之道。

煎焖子

杨村糕干究竟是咸的还是甜的呢

杨村糕干又被称为"茯苓糕干",最早起源于天津市武清区杨村镇。杨村糕干以精米和白糖为主要原材料,所以杨村糕干吃起来有若有若无的甜味,但却又甜而不腻,味道十分独特,深受老人和小孩子们的喜爱。

在制作杨村糕干时,先将原材料精细地洒在制作糕干的模具里,刻出花纹后再把模具拿开,放入蒸锅里蒸十分钟左右,杨村糕干便制作成了。

相传杨村糕干最初是由浙江绍兴一户姓杜的人家搬到天津为了谋生而在杨村开的糕干店,他们沿街叫卖,取材精良,十分受天津当地人民的喜爱。渐渐地,杜家的糕干生意开始红火起来了,并且开始世世代代以制作糕干为生。到清代时,杨村糕干被选作贡品送入皇宫,并且十分受皇帝喜爱。杨村糕干因此名气大增,开始在民间流传开来。

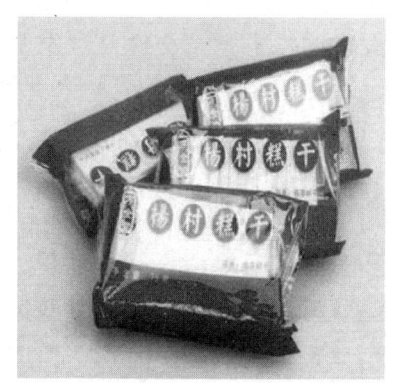

杨村糕干

1930年,杨村糕干在巴拿马万国博览会上征服了金发碧眼的外国人,获得了"佳禾"铜质奖章,成功地在海外收获了一众粉丝。建国后,杨村糕干也经常被用来招待外宾,比如1958年,周恩来总理曾经用杨村糕干招待柬埔寨贵宾——西努哈克亲王。西努哈克亲王在品尝后十分满意,并接受杨村糕干作为礼品带回柬埔寨。周恩来总理也因此连连称赞杨村糕干:"不减当年!不减当年!"

杨村糕干外观洁白,吃起来不粘牙,不掉屑,咬起来十分劲道,有促消化、健脾养胃的功效,其重要效果不输中药茯苓,因此也被称为"茯苓糕干"。如今杨村糕干不仅畅销全国各地,更是远销到海外,成为中国特色小吃之一。

天津的寺庙陵墓

提到天津，人们很容易联想起诸多的西洋建筑，各色的山水园林，还有别具特色的天津煎饼馃子和香喷喷的狗不理包子。作为兵家必争之地的天津，自古以来都是军事重镇和漕粮转运中心。而寺庙和陵墓，可以说是最能代表天津历史文化和城市精神的部分。寺庙代表着民众的信仰与期盼，陵墓则是在世者对先人的缅怀与尊敬。这些寺庙祠堂、陵园墓地跨越了时间的束缚，穿越历史与我们相遇。最为华丽气派的"李公祠"、包治百病的"峰窝庙"、忠肝义胆的"七郎墓"、专治眼疾的"师父坟"……那些只存在于神话中的地方，如今却真实地展现在我们的眼前。

为什么天津人都说"先有天后宫，后有天津卫"？大悲禅院的"千手观音"真的有一千只手吗？"梅仙洞"里是否真的住着会看病的"梅仙"？天津为什么要建一座"白骨塔"？秦始皇的儿子真的葬在天津郊外吗？你知道"挂甲寺"名字的由来吗？……从远古走来的天津，留下了许多有趣的历史和传奇的故事，等待着我们去发掘，去体验，去感受那不一样的风情。

寺庙祠堂

皇帝亲自给"小站将军"写祭文

到过天津小站的人,多是去参观当年袁世凯一手操办的小站练兵营。小站练兵营走出了袁世凯、徐世昌、冯国璋、段祺瑞等活跃在中国历史舞台上叱咤纷纭的大人物,也因这些人而闻名遐迩。但是如果你有机会到小站游玩,除了小站练兵营,我建议你再去周公祠那里走一走。在那个乱世中,很多人如前面提到的几位一样,追求着翻手为云覆手为雨的权力和财富,却有一个人只求保家卫国,富民兴邦,他就是周盛传。

小站周公祠,始建于清光绪十一年(1885年)。那一年因母亲去世,周盛传回安徽老家肥西给母亲奔丧。回到家中见到母亲的遗体,想起多年来未能尽孝于母亲身前,周盛传嚎啕大哭,终因"日伏苦次,哀痛过甚,以致牵发旧伤,创痕迸裂,呕血数升",不久后便病逝了。听闻周盛传去世,最悔恨悲痛的莫过于李鸿章了。他亲笔上书,挥泪如雨,将周盛传的功绩上报朝廷,

小站周公祠

请旨优恤。言辞间充满了悔恨与自责，悔恨自己不该把周盛传羁留身边十几年，几次婉拒他探母的要求，一直拖到他母亲去世。周盛传不幸亡故，朝野一片惋惜。从皇帝、朝臣到一方平民百姓，无不沉痛哀悼，表达对周盛传的无限惋惜怀念之情。看到李鸿章的奏折，光绪皇帝一切照准，并赐周盛传谥号为"武壮"，后世尊称其为"周武壮公"。除此之外，光绪皇帝还让他的老师孙家鼐为周武壮墓撰写碑文，自己亲自写了一篇深情的祭文，以缅怀这位为国家鞠躬尽瘁的忠臣良将。这样的举动，在天津近代史上是绝无仅有的。

周盛传的逝世之所以如此让人哀惋，源于他这一生为国为民的伟大功绩。他出任天津镇总兵期间，为民，他建立了小站新农镇用以拓植小站稻，创建并改良了津南农田的水利结构，将六万亩滨海盐地变为沃土良田。为国，他屯粮练兵，加强防线，日夜不敢有懈怠，以致法国侵略者一直不敢进犯天津大沽口。可以说，他把这一生的时间都奉献给了国家和人民，却唯独没有留给自己，留给年迈的母亲。

旧时的周公祠长宽皆200余米，是一座两进两出的院子，有正殿三座，东、西偏殿各一座，南面还有一座宏伟高大的戏楼及两座南配殿。每逢农历三月二十八日和七月二十八日，小站稻播种和收割的日子，小站的百姓都会在周公祠前举行庙会，一时间，商旅云集，戏曲杂技，热闹非凡。如今的周公祠经过百余年的洗礼，只保留了一进院子，三座正殿，但人们对周武壮公的怀念与感恩并未随时间流逝，他的英武身影在人们心中依旧伟岸。

先有"天后宫"，后有"天津卫"

天津最古老的建筑坐落于天津老城东门外海河三岔河口，始建于元代至元年间，并在泰定三年（1326年）重新修缮。这座古老建筑的出现远远早于天津卫的建立，它不仅见证了天津数百年的沧桑巨变和快速发展，还是天津人民心目中最重要的保护神，它就是天后宫。

一开始,天后宫的建立初衷旨在庇佑渔民,保护漕运的顺利。后来,逐渐融入了天津人的文化和生活中,不单单只是人们心中的保护神,还代表了有求必应、无所不能的希望之神。从清代开始,每到春秋两季,直隶总督都会亲临天后宫祭神以及主持天后诞辰日等祭祀大典。天后宫山门前有一戏楼,面对天后娘娘大殿,是专门在天后诞辰日给天后娘娘演戏看的。每年的这一天,天后宫前都要"预演百戏,以娱神",称为"娘娘会"。三岔河口会停满插着写有"天后进香"旗帜的大小船只,百姓们都会聚集在天后宫前,敬拜天后,一时间万人空巷。后来皇上听闻此盛会十分嘉许,遂赐名为"皇会"。

天后宫

与其他神话传说不同的是,天后娘娘并不是虚构的人物,在历史上确有此人。

天后娘娘原名林默,生于宋太祖建隆元年(960年)三月二十三日,是福建莆田湄洲岛的一名普通渔家女。因其从出生到满月一直没有人听到过她的哭声,便取名为"林默"。林默自幼天资聪颖,8岁读私塾,能过目成诵;10岁信佛诵经,悟性非凡;13岁时,家中忽来一位老禅师,自称名叫玄通,特地从远方而来向林默传授禅机,授予其"玄微秘法";15岁时林默精通巫术,不但能为人祛灾治病,还能预测气象变化。林默虽是女儿身,却没有女子的柔弱与娇气,反而性格果敢,豪爽大气。自幼在海边长大的她水性极佳,甚至能"乘席渡海,云游岛屿间",所以经常救助在大海中受困的船只。

根据《闽贤事略初稿》中记载的故事:旧时海上有一个叫门夹乡的地方,怪石林立,暗礁丛生,是十分险恶的地方。曾有一商船在海上迷路,不小心驶入此地,不幸触礁。眼看失去控制的商船就要沉没,船上的人大呼求救,附近来往的船只虽有心前去营救,无奈"风涛震荡,不敢前"。就在这个危急时刻,林默独架一舟,迎风暴直驶商船,船上的人因此获救。自此以后,林默立志终身不嫁,"专以行善济人为己任"。被她救助过的渔民、商船不计其数,人们把她称为是可以消灾灭疫、降妖伏魔、助战驱寇的"神女"。遗憾的是,雍熙四年(987年),林默在一次海上救援中遇到了特大台风,不幸殒命,时年27岁。人们为了纪念她,在当地建立祠堂,供奉香火,代代相传她的事迹与恩德。也期盼她能继续做保护神,保佑航海的船只安全返航。

如今的天后宫依旧热闹非凡,每到过年过节,天后宫山门前的广场,和两边衍生的宫南和宫北大街就是天津最热闹的集市。人们在此举办"皇会""拴娃娃""谢奶奶""挂锁"……将天后宫的故事与精神代代相传。

大悲禅院的"千手观音"真有一千只手吗

大悲禅院又名大悲院,始建于清顺治年间,当时的规模只有西院那么大,后来在康熙八年时扩建,纳入了文物殿和方丈院等建筑。现在的大悲禅院主要由天王殿、大雄宝殿、大悲殿、地藏殿、配殿、耳房和回廊组成,是天津市规模最大,现有寺庙中保存最完好的一座八方佛寺院。

大悲禅院内朱门绿瓦,佛坛高筑,一派庄严静穆之感。大殿内供奉着释迦牟尼佛像、大悲菩萨、倒坐观音、弥勒佛等诸神佛像,或铜制,或木刻,或石雕,工艺精湛,诸佛神态动作都栩栩如生,十分传神。原本大悲院的正殿内还供奉着唐代高僧玄奘法师的灵骨,只是后来转赠给了印度的那烂陀寺。之所以名为"大悲院",是因为寺院内供奉着一尊高3.6米、宽4米的千手

大悲禅院

观音金身像。千手观音又名"大慈大悲千手千眼观世音菩萨",这座观音像是天津美术学院王家斌和他的助手在1984年精心设计、雕琢,呕心沥血,耗时两年才得以完成的。既有以往观音像给我们的慈祥、亲切、庄严、温柔的感觉,又结合了现代美学的独特视角,每只手持着不同的法器,展现着不同的姿态。伸展的手臂主次分明,错落有致,十分自然优美。

不过你可能会好奇了,"千手观音"真的有一千只手吗?

这就要追溯到一个佛教故事了。初时,观音大士曾发誓要普度众生,然而众生芸芸,纵然观音法力无边也有力不从心之时。于是观音分身成四十二个大慈大悲菩萨,想要解救众生。无量佛见状,婉劝观音莫要急躁,要明白欲速则不达的道理。于是,无量佛将观音的四十二分身捏合在一起,只留下四十二只手臂,代表观音的四十二个化身。又让每只手掌上长出一只眼睛,代表三界中的"二十五有"。据说当眼睛睁开时,每只眼睛会发出一道慈悲光,每道慈悲光含有二十五种解脱救赎之道。这样,除却主体的两只手臂,手臂数与慈悲光数相乘正好是一千,以此来展现观世音菩萨普度众生的决心,和佛法无边的力量。

从此之后,后世在塑造千手观音之时,除了菩萨胸前合十的两手外,左右会各塑二十只手,每只手各持刀、枪、拂尘、伞、镜和净瓶等法器,并且在每只手掌中央雕刻一只眼睛。于是乎,千手观音虽名为"千手",实则只有四十二臂四十二眼。

天津独乐寺有李白的"飞来之笔"

位于天津市蓟州区的独乐寺,是中国仅存的三大辽代寺院之一,距今已有上千年的历史,是中国现存著名的古代建筑之一,名副其实的"千年名刹"。独乐寺占地1.6万平方米,除了山门和观音阁为辽圣宗统和二年(公元984年)所建之外,其余的殿堂楼阁、僧房行宫都是明、清时候建造的。整个独乐寺可大致分为东、中、西三个部分。其中东、西两侧分别是寺庙中僧侣们住的僧房和有贵客时所住的行宫，中部则由白山门、观音阁、东西配殿等主要门殿阁楼组成。

寺中的观音阁高23米，是我国现存最古老的木结构高层楼阁建筑。阁内耸立着高达16.08米的泥塑观音菩萨站像，是我国现存最高大的彩色泥塑站像。观音像面容慈祥和蔼，仪态端庄，在观音像首塑有十个小观音头像，所以又被称为"十一面观音"。观音阁檐下有八根擎檐柱，是清乾隆十八年时修筑的。关于这八根擎檐柱，还有一个"乾隆支顶观音阁"的故事在蓟州一带广为流传。传闻乾隆皇帝很喜欢独乐寺这块风水宝地，不仅多次前来游玩，还在观音阁东北处兴建行宫，以便居住。有一天中午，乾隆皇帝在看书时睡着了，忽然看见观音阁东北处的屋檐倾斜下落，直冲着行宫砸下。乾隆皇帝大惊呼救，却猛然惊醒，才发现原来只是一场噩梦。但他一直惴惴不安，觉得可能是在佛门圣地动土建行宫，惊扰了菩萨。为了弥补过失，消灾免难，乾隆皇帝决定重新修缮独乐寺，还特地在观音阁檐角下支顶了八根擎檐柱，以减少其对行宫的威胁。

独乐寺

在观音阁内还有不少名人题字的匾额，其中"具足圆成"匾为清咸丰皇帝御题，而"观音之阁"则为李白手书。据说当年李白北游蓟州来到独乐寺，正值独乐寺观音阁刚刚修缮完毕，于是主持修建的人便邀请李白为观音阁题匾。要知道，李白不仅仅是"诗仙"，更是"剑仙""酒仙"，一向武艺超群，嗜酒如命。当吃完酒席，李白已喝得酩酊大醉，但还没忘记正事。趁着酒兴，提笔便书下了"观音之阁"几个大字。但在人们把匾额挂上去之后，才发现"观音之阁"的"之"字上少了一点。就在主持者考虑要不要让李白重写一块时，李白却命人抱来两坛酒，将笔墨奉上。只见李白提坛狂饮，喝至酒兴，将笔蘸满浓墨，望着匾额，飞笔一掷。毛笔飞向匾额，笔尖不偏不斜，正好点在"之"

字头上，在场众人无不拍手叫好。自此，"李白飞笔点之字"的故事便在此地广为流传，成为了千古佳话。

天津独乐寺为什么要名为"独乐"

前面已经介绍过了独乐寺的悠久历史和建筑风格，但仍有不少人会有疑问：佛门之地不应该推行普世思想吗？为何偏偏独乐寺要取名为"独乐"？而且题有寺名的匾额为何没有落款署名？

说到这个名字的由来，就要追溯到唐玄宗时期了。边疆节度使安禄山、史思明起兵谋反，造成了长达八年的叛乱，其间战火连天，民不聊生，大唐王朝也由此从盛转衰，史称"安史之乱"。历史上安禄山这个人是个混血的胡人，生性多疑，十分奸猾狡诈。他集合叛军在蓟州出兵誓师时，就公开地宣称自己喜欢独乐而不愿与民同乐，还给寺庙起名为"独乐寺"，沿用至今。当然还有一种说法是，以前寺庙的西北边有条河叫"独乐河"，于是这寺庙也就跟着叫"独乐寺"了。

若是依据传闻，这独乐寺的名字是安禄山起的，那这山门上没有署名的牌匾又是出自谁手呢？

据当地人称，这题有寺名的匾额出自严嵩之手。说到严嵩这个人啊，可是个十足的大奸臣。在明朝嘉靖年间，他凭借逢迎拍马，谄媚皇帝获得高官厚禄，最终登上了宰相的宝座。他在职期间贪污受贿，徇私舞弊，陷害忠良，欺压百姓，被世人恨之入骨。但不可否认的是，严嵩颇懂文墨，写得一手好字。有一年，严嵩父子二人登盘山游玩，忽然看见一座庄严气派却没有牌匾名称的寺庙。严嵩心想自己这一世已是被万人唾骂，断断不可能翻身了，不如为这山野之中的寺庙题一副匾额，留下自己的手笔真迹，没准还能流芳百世。于是，就让儿子准备好笔墨纸砚和牌匾，挥笔写下了"独乐寺"三个大字，还在下方工工整整地署上自己的名字。可惜没过多久，周围的百姓就发现了严嵩题写的匾额，义愤填膺的人们将匾额摘下，愤恨地将"严嵩"这个落款划掉，再重新挂好。于是乎，如今的独乐寺山门上的匾额只有寺名，不见署名。

值得一提的是，独乐寺还有一个名字叫"大佛寺"，是因为寺中供有一座高达16米，堪称国内最大的观世音大佛泥塑。因为观音头顶除了本体的头像外，还有10个小佛头，所以又称"十一面观音"。不过，这观音为何会多出10个小佛头呢？

传说，李世民率军东征时，行至蓟州却发现粮草已经所剩无几。已经走了这么远，打道回府是不可能了，可是等待后援粮草又太耗费时间。就在犹豫不决之时，忽然发现了前方的独乐寺，魏征趁机提醒李世民道："陛下何不到此庙进香祷告？或许会有解决之法。"唐太宗想了一下，就走进寺庙，对着那尊观音菩萨连磕三个头，说道："李世民东征路过此地，粮饷全无，特借菩萨金身来解燃眉之急，日后回朝，定以十倍金身奉还。"于是，便起身命人扳倒神像，融化后铸成钱，又用这些钱来筹齐粮饷，继续领兵东征。待战事告捷，班师回朝后，李世民就开始发愁了。当时许诺的是十倍金身啊，如此高大的佛像，恐怕掏空国库都不够。可是作为一国之君，金口玉言，说过的话又怎能不算数。最后还是魏征明白皇帝的难处，呈上奏折，写着："臣记得扳倒佛像之前，万岁金口许下要以十倍泥塑金身奉还，望陛下即刻实行。"只不过在"金身"前边加了"泥塑"俩字，问题就迎刃而解了，不得不感叹魏征真是聪明过人、体察圣意啊！如今我们看到的"十一面菩萨"，便是当年李世民许诺过的"十倍奉还"的结果。

天津三宝中的"铃铛阁"是用来做什么的

众所周知，天津有三宝：鼓楼、炮台、铃铛阁。这三宗宝之一的铃铛阁位于天津西北城角，红桥区南部铃铛阁大街南侧，如今在其旧址上已兴建了一所铃铛阁中学。

铃铛阁本不叫这个名字，它始建于明朝万历年间，原本只是稽古寺的一间藏经阁，有佛经十六柜，多为稀世珍本。在这数百种海内孤本中，以元、明时期的手抄本佛经和六朝写经四十卷最为珍贵。据说旧时，每到农历的六月初六，为防虫蛀，都会将阁内的全部藏书放置于阳光下晾晒，并且允许人们随意翻阅。当时的很多天津人都纷纷前来先睹为快，一时间晒经场上人山人海，盛况空前，而这一天也被老百姓们称为"晒经节"。

铃铛阁有两层，"宽五楹，飞檐四出，如鸟张翼"，屋顶飞檐突出，画梁雕栋，庄严华丽。在屋檐的檐角处悬挂着48只风铃，每当微风吹过，铃声徐徐飘来，清澈悦耳，宛若低吟浅唱，又似莺歌燕语，闻之令人心旷神怡。铃声最远可传至二、三里外的住户人家，为人们的生活平添了一份乐趣和色彩。于是，时间久了，这藏经的铃铛阁反而比稽古寺跟受人景仰，颇有名气。我们都知道，在铃铛

新建的铃铛阁

阁悬挂铃铛一是为了防备飞鸟破坏、污损经阁，二是为了宣扬佛家的醒世作用。但你知道吗，关于这拥有400多年历史的铃铛阁，还有一个有趣的传说。传说很早以前，铃铛阁还是一座普通的藏经阁时，随着稽古寺逐渐香火鼎盛，来来往往的秀才仕女也渐渐多了起来。有一天晚上，住在稽古寺附近的四个姐妹讨论说："稽古寺不能光让秀才们读书，平民百姓也来读书才对哩！"但用什么办法才能让老百姓们都来这里读书呢？最后，四姐妹中年纪最小，也是最机灵的小妹想了个办法，说："咱们在稽古寺的屋檐上挂些铃铛，风吹铃响，百姓们准来看热闹，咱们就趁大家都在，跟他们讲讲道理，劝他们都去读书。"于是，四姐妹拿出所有的积蓄，请人打造了48个一尺多长的大铜铃，挂在了稽古寺的房脊、屋檐上，风一吹动，那铃声仿佛在说："读书好，读书好"，百姓们知道四姐妹的良苦用心后，十分感激。自此，去稽古寺用功读书的

人也越来越多。而这藏经阁，也被叫做了"铃铛阁"。

只是，光绪十八年，铃铛阁附近的一家街板厂失火，大火烧至稽古寺，铃铛阁也不幸被焚坍塌，阁中的经书全部焚毁。以致后来的天津人再提到这三宗宝，都会非常痛心地形容"鼓楼拆，炮台倒，大火烧了铃铛阁"。曾经的古迹楼阁如今再难重现，不禁让人扼腕叹息，心痛不已。

让两代皇帝流连忘返的桃花古寺

在天津的北运河右岸，曾经有一座景色灿烂、香火旺盛的桃花古寺。这座古寺拥有六百多年的历史，因运河兴盛，因桃花闻名，现在虽只剩一片荒野旧址，但它当年的风采和故事却是让人闻之心驰神往。

桃花寺本是由一座元代的观音古寺改建的，因为寺庙香火鼎盛，周围的土地肥沃，所以有不少人就在寺庙附近安家落户，逐渐形成了村落。因为从观音寺到桃口一带的北运河岸，以及寺庙内外都种满了桃树，所以村庄就定名为"桃花村"，这座寺庙也命名为"桃花寺"。后来，时间流逝，朝代更替，四面渐渐衰落破败，直到明代隆庆二年（1568年）才被重新修建。重建后的寺庙不仅规模比之前的更大，景色也更加迷人。前殿有四梁八柱，后殿有八层高阶，东西侧各有配殿，飞檐斗拱，落英缤纷，十分秀美壮观。

桃花寺还有一个名字叫"回龙寺"，据说康熙二十八年三月，康熙帝由江浙巡幸回銮。此时正值大地回春，草长莺飞，河岸的桃花开得正美。康熙帝被这春意盎然的桃花吸引出舱，正好看见满园春色中出现一座红墙碧瓦的古寺，寺中桃花如锦如织，落英缤纷，芳香四溢。康熙帝心中大喜，提笔便填词一首《点绛唇》。这首词被当时的人们争相传阅，也让桃花寺名声大噪。当龙舟行至桃口，结束旅程时，康熙帝不禁回望古寺，问身边的大臣，那是什么寺庙。随行的大臣见皇帝不时回望古寺，颇有些不舍，便讨好地回答道："是回龙寺"。于是，桃花寺便更名为"回龙寺"。直到乾隆皇帝也南巡回銮时，才将回龙寺重新赐名为"桃花寺"。

除了曾经巡游过桃花寺外，乾隆皇帝还在桃花寺入住过，被住持和尚治过病。传说有一次乾隆南巡回銮，见天色已晚，便入住在了桃花寺。却不想突发急症，太医多次用药也不见好转，最后还是当时的住持"六和尚"将大殿横梁上挂着的一块干草掺入药中，乾隆服后才病愈。事后乾隆问六和尚，那是什么灵药。六和尚就讲了一个有趣的故事：桃花寺内养着几只下蛋的母鸡，每次下蛋后，母鸡都会咯咯啼叫，六和尚便去捡新鲜鸡蛋。可有几天只听见母鸡啼叫，却没有见到鸡蛋。六和尚暗自观察了几天才发现，原来是一条大蛇吞掉了鸡蛋。大蛇在吞掉鸡蛋后，会通过磨蹭硬物将腹中的鸡蛋挤破，再把蛋皮吐出来。为了惩治大蛇，六和尚用一个泡过热水的白玉石蛋换走了真鸡蛋。果然，大蛇吞了石蛋后，在门坎上左蹭右蹭也蹭不破，只好鼓着肚皮爬出寺庙。六和尚跟在后面，想看看这条蛇怎么吐出石蛋。只见大蛇爬到北运河边的草丛里，围着一棵高草蹭了一会儿后就走开了。过了几天，大蛇又出现在了寺庙里，只是肚子里的石蛋却没有了。六和尚觉得那高草一定不简单，便拔了几株，悬挂在大殿的横梁上。没想到，今日竟能救治乾隆皇帝的病症。

乾隆听后觉得十分神奇，认为六和尚救驾有功，赏了他许多银两。六和尚用御赐银两在寺庙旁盖了一个大茶棚，为施主和过往行人无偿提供茶水。乾隆知道后，又赐给茶棚一个白铜锅炉，并下旨各大茶庄无偿提供上等好茶，大茶棚的一切开销，也均由国库开支。如此善举，在当地流传，渐渐成为了一段佳话。

"观音显圣"出现在天津老姆庙

天津东丽区咸水沽建国大街上有一座四合院式的建筑，名为"老姆庙"。老姆庙始建于明代，除了正殿三间，还有东、西配殿各三间，总面积约800平方米。南面为月台，北边是山门。由山门进入，首先映入眼帘的是门内的哼哈二将，山门两边角楼里分别供奉着土地爷和文昌帝君。大殿正中供奉着观音老姆像，面容慈祥而端庄。两厢是文殊菩萨、普贤菩萨、地藏王菩萨、十殿阎君、送子娘娘等佛像，神态不一，或威严，或慈目，或端坐，或亭立。老姆庙曾在康熙四十年（1701年）和民国二十六年（1937年）经历过两次重修。"文革"时又遭到破坏，改革开放以后再次重新修缮，如今已是区级文物保护单位。

关于这座老姆庙的由来，还有一个传奇的故事。

相传，在明朝时期福建有个大商人，名叫刘老敏。他本人十分信奉观音老姆，并在家中设立佛堂，每日晨昏三定省，跪拜上香，十分虔诚。有一次刘老敏从福建乘船装货来天津贩卖，谁知到了渤海湾竟遭遇了海上风暴，随时都有船毁人亡的危险。刘老敏在惊慌之余想起了自己日日跪拜供奉的观音老姆，于是招呼全部船员一起跪在船头，乞求观音老姆保佑，并许下承诺："如果观音老姆能保佑全船的人、货平安脱险，便在船泊停靠的第一锚处，修一座庙来供奉老姆。"祈祷不久后，远处忽然飘来了一艘小船。那小船上只有一个老太太，船身已经被风浪击损，眼看就要沉没。船上的老太太向刘老姆他们求援，要求搭他的船同行，刘老敏此时虽然自身难保，但看到老太太比他们更危急，就马上派人把老太太拉上大船。那老太太上了大船之后，也不言谢，只是盘腿往甲板上一坐。就在此时，奇怪的事情发生了。老太太一坐到甲板上，船就立刻平稳了。不管周围的狂风巨浪如何肆虐，大船依旧平稳前行，丝毫不为所动。就这样过了不久，风浪渐渐平息，大船也行到了大沽口，驶入海河。见到天色已黑，老太太开口说道："靠岸吧，我到家了。"刘老敏赶紧让手下的船员抛了锚，将船

老姆庙

停在岸边。老太太站起身下船，一上岸就不见了。刘老敏这才反应过来，自己是遇到了神仙搭救。再仔细一想，这个老太太慈眉善目，和自己长期以来一直供奉的观音老姆一模一样，定是老姆娘娘化身老太太来搭救全船的人。想到自己之前许的愿，他决定就在这个地方给老姆娘娘盖一座庙宇。于是，他马上找来当地的乡绅，提出要买地盖庙。没过多久，一座清净庄严的老姆庙就落成了。

从古至今，每年的农历二月十九，适逢观世音菩萨诞辰之日，附近的村民们都会自发举办盛大的法会。人们携妻抱子前来"拜庙"，其间还会有精彩的民间花会表演，一时间老姆庙门前人山人海，热闹非凡，如同过节一般。于是，当地人也把这一天俗称为"赶庙会"。

天津有一座"包治百病"的峰窝庙

位于天津市西青区大寺乡的"峰窝庙"全称是峰山药王庙，建于唐永淳二年（683年），距今已有一千多年的历史了。算起来，竟然比在明永乐二年（1404年）才开始设卫筑城的天津，还早出现700多年。峰山药王庙随着历史的发展与演变，融合了众多的民俗文化，在历朝历代都有修缮，逐渐成为了一座儒、释、道三教合一的寺庙。无数的善男信女到寺庙里祈福祷告，祈求药王能为他们祛病消灾，永保安康。

大殿里供奉的药王名叫孙思邈，陕西耀县人，生于隋开皇元年，死于唐永淳元年。孙思邈这一生都在钻研医术，云游四海。他不仅医术高超，更是妙手仁心、不计回报地帮助和救治了许多穷苦百姓，深得百姓们的爱戴与敬仰。在全国各地都有不少药王庙，百姓们用这种最朴实、最虔诚的方式来纪念和缅怀药王曾经的功绩和奉献。坐落在西青区大寺乡王村的药王庙是在孙思邈死后的第二年建造的，就像其他的药王庙一样，寺庙会建筑在如此荒凉僻静的村落，是有它背后的故事的。

在当地，一直有一个这样的传说：

唐朝时期的一位皇帝病重，太医轮番诊治开药，都不见其好转。就在大家都束手无策之时,有人举荐了当时的民间名医孙思邈,于是孙思邈就被宣进宫内为皇帝看病。孙思邈查阅了之前太医们的药方,又仔细研究了许多古方和草药,觉得自己也实在是没有更好的方法了。可偏偏皇帝时时派人来催促,孙思邈急得直搓双手,沾满刚刚翻看草药沫的双手竟然搓出一个药丸来。就在孙思邈还在为皇帝的病情苦恼不已时,来催办的太监却把那颗药丸当作是孙思邈为皇帝精心配制的药,送到宫里给皇帝服下了。

孙思邈知道这件事后,因不知这药丸里边有什么成分,恐怕会吃坏了皇帝,一时害怕不已,便连夜逃离了皇宫。没有想到的是,皇上服用了这个药丸,病症竟然很快就好转了。于是皇帝龙颜大悦,决定要犒封孙思邈,将其留在太医

峰山药王庙

院供职。谁知却得到孙思邈已经离开了皇宫的消息,于是马上派人去追赶,务必要将孙思邈追回。而孙思邈这边一晚上慌不择路,不知不觉就逃到了现在的大寺王村一带,正准备歇一下,却看见远处有快马奔来。他以为这是皇帝出事了,要将自己捉回去治罪。眼见逃无可逃,为了不连累家人,孙思邈便解下腰带,自缢而亡了。皇上知道了这个消息,痛心不已,命人在当地厚葬了孙思邈。为了表彰他的功劳,追封其为药王,并在他自缢的地方修建了这座药王庙。

传闻虽不可信,但千百年来药王庙的香火始终没有断过。旧时,每年的农历四月二十至四月二十八是药王庙的祭祀日,也就是老百姓俗称的"庙会"。在这期间,寺内寺外热闹非凡,不管是邻近诸村,还是千百里外的香客,都蜂拥而至。乘车的、坐轿的、骑马的、徒步的、推车的、挑担的,香客中夹杂着大小商贾、走卒贩夫。药王庙内曾有一口水井,被人称作是"药王泉",据说喝下后能令人神清气爽,还能治难

症和顽疾。而在药王庙内虔诚许愿，进奉香火，也常常可以得偿所望，十分灵验。由此，人们信奉药王至今，总会去庙里许愿，期盼着药王能给自己和家人带来一份安康祥和。

在天津送子的不只有"娘娘"，还有"张仙"

在天津的天后宫旁有一过街阁，横跨宫北大街，经扶梯与天后宫相连，下面便是宫北大街的行人通道。这个过街阁可不仅仅是用来连贯交通、方便行人过街的，它还有更为重要的作用。这个过街阁便是能送子、佑子的"张仙阁"。

说到这个"张仙"，到底是何方神圣呢？一般能保佑送子的不应都是观音、天后娘娘这类女性形象的神仙吗？要解答这些疑问，就要从一段历史说起了。

后蜀皇帝孟昶有位费贵妃，不仅容貌秀丽，还擅长写诗作画，尤其善写宫词。人们都称她为"花蕊夫人"。后来，赵匡胤黄袍加身，起兵谋反灭了后蜀，并将孟昶和花蕊夫人安置在东京汴梁居住。不久后，孟昶暴病身亡，赵匡胤就把花蕊夫人纳为贵妃。虽重享荣华富贵，但花蕊夫人甚是思念孟昶。有一日，她想起孟昶用弹弓射雀的潇洒风姿，又忆及当年他曾写的一首诗："三月樱桃乍熟时，内人相引看红枝。回头索取黄金弹，绕树藏身打雀儿。"不由得感慨万千，潸然落泪。于是，花蕊夫人着丹青笔墨，依据往昔记忆，手绘了一幅孟昶拉弓射雀的画像。自此，每每思念孟昶时，就将画像挂起，焚香祭拜，倾诉心事。却不想有一回正在祭拜时，赵匡胤闯进她的寝宫来。看到画像，赵匡胤问她祭拜何人？花蕊夫人不敢如

张仙阁

实相告，便急中生智说道："陛下登基至今尚无子嗣，臣妾供的是送子张仙爷，祈求他能为陛下送来个太子。"赵匡胤听了十分高兴，大笑着说："爱妃如此虔诚，朕料张仙必要送子嗣与卿。"果然，不久之后花蕊夫人就怀孕了。宫中各妃以为张仙灵验，都纷纷供起张仙来，后来此法又传至民间。家家户户供着一张手执弹弓的张仙，没有孩子的求他送子，孩子有病的求他消灾祛病。

旧时科技和医疗都不发达，许多无法解释的病痛和天灾都会被神化。在儿童传染病盛行期间，人们认为是天狗夜间乘人们睡熟，从各家的烟筒钻进室内，才让孩子得病的。而只有手拿弹弓的张仙才能射跑天狗，保佑孩子平安。于是后来的人们在张仙的画像下面配上几个儿童，上面增添一只天狗。还给张仙题了一副对联，上联是："射出天狗去"，下联是："引进贵子来"。人们又专门修建了张仙阁，方便祈愿和供奉，至今还保留着这样的习俗。

值得一提的是，天津过去皇会有两个八仙会，分别表演张仙和张果老。一个叫"庆寿八仙会"，是中八洞神仙，分别是张果老、吕洞宾、李铁拐、韩湘子、曹国舅、汉钟离、蓝采和、何仙姑八人，由骑丹顶仙鹤的寿星老带队。另一个叫"西池八仙会"，是上八洞神仙，分别是张仙、李白、王禅、王敖、孙膑、刘海、和合二仙，也是八人，由骑凤凰的王母娘娘领队。每个人身下都"骑"着神兽，踩着高跷。洋洋洒洒的两行队列，淡妆浓抹，仙姿各异，伴随着锣鼓声游行漫步，好不热闹！

天津有一座为骗子建造的寺庙

在天津南运河附近有一座寺庙，名为"募安寺"。关于这座寺庙的来历，与其他充满神话色彩或是为了纪念缅怀先人的寺庙有些不同。

相传，在清同治元年的夏天，天津城内出现了一种很厉害的传染病，城内的大夫都对此瘟疫束手无策。那时，每天都会有很多人因病去世，棺材铺日夜加班赶制棺材仍然供不应求。走在大街小巷，随时都能看见哭丧烧纸的人。整个天津仿佛笼罩在一片阴云里，十分惨淡。就在这时候，不知从哪里跑来了一个疯疯癫癫的野和尚，穿得破衣褴褛，拿着把破蒲扇，整日嘻嘻哈哈，言行无状，就像《济公传》里的那个济颠和尚一样。这个疯和尚扬言，自己什么病都会治，现下就住在北大关东向那边荒郊野地的无主孤坟里，若有人要看病就去找他。听了这个消息，人们蜂拥而至，求他医治病症。

于是疯和尚摇身一变就成了"圣僧"，他说要几口水缸来装御河水，他会施展法术将御河水变为"圣水"，有病的喝了病痛全无，没病的喝了强身健体。人们马上捐献水缸，未至三天，他所在的空地上就有了一百多口大水缸。人们还为他搭建了棚席用以遮风避雨，送来了点心、水果、新僧袍、僧帽供他享用，甚至还有几个人甘心做他的信徒，整日服侍他。每天来求圣水的人将队伍排成了长龙，更有一些好事者，主动站出来充当"志愿者"维持秩序，发放圣水和灵丹。除了可以去病的药物外，还有人说无论你病在哪里，是什么病，只要圣僧摸一摸病处，便可自动痊愈。曾有一个瞎子让他摸了摸眼睛，瞬间就能看见东西了。一个聋子让他揪了揪耳朵，便可听见声音。还有一个结巴，半天说不出一句完整话，只是让他摸摸舌头，现在都能说绕口令了。这些人将"圣僧"传得越发神乎其神，许多官太太和阔小姐都慕名前来，请他为自己治病。这"圣僧"反倒端起架子来，往地下一躺只顾自己睡觉，谁也不理。待身边的人百般劝说之后，才起身胡乱对来人摸起来。

后来，这些好事者提议不能让圣僧整日露天睡在野地里，不如大家募集资金为他盖个寺庙，一来可以让圣僧安居，二来也可让他为大家长久治病。此提议一出，得到了众人的赞同。寺庙的名字就从"募捐"和"安居"这两个关键词里抽出第一个字，取名为"关下募安寺"，后人简称为"募安寺"。因为是给"圣僧"建庙宇，所以大家纷纷慷慨解囊。没过多久，大量的砖瓦木料就运到位了。可就在募安寺开工兴建之际，"圣僧"却不见了，直到寺庙都盖好了，仍然不见他的踪迹。人们纷纷传言，说是圣僧在人间的历练时限已到，已飞升成仙返回天庭了。可是后来人们才发现，"圣僧"并没有离开天津城，他正在大牢里服刑呢。原来这个"圣僧"其实是个骗子，由于他和身边的那些托儿分赃不均打得差点出了人命，才被官府抓了起来。所谓的圣水、灵丹什么的，其实都是骗局。

只是，这"圣僧"虽假，可是这募安寺却是一直流传至今。

天津的城隍与其他地区有什么不同

除了对地府阎王的崇拜外，民间百姓认为阴间还会有专司鬼灵诸事的鬼官、鬼吏、鬼卒。对于这些鬼吏的崇拜和供奉，从很早以前就开始了，例如我们熟知的判官、孟元帅、康元帅、张太尉、城隍、黑白无常等。这其中，城隍老爷一直都是不分地区、习俗，无论南北城市皆有其祠堂，多年来深受人们的爱戴。

城隍在民间一直被视为城市的保护神，人们将城中的城隍庙看作与人间的官署衙门一样的阴间衙门。其实在中国很久很久以前就有了类似于城隍角色的上古之神，即古代蜡祭中八神之一的水庸，就是最古老的城池守护神灵。发展到现在，城隍早已融入了百姓的民俗生活中，每年为庆祝城隍诞辰而举行的城隍庙会都是城中盛事，热闹非凡。

只是，天津的城隍和其他城市的城隍有些不同，天津城隍庙供奉的城隍爷是一尊卧像。

许是百姓们质朴善良，在中国历史上多数死去的忠义良将都会被神化，在神界有一个好的结局。如被挖心的比干，死后成为了文财神，唐代大将秦叔宝、尉迟恭，死后被封为门神。城隍爷也是如此，江南一带的城隍爷是春申君，而北方的城隍爷则是文天祥。天津城外南运河东侧的城隍庙建于明万历二十四年，是由当时的静海知县曹重主持建造的，后来又由乡绅捐款扩建。整个城隍庙坐北朝南，占地约5亩，分为山门殿、城隍大殿和内宅。城隍大殿内的供台上卧着一尊城隍老爷像，面容

和善慈祥，颇有文官风采。除了城隍像的姿态与其他地区不同外，天津的这座城隍庙也不同于其他省市建于城内，而是将祠堂建到了城外南运河岸边，或许依山傍水更能让城隍老爷感到惬意吧！

每年农历的四月初一是城隍老爷诞辰日，从初一到初八被当地人俗称为"城隍庙会"。届时，城隍庙前搭台造棚，张灯结彩，连续七天吹拉弹唱，表演不断。除了演戏、看戏，其余的空地会被近千家商贩摊位或是民间手艺人占满，一时间人山人海，盛况空前，走在其间摩肩接踵，虽然很挤但是却依然挡不住人们逛庙会的热情。城隍庙会期间的一大看点就是进香朝拜。这个"进香"不同于"敬香"，虽只有一字之差，而过程区别可是很大的。进香的人需从家门出发的那一刻开始，就手举一股点燃的高香，每走上三步，要将香举过头顶，拜上三拜，然后再接着前行。如此反复，直到走进大殿，将香插进大香炉中，随行的人再摆上供品，一起向城隍像行过大礼后，整个进香仪式才算结束。如果途中高香燃尽了，随行的人便要及时为其续上另一股香，如此一来，路途稍远一些的要提前准备好几捆香。

这进香的过程虽然繁琐，但是正因为如此的麻烦，才更符合"心诚则灵"的标准。当地人都说城隍老爷有求必应，所以一直以来城隍庙的香火鼎盛，善男信女络绎不绝。无论所言真假，都是人们对美好生活的向往与寄托。

为什么天津的"李公祠"最华丽气派

说到李鸿章，大家都不会觉得陌生。他是清代所有汉族文武官员中官位最高、权势最大的一位。一开始任淮军首领，后因镇压太平军有功，被提拔为江苏巡抚、湖广总督。在曾国藩之后接任了直隶总督兼北洋通商事务大臣，晚年推行了洋务运动，开办了许多近代军事工业和民用工业，并创立了中国第一支配备近代化武器的正规海军——北洋海军。因为李鸿章在天津任职25年，开办的工厂和修筑的铁路等大都集中在天津，所以在他去世后，清政府先后在其家乡和任职之处，为他修建的10座祠堂里，以天津李公祠的规格最高、规模最大，以表彰他对天津的政治、经济、军事上做出的杰出贡献。

天津的这座李公祠坐落于现在的河北区李公祠西箭道4号，是在清光绪三十一年（1905年），由时任直隶总督袁世凯主持修建的。

整个李公祠占地约2万平方米，建筑风格则仿照李鸿章合肥家乡的祠堂。祠堂门楼两侧放置着一对做工精美、体态威严的石狮子像，对面是子牙河，风水甚好。从门楼沿阶而上，进入前院，映入眼帘的便是一座高大的

李公祠

李鸿章铜像。院中间还有一座精巧华丽的六角亭，亭前屹立着多座刻有赞誉李鸿章文字的石碑。前院的两侧各有厢房3间，旧时是用来供前来拜祭的族人或客人居住的。从前院穿过，一直走到后院，便可看见一座精巧华丽的六角亭，亭前屹立着多座刻有赞誉李鸿章文字的石碑。再往前走便是宽阔气派的大殿堂，堂内挂满了名人题写的匾额和楹联，香案之上还摆放着很多豪华精致的祭祀器具。祠堂后面有一处人工湖，湖岸周围青松翠柏，摇曳生姿，满湖的荷叶莲藕，碧水连天。湖心处还建有精美华丽的亭台楼阁，与园内的假山、石桥相映成辉，美轮美奂。如此富丽堂皇、精致气派的祠堂，已是天津文物景观的重要标志。

只是，1937年天津沦陷，李公祠被日本侵略军强占，惨遭破坏，许多石刻文物被埋于地下，原来精美华丽的建筑如今也不复存在。抗日战争胜利后，市政府先后在李公祠的原址处创办了启明小学和庐山中学。新中国成立后，则更名为向前小学和天津市第三十三中学。李公祠园内的一些精美建筑被移到北宁公园，部分石碑也被送至天津市历史博物馆妥善保存，其余破坏严重的或是已经不见的则只能遗憾放弃了。虽然如今李公祠已经荡然无存，但天津人仍保留着李公祠大街、李公祠东箭

道、李公祠西箭道等老街名，让后世永远记得，在这里曾经有一座华美气派的祠堂。

天津海光寺为什么又叫"签约寺"

在康熙四十四年（1705年），一位名叫成衡的高僧云游至天津城，见这一带风水绝佳，便于距南门三里的官道东侧修建起一座宝刹，取名为"普陀寺"。起先因地势开阔，这普陀寺修建得规模宏大，富丽堂皇，格外气派。人们见此寺院如此宏伟轩昂，便争相朝拜，一时间信徒游客络绎不绝，香火鼎盛，名噪一时。后来康熙帝南巡路过天津，工于诗画的成衡迎于西淀，康熙帝见成衡谈吐不俗，且对答如流，不由得心情大好，将普陀寺赐名为"海光寺"，还亲笔书写了匾额"随处湘音"和两副对联赐予海光寺。有了皇帝的欣赏和赐名，地方官吏和乡绅免不了要对海光寺多些照顾。不仅纷纷解囊捐款，为海光寺扩建修缮，开凿水渠，还在寺庙周围种植了上万株柳树。于是每到春暖花开之时，海光寺周围绿柳成荫，红莲掩映，已是城中百姓踏青游玩必不可少的地点之一。津门十景中的"平桥积雪"指的便是海光寺内冬日欢喜桥的景色。

只可惜，虽有天子赐名，却无法庇佑海光寺永世的安定祥和。

1858年5月20日，英法联军攻破大沽炮台，沿海河上行，盘踞在三岔河口一带。咸丰帝听说后大惊失色，深怕天津重蹈鸦片战争的覆辙，急忙派大学士桂良、吏部尚书花沙纳赶往天津妥善处理此事。这二人抵达天津后，见海光寺建筑华美、陈设精良，周围又有清军驻防，于是选定海光寺作为宴请英、俄、美三国公使的地点。谈判时，英法两国公使自恃大兵压境，态度极为蛮横，甚至拿出自己事先拟好的条约56款逼二人签字。这次谈判耗时将近一个月，英国公使额尔金对于合约内容寸土不让，一个字也不允许修改，甚至还威胁桂良和花沙纳，如果不同意签约，就带兵北上进攻北京皇城。桂良、花沙纳果然被英、法的恫吓所慑服，与咸丰皇帝商议后，同意签署这份带有侵略色彩和屈辱成分的《天津条约》。也正因如此，海光寺也有了一个别名叫"签约寺"。

至此，海光寺的厄运还远远没有结束。

1860年，西方列强再次攻陷大沽，占领天津城，英法联军在河北望海寺设北营，城南海光寺设南营，这是海光寺第一次被外国侵略军占领。直到签订了《北京条约》之后，联军得到了他们想要的利益，才悉数从海光寺撤出。到了1900年，八国联军再度侵华，义和团和清军一起在海光寺、八里台一带与联军展开激战。就是在这场战役中，本应安静祥和的佛门圣地却被炮火击至片瓦不存，百年寺院毁于一旦。后来随着《辛丑条约》的签订，海光寺被划入了日租界范围。1903年，日军在海光寺旧址处设置了司令部，整整45年，直到日军投降，海光寺一直是日本策划侵华阴谋和残害中国抗日军民的核心地点和指挥中心。那个时候，天津百姓人人惊耸、唯恐避之不及。

海光寺签约

解放后，海光寺旧址先后改为中国人民解放军259医院，以及中国医学科学院血液病研究所，中国协和医科大学血液病医院。风霜百年，历史变迁，海光寺经历了繁荣鼎盛，皇家恩赐，也经历过强占屈辱，炮火连天。没能走到今天，却依然给我们留下了不少传奇与记忆。砖瓦归尘，可历史的本簿上永远都有海光寺的一寸之地。

你知道天津"挂甲寺"名字的由来吗

天津挂甲寺位于河西区海河西岸，原名"庆国寺"，如今已经找不到具体的修建年代，但可以肯定的是早在明朝天津设卫驻城之时，挂甲寺就已经存在了。按照民间流传的说法，挂甲寺极有可能修建于距今1300多年的隋唐时期，它更名为"挂甲寺"也是在那个时候。

传闻，唐太宗李世民在大将尉迟恭的陪同下御驾征辽，凯旋途中经过大直沽，发现庆国寺周边环境清幽洁净，于是下令三军在此歇息，休整数日。三军将士驻扎在寺庙周围，皆解甲歇息，并将甲胄置于地上晾晒。一时间寺院内外锦褡成片，金甲如林，成为一

挂甲寺

道独特的风景线。太宗见此情景，心中感慨，遂向前来献茶的僧人慈航要来纸笔，亲笔题字"挂甲寺"作为寺庙的匾额，作为此次战役凯旋的纪念。于是，庆国寺就此更名为"挂甲寺"。

挂甲寺虽然历史悠久，又因太宗题匾而闻名于世，但初期寺庙仅仅只有两亩半的面积，寺中只配备了山门、观音殿和大雄宝殿。随着岁月的流逝，挂甲寺被风雨侵蚀，屡次变迁，几度盛衰，渐渐消沉。直到明万历二十八年，天津成为抗倭重镇，游击将军张良相经过挂甲寺的遗址时，听说了唐朝旧事，一心想效仿前人，得胜归来之日在挂甲寺挂甲庆祝。于是命部下捐资，重修挂甲寺。周围的百姓听说了重修寺庙的事，也来帮忙。结果不到两个月的时间，挂甲寺焕然一新，善男信女络绎不绝，香火也如之前一般鼎盛。不久之后，张良相果真荡平了倭寇，回到挂甲寺还愿庆祝。从此之后，挂甲寺便受到了武将们的青睐，代表了安邦定国，出征大捷。凡是要出征上前线的，都会到挂甲寺朝拜，一来祈求战事告捷，二来也希望能平安归来。

后来的岁月里，挂甲寺陆陆续续得到了一些修缮，重修了大雄宝殿、观音殿。最鼎盛时，挂甲寺内有八景闻名于世人。每日香客络绎不绝，香火兴旺令人感叹。

如今的挂甲寺,再也不是那个不到三亩地、两间殿堂的小寺庙。俨然一座恢宏气派、精致华美、古朴幽静的佛院。庙前广场、牌楼、天王殿、大雄宝殿、藏经楼、禅堂、千佛塔、东西配殿……占地15亩的新挂甲寺应有尽有。亭台楼阁错落有致,绿柳红莲交相辉映,千年古刹又再次书写了当年的辉煌。

天津的梅仙庵里曾住过"梅仙"吗

从盘山天成寺拾级而上,走到东山坡处会看到一个石洞,名为"梅仙洞",当地人出于对梅仙的尊敬,都叫它"梅仙庵"。

传说很久以前这山洞洞口不远处曾有一棵古梅树,盘山是集天地灵气之所在,这古梅树在这山中时日久了便化为精怪,渐渐也有了人形,终日化作一个清秀端庄的年轻女子。

这梅仙生性善良且十分聪颖,虽久居深山,但十分喜爱和经常进山采药的老中医在石洞前谈论药理医学知识,时间久了便无师自通,有了高超的医术。有一年天津城中瘟疫肆虐,浮尸遍地,就连经常进山采药的老中医都感染了恶疾,性命垂危。

梅仙庵

梅仙听闻后,心急如焚,立刻下山为城中患病的百姓无偿诊治。那段时间,她翻山越岭,日夜兼程,不停地穿梭在各个村庄,无论男女老幼,什么样的病症,她都悉心诊治照料,直至病人痊愈后才离开。因为不知道她的名字,但感恩于她的妙手仁心,于是盘山一带的村村寨寨、家家户户,都尊敬地叫她"神医"。

没过多久,"神医"的名号就越传越神,越传越远,渐渐传到了皇帝的耳朵里。皇帝乃九五之尊,享尽天下的荣华富贵,唯一的遗憾就是不能常享盛世，终有离开人世的一天。所以正在绞尽脑汁寻找长生不老之术的皇帝，一听说天津盘山上有一个能治百病的神医，心想其肯定也懂长生之术，就立刻启程出宫，微服私访来到了盘山梅仙洞前。梅仙从山下巡诊归来，正好看见皇帝一行人在洞外徘徊，以为也是来看病的，便上前去询问病情。但一听说皇帝本无病痛，只是来求长生不老的灵丹妙药时，梅仙心中十分反感，却又不能明说，只好写了一张纸条递给皇帝。皇帝接过纸条十分欢喜，以为是长生不老的方子，结果打开一看，上面只写了十六个字："梅仙有道，济世扶贫，只管医病，不问长生。"皇帝看后大怒，立刻命身边的高手侍卫将梅仙绑回宫中，严加看管。还派了说客来劝说梅仙，恩威并重，软硬兼施，一定要梅仙为他配制长生不老的丹药。可梅仙始终一声不吭，任凭皇帝如何对她，就是不肯屈服。于是皇帝恼羞成怒，派人领兵直捣盘山，用乱石封堵了梅仙洞，还砍倒了洞前的古梅树。不料，砍树时那古梅树竟然鲜血四溅，与此同时，关在大牢里的梅仙也惨叫一声，气绝身亡。就在梅仙死后当晚，皇帝梦见一个浑身是血的年轻女子向他索命，冲他大喊："还我命来！"自噩梦之后，皇帝便一病不起，不到半个月就驾崩了。

自古梅树被砍之后，盘山上再也没长出过梅树，但梅仙却永远活在了人们的心中。一到逢年过节，当地的百姓就会带上一些供品，来到梅仙洞前祭拜梅仙。

天津荐福观音寺的古树为什么要绑上红绸

荐福观音寺位于天津市河东区大直沽中路27号，这座寺庙是由原来的荐福庵迁至大直沽的药王庙遗址，重新改造修建的一座佛教比丘尼寺院。重建后的寺庙占地面积5000多平方米，隶属于河东区文物保护单位，寺庙正中方向由牌楼、山门殿、天冠弥勒殿、圆通宝殿组成。两侧各有东方三圣殿、西方三圣殿以及诸神护法的供殿，和藏经讲佛的厅堂。

大直沽是天津的发祥地，当年名不见经传的小庵如今也已成为殿堂众多、香火鼎盛的佛院寺庙了。多年来，荐福观音寺不仅弘扬佛法教义，还热心慈善事业，积极参与和传播善念善举活动。不仅在国内拥有很高的知名度，在海外也有忠实的信徒。

作为荐福观音寺三宗宝之一的古槐树一直是天津市民津津乐道的话题。

这棵古槐树现屹立在荐福观音寺圆通宝殿前，距今已有六百多年的历史。树王菩萨在古槐树一侧，同它一起被人们供奉着，一佛一树，共同护卫着宝刹。古槐根深叶茂，郁郁葱葱，不过奇怪的是，这棵被人们奉为"神树"的古槐周身却绑着一段红绸。

关于红绸的来历，老天津人的说法不一。有人说，在20世纪90年代时，大直沽田庄一带的平房要集体拆迁。可能是因为大直沽的历史比较久，所以有很多很粗壮的树，一直到平房都拆完了，人们也没舍得砍掉它们。但后来要盖楼时一看实在是影

荐福观音寺

响施工，不能留了。于是人们就说，那就砍吧，怎么着也得有盖楼的地儿呀。结果砍到这棵古槐树时，奇怪的事情就发生了。第一斧下去，树里面竟然流出了红色的液体，像血一样，把在场的人都吓傻了。如此一来，这树也就没砍成。后来，人们盖了这座观音寺，就把这棵树圈在院子里，用红绸绑了一圈，既是辟邪也是祭祀。还有一种说法是，这个红绸早在抗战时期就已经存在。那时候，日本人要砍树修津塘路，一砍树就流血，把他们吓得够呛，便用红绸绑了古槐，津塘路也因此在大直沽处往北偏了15度，生生地绕过了这棵古槐。

无论传闻真假与否，如今，这红绸都为这棵典雅、雄伟的古树增添了一抹神秘色彩。如果你有机会到天津游玩，可千万不要错过这棵充满传说的古树。

古墓寝陵

天津的荒丘野地里为何会有一座豪华"白坟"

　　天津的历史悠久,传说故事多,名人志士多,墓地陵园也有很多。在天津北塘镇附近有一座特别的墓地。整个墓地占地百余平方米,墓顶为半球形,墓体为圆柱状,三人合抱仍有所不及。墓体周围用汉白玉堆砌了一圈阑干,大约有一米来高。关于这座造型奇特的"白色坟茔",还有一段颇为传奇的故事。

　　这座"白坟"是曾任民国大总统黎元洪母亲的衣冠冢,本名为"黎公坟",但因为墓地呈白玉色,所以才被当地人俗称为"白坟"。年幼时的黎元洪随教私塾的父亲一直在北塘生活、读书。不幸的是,在黎元洪年纪还小时,母亲就病故了。因为不是当地人,没有土地,家里面也不是很富裕,所以黎元洪母亲的入葬很简单,只是随便找了一块空地就将尸骨埋

黎元洪

了。待黎元洪长大后,弃笔从戎,离开北塘另谋出路。许多年后,他当上了民国大总统,衣锦还乡,荣归故里。再回到北塘时,发现已物是人非,北塘镇也早已变了样。黎元洪回北塘一是为了光宗耀祖,返乡风光一下,再就是为了给母亲重新选址修陵,以报答多年的养育之恩,尽一

下作为人子的义务。毕竟儿时因生活所迫不能好好安葬母亲，如今已是出人头地，怎么还能让母亲依旧埋尸荒野？他一边请风水先生为母亲选择阴宅吉地，一边请工匠采办上好的用料，准备随时开工。可是，作为陵墓中最重要的骸骨，却是无论如何也找不到了。原来，时过境迁，北塘镇已是大变样，而当年又是匆匆下葬，并未特殊标识。经过多年的风霜雨雪，那边荒地已是冢塌地平，杂草丛生，丝毫看不出哪里曾经有个坟茔。黎元洪见到这种情况，自知已寻不回老娘的骸骨，不由得悲从中来，痛不欲生。同乡人不忍他一片孝心付之东流，就想了一个法子，献给了黎元洪。

第二天，黎元洪沐浴更衣，焚香顶礼，向上天祷告祈求一切顺利。他将一块用红布包裹的砖头系在一根新竹箅上，又把一根绳索系在砖头上，将绳索的另一端搭在肩头。然后在原先可能埋葬老娘尸骸的地方缓步前行。如此反复了几回，突然走到了一个位置，竹箅拉不动了。众人见状大喜，认为此处极有可能就是当年埋葬黎元洪母亲的地方，连忙挥锹抡镐。然而，挖了许久，仍然没有找到尸骸。黎元洪不禁长叹一声："谋事在人，成事在天。"既然久寻不得，索性在此处就地起墓，修建坟茔。黎元洪为了弥补心中对母亲的愧疚，对修建的陵墓极尽奢华与气派。从那以后，天津北塘镇外的一片荒丘野地里，就有了这么一座鹤立鸡群的豪华墓地。

你知道天津曾有一座"白骨塔"吗

自天津设卫驻城开始，很长的一段时间里，天津的居民都是从不同地方移民而来的。旧时，人死了是要圈地建墓、实行土葬的。当时驻守天津的淮军军人和军人家属是天津高度集中的群体，军队的管理者在城北专门开辟了数块淮军义地，基本上解决了军人的埋葬地问题。城中的大户人家也会在城外买下属于自己家族的墓地和陵园，用以百年后入土为安。而城中穷苦的贫民百姓则没有那么幸运了。都说"人除生死无大事"，可就是"入土为安"这样一件大事，穷苦的人家却因为没有钱去买墓地，只能在天津城外西南一带的荒郊野地随便找一处，草草地埋葬了事。如此一来，时间久了，就有了一片规模不小的乱葬岗。

但是，将尸首埋在乱葬岗的人多数是没钱的老百姓，或是将无名尸丢放于此的收尸工人，所以尸体多是用苇席包裹或是劣质棺木装殓。如此简陋，又掩埋得不深，于是乱葬岗引来了许多野狗扒席撞棺，争食尸骨。一时间骸骨遍地，暴尸荒野，叫人不忍触目。于是，乾隆十五年天津知府熊绎祖，联合乡绅主张修建一座专门用来收殓无主尸骨的"白骨塔"。据民间流传，早期的白骨塔有8米高，是八层八棱形的砖木结构宝塔，每层均有凹形的无券门。白骨塔坐北朝南，里面供奉着地藏王菩萨的泥塑佛像，菩萨坐于莲花之上，旁边为其坐骑神兽——谛听兽。熊绎祖命人将乱葬岗的白骨捡拾归拢，置于白骨塔中，也算是为这些无主孤骸寻得了一个安息之地。只是后来，时间流逝，随着白骨越来越多，白骨塔渐渐也存放不下了。到了清乾隆三十六年，天津的乡绅华龙藻联合了许多志愿者，上书地方衙署，呈请拨城西南官地两顷余，用以掩埋残骸露骨。还成立民间慈善组织"掩骨会"，专门负责掩埋无人收殓的尸体。

白骨塔

值得一提的是，旧时因为白骨塔四周空旷，人迹罕至，逐渐变为了刑场。民间有传闻，1927年天津市委书记李季达因反对军阀，惨遭杀害，于白骨塔附近英勇就义。只是年代久远，史料已不可考证，白骨塔也早已被改作民宅。如今这些传闻也只能当作传奇故事，听听则罢。

天津有座专治眼疾的"师傅坟"

在天津葛沽镇以南三合村北侧,有一座高约四米,占地两亩的覆锅状坟墓。在墓前有一青石墓碑,高约两米,宽约一米。墓碑做工精巧,打磨细腻,却仍经不住岁月风霜的洗礼。不知多少年过去了,青石碑上的字迹已经风化得十分模糊,即便是仔细辨认,也不能读出全部的信息。只能知道坟内埋藏的是一位天地门的师傅,姓白,详细的生卒时间都已不详,据推测大约卒于清代光绪初年。据村里的老人们讲,这个天地门的师傅家住葛沽西头,道房在葛沽财神庙后面。在解放前很久的一段时间,每年清明节前后,都会有一群人用车拉着柴草锣鼓、烧纸香烛到坟前祭拜,为这位天地门师傅扫墓填坟。通常这些人会就地取材,将周围的土用水和成泥,把坟用泥再抹一遍。这样的祭祀持续了好些年,从未间断过。但这些人是谁,从哪里来,却从来没有一个人知晓。于是,当地的人都将这座坟墓叫做"师傅坟"。

除却"师傅坟"的主人身份不详,"师傅坟"更为传奇的要数它的"神医眼"了。

在青石墓碑的右侧,放置着一套石桌石凳,在石头桌面上刻有"万古流芳"几个大字。字迹行云流水,苍劲有力。在桌面正中还有一个茶碗大的石洞,大约有两寸深。奇怪的是,无论天气多么干旱燥热,这石洞里面的积水却始终不会枯竭,依旧碧澄满溢,清澈如镜。曾经有好奇的人,特意将石洞内的水淘干,谁知一转身的工夫,石洞内又恢复了满满一汪清水。这人不死心,再想去淘干,手脚却不听使唤。开始心慌气短,仿若中风一般,恐有性命之忧便就此作罢。再说那石洞中的水,甘甜爽口,喝上一口直叫人神清气爽,一身的疲惫劳累都不见了。曾有砍柴的一位老人,机缘巧合之下用那石洞内的清水洗了一下眼睛,第二天便惊喜地发现视物清晰,多年来的老花眼竟然被治愈了。于是,石洞内的水有神气,可治眼疾的消息便传遍了葛沽全镇。葛沽镇中但凡得了眼病的,都要到这坟前的石洞处,用里边的清水洗一下眼睛。果不其然,第二天都会不治而愈,十分神奇。纵然很多人都无法相信,但事实摆在眼前,很多慕名而来的老中医和学者都无法解释这一现象。从此之后,当地人便将那石洞称为"神医眼"。直到现在,葛沽镇的老人们还经常念叨,"神医眼"还是很灵验的,治好了许多人的青光眼、老花眼。

不过可惜的是,解放初期,"师傅坟"旁的石桌石凳有一天突然不见了。有人说是被憋宝的南蛮子偷走了,还有人说是那石洞乃是仙家之物,被用来造福人间,时限一到,就被神仙收回了。20世纪60年代左右,"师傅坟"被用来挖掘研究,奇怪的是,当人们打开墓体时,里面除了一块刻有字迹的青砖,其余的什么都没有。空空如也的"师傅坟",每年来祭拜的神秘人,还有那个专治眼疾的"神医眼",都已成为天津历史中无法再被探知的秘密,也为天津留下了许多传奇故事和令人无限遐想的空间。

冀东地区最大的烈士陵园在天津

素有"京东第一山"之称的盘山,峰峦叠嶂,水清石奇,其中的名胜古迹更是数不胜数。在盘山东麓有一座烈士陵园,是1959年政府为纪念在冀东抗日战争中牺牲的革命烈士所建的,是冀东地区最大的烈士陵园,也是天津市唯一的抗日战争遗址烈士陵园。整个陵园占地21万平方米,主要有烈士纪念碑、烈士墓区、烈士纪念馆和革命传统教育纪念馆等。整体建筑风格庄严肃穆,大气恢弘。

曾任冀热辽军区司令员的李运昌说:"冀东分五大块:西部、中部、东部、铁道南、口外(热河)。蓟县是西部的中心,党的力量最强,武装力量最强,斗争最坚决,付出的代价也最大。"盘山地处京津唐三角地带,自古便是兵家必争之地,而天津蓟州作为革命老区,具有光荣的革命传统。盘山的一山一水、一草一木无不浸染着蓟州儿女为反压迫、反剥削、反侵略而洒下的浓浓热血。为了更好地警醒世人，传承革命精神，1959年蓟县人民政府在松柏成林、风光秀丽的盘山脚下，修建了这座盘山烈士陵园，将2596名抗日战争、解放战争、抗美援朝等各个时期牺牲的烈士妥善安葬，让后人缅怀他们的英烈事迹。

刚进入烈士陵园正门，第一时间映入眼帘的便是盘山抗日斗争事迹陈列馆。颇具民族特色的建筑形式，馆中有一玲珑的四角琉璃亭，两侧展厅分别展示着抗日战争时期的珍贵革命文物，以及大量的文献资料、图片，详细生动地介绍了曾经在盘山抗日根据地发生的那些可歌可泣的动人事迹。

巍然矗立在陵园北部最高处的烈士纪念碑，高27.4米，碑身通体用汉白玉石块堆砌而成，上面镌刻着齿轮麦穗图案，象征着工农联盟。四周碑文分别是聂荣臻题写的"光荣烈士永垂不朽"、谢觉哉题写

盘山烈士陵园

的"永远活在人民心中"、李运昌题写的"为人民革命事业而牺牲的英雄们永垂不朽"、宋劭文题写的"抗日英雄浩气常存"。字迹苍劲有力，碑文气壮山河，充分地表达了人民对革命先烈的无限敬仰和深切怀念。

烈士墓区位于烈士纪念碑南面，2796座烈士碑列队依山排列，仿佛那些战士依旧在我们眼前，从未离去。在这里埋葬的多数是在抗日战争中牺牲的老红军和八路军指战员，主墓里安葬着冀东军分区副司令员包森和冀东西部地区分委书记田野，其余陪墓有32座，群墓有171座，还有两座格外醒目的巨型无名烈士墓，里面安放的是129位无名烈士的骨灰。墓可无名，但他们的精神和事迹却不曾被后人遗忘。

无论走过多少地方，看过多少风景，我们都应铭记如今能安享太平盛世，是曾有那么一群人舍生忘死换来的，是那些长眠地下的英灵把他

们不曾看见过的繁荣和美好留给了我们。无论时间过去多久，他们都是我们最值得感恩的人。

你听过天津"杨七郎墓"的传说吗

据《宁河县志》记载："杨七郎墓在县西潘庄，旧庙尚存，疑即昭弟也。"杨延昭，即杨六郎。在宋代，七里海附近曾是边关前线。天津西部的霸州，则是杨六郎镇守的霸州益津关，雄州瓦桥关以及瀛洲高阳关这三关中的一关，是宋代的抗辽重镇。如此，在宁河一带有一座杨七郎墓，也是很有可信度的。

只是，这座位于潘庄镇西塘坨村的"杨七郎墓"到底是怎么来的？

就像人们经常对英雄的形象崇拜神化，民族英雄的墓地同样被人们赋予了神话的色彩。关于这座西塘坨村的"杨七郎墓"，有很多传说版本。

一是说，杨七郎曾在西塘坨与辽军浴血奋战，战事惨烈，七郎身受重伤，鲜血流了一地。后来，鲜血汇集之处渐渐隆起，形成了一个高大的土丘，便是后人口中的"杨七郎墓"了。

二是说，在一次抗击辽军的战役中，杨继业所率领的军队寡不敌众，于是便命七郎杨延嗣去找潘仁美搬救兵。但是潘仁美因为之前杨延嗣在擂台上打死了自己的儿子潘豹，公报私仇，不仅不发兵救援，还将杨延嗣灌醉，绑在百尺高台上乱箭射死。为了毁尸灭迹，潘仁美派人在夜里把尸体投入河中。当地的百姓得知后，偷偷将杨七郎的尸体打捞上来，厚葬在庄西普济河中间的一个土丘上。目前，这是最为可信的一种说法。

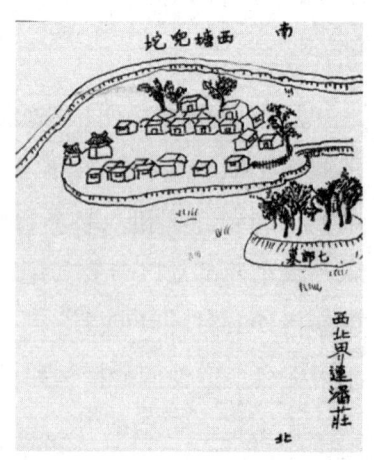

杨七郎墓

三是说，在杨七郎被害后，人们对这位英年早逝的爱国英雄十分惋惜，出于对他的怀念和敬仰，便在他曾经戍守和战斗过的西塘坨建了一座坟墓，并设立寺庙用以祭祀缅怀。

传说还有很多，虽不可信但却能看出人们敬慕忠良、憎恶奸佞的心理。

值得一提的是，在潘庄500多户人家中却没有一户姓潘的，只有杨、冯两个大姓。听当地人讲，是因为潘仁美陷害忠良，为人们所不齿，而附近又有一座"杨七郎墓"，所以他的后代羞于潘姓，皆改为姓冯。不仅如此，在潘庄的杨、冯两大家族从不结为姻亲。潘庄附近还生长着一种奇怪的树，据说是杨七郎墓出现没多久后，树上就开始长满了棘针，还结出了不少血红色的小果子。当地人说，那果子是由杨七郎的献血灌浆而成的，而那像长枪一般的棘刺，则是由杨七郎惯用的长枪所化。

如今，杨七郎墓已是天津宁河的一大名胜，历朝历代的骚人墨客在缅怀英雄的同时也留下许多千古传颂的诗篇。乾隆时期，徐功曾为杨七郎墓题诗一首："宋室将军勇绝伦，英灵凛凛至今存。一杯遗土千年恨，百战神威万古尊。风急涛声悲壮士，明月霞影吊忠魂。野人亦自知加礼，不敢樵苏近墓门。"杨家将的故事也被拍摄成多部影视剧，被后人们熟知和景仰。

秦始皇的儿子也曾葬在天津

天津的静海王口镇以特产海鲜干货闻名全国，但是对于天津人来说，王口镇段堤村更为有名的是那里曾有个"太子墓"。

自燕太子丹派荆轲刺杀秦王之后，秦始皇便对北方地区的安全十分关注，尤其是包括静海在内的原燕国所辖地区，更是秦始皇巡视的重要地区。据《王口镇志》记载，秦始皇二十六年，始皇帝东游山海关巡视万里长城时，曾路过王口镇。康熙年间编著的《古今图书集成·职方典》中也记载了："秦始皇出巡沙丘时，在顺天府驻跸。"段堤村原属于顺天府大城县，距静海县城不足15公里，史书上记载的这个村庄就是现在的静海县王口镇段堤村。于是，这为"太子墓"埋葬的是秦始皇幼子的说法更增添了几分可信度。

传闻，一统中国后，秦始皇便巡视各地，从秦皇岛返程进入大城段堤，也就是如今的王口镇段堤村。其幼子不幸染病身亡，秦始皇心痛不已，便在段堤村北200米处修建了一座太子墓，后人又称其为"仙人台"。这个传闻主要是根据《大城县志》当中的记载："相传始皇巡狩沙漠，驻跸于此，值幼子薨，因瘗之。昔年，居民向冢祁福，无不应者，后因屡负不偿，遂不应。人呼为仙人墓。"只可惜，秦始皇虽然有20多个儿子，但除了扶苏和胡亥在史料上有记载外，其余人在正史上却没有记载，并不为后人所知，所以这"太子墓"里的墓主人叫什么名字，并没有人知晓。

只是，秦始皇为何不将儿子带回咸阳好好安葬，而是选择就地安葬在段堤呢？对于这个问题，在当地一直有两种说法。一是说，当时秦始皇在攻打蓟州，幼子病逝在段堤村之时，正是战事紧张，军务繁忙的时候，因此秦始皇不得不将幼子就地埋葬，太子墓也是仓促建造的，就连个墓碑都没来得及建立。二是说，在幼子病逝后，秦始皇下了两道圣旨，一是吩咐手下官员将儿子就地掩埋，二是让奶妈王氏给皇子殉葬。然而，奶妈买通了负责殡葬的官员，自己逃过一劫便在静海一带隐居下来。多年后奶妈去世，尸体却一直保持坐姿，容颜宁静安详。于是，静海人民便在县城西北部建了一座庙宇，取名"王奶奶庙"。这便是在静海一带流传广泛的太子墓和王奶奶庙的传说。

不过，你可能会好奇了，奶妈王氏都有人筑庙祭祀，为何却无人为太子墓立碑建祠呢？据说是始皇帝生性暴虐，幼子病逝使他十分伤心，为了安葬幼子，不叫他孤单离世，便扼杀了周边村落许多同龄的孩子为其陪葬。当地人对始皇帝恨之入骨，自然也就不会善待太子墓了。

受皇家保护的"武清曹氏墓"

曹家墓位于天津武清东马圈村与安标垡村之间，占地约10顷，初建成时墓园内苍松翠柏巍然耸立，还建有别墅行宫供扫墓祭祀的人来居住。自明朝永乐二年迁居于武清，一直到清代，作为武清名门的曹氏一族多出乡贤或重臣，深受朝廷的器重和皇帝的赏识。以曹涵在朝为官时，曹家最为鼎盛显赫。于是在清乾隆二十年，曹涵决定修建新的祖坟。风水先生从北京一路南下，为其选址造墓。当来到东马圈地界时，风水先生见此处地脉、水脉畅通无阻，格局甚佳，实属一块风水宝地。遂对曹涵说："东马圈，西马圈，中间修座翰林院。前落垡，后落垡，子孙万代享荣华。"曹涵十分高兴，便将祖坟迁至此地。

武清曹氏墓

据说迁坟之前，风水先生为曹涵选定吉日吉时，吉日定为三月初三，但在曹涵询问吉时的时候，风水先生只是交代"鱼上树，戴铁帽之人"出现时方可下葬，因为"鱼上树"寓意"鲤鱼跃龙门"，"戴铁帽"则代表入朝为官，均是好兆头。到了迁坟那天，曹涵在王庆坨举行了隆重的迁祖大典。一时间锣鼓喧天，热闹非凡，浩浩荡荡的送葬队伍在村间游行。村民们许久未见到如此壮观的景象，纷纷挤在路边看热闹。人群中有一个人刚买了几条鱼，由于看热闹的人太多，为了方便挤到前边，他便把鱼挂在了路边树上。当送葬队伍马上就要走到墓地时，突然下起了大雨，看热闹的人四处找地方避雨。有一个人见无处可躲，便把刚买的一口铁锅扣在了头上。见自己所料之事一一应验，风水先生便宣布吉时已到，可以下葬了。于是，曹涵便命人将其父曹传与夫人张太安迁葬于此。在陪葬品中，有一块写着"惠迪吉"的匾额是康熙五十九年康熙皇帝亲手题字，赐予曹涵的父亲曹传，可以说是曹墓中的"镇墓之宝"。正是因为有了这个"镇墓之宝"，道光年间曾有盗墓贼去曹家墓地盗墓，被守墓人发现后，竟将盗墓贼直接杀死并砍下头颅挂在了树上示众，而官府却不敢去问责。如此，有着皇家庇护，杀人也可以不用偿命。

后来，到了光绪皇帝时期，修建京山铁路时，线路刚好斜穿曹坟墓地。曹家人不愿迁坟，负责修铁路的官员也不敢轻举妄动，只好上报慈禧太后。慈禧太后知道后，就命人将铁路工程图改了线路，在离坟地一里左右的地方转弯，使铁路绕坟而过。此事乃前所未有，于是在当地一直为人们所津津乐道。

天津的租界建筑和名人故居

　　天津作为一座历史悠久的老城，不仅让无数的文人墨客留下传诵千古的锦绣诗篇，还有很多名人志士在此处定居修身、著书救国。末代皇帝的傀儡时光、饮冰室的救国抱负、少帅府的爱恨情仇、总统旧居的狼子野心……不同的人各自怀揣着不同的理想与目的，齐聚于天津，上演了一幕幕精彩纷呈的历史大剧。而曾作为九国租界的天津，又是经历了多少风雨飘摇的岁月，才将这些历史通过一栋栋的建筑，展现于我们的眼前。

天津的租界建筑

天津音乐厅在民国时曾是电影院

天津音乐厅虽然名为"音乐",最早却是因"电影"而出名的,您了解其中的缘由吗?

其实,天津音乐厅原名平安电影院,是英籍印度人巴厘在1922年建造的,是当时天津最豪华的电影院。它的外形是西洋古典仿罗马式建筑式样,内部建成仿古罗马大剧场式的两层楼,共有一千多个坐席,而且楼上楼下都另有包厢。因为专门放映世界一流的好莱坞大片,所以影院的上座率一直很高。当时老天津卫流传的说法是"看电影到平安",可见它的风光无限。

平安电影院开业以后,创造了天津电影业的多项"之最"。1924年列宁逝世后,中共天津地委在平安电影院放映了纪录影片《列宁的葬仪》,这是苏联影片在天津放映的最早记录。1930年元旦,平安电影院播放了美国福克斯

天津音乐厅

公司的有声片《歌舞升平》，这是天津电影史上的第一部有声片。除此之外，在宣传上，平安电影院也别出心裁。比如，在放映第一次世界大战纪录片时，为了使电影更卖座，工作人员特地从美国军营借来了铁甲车，摆放在影院门口做活广告，这也是天津电影界第一次以实物当电影广告。

1956年，平安电影院收归国有，并改名为"天津音乐厅"，从此，这里不仅播放电影，也举办音乐演出和其他活动。但老天津人一提起它，首先想到的还是看电影。据一位老天津市民回忆，平安电影院改名后，仍然放映电影，还是天津少有的几家甲级影院之一。因为它放映的都是一线片子，而且内部装潢舒适，所以票价也比其他乙级电影院贵很多。20世纪六七十年代的时候，在乙级电影院看电影，只需要一毛五或两毛钱，但在天津音乐厅就至少要花三毛以上，算是很奢侈的娱乐了。

可以说，从1922年建成后到20世纪90年代，天津音乐厅都是天津电影放映业的排头兵。然而进入21世纪后，越来越陈旧的天津音乐厅已经不再适应城市发展的需要，于是在2005年，天津市政府拆除了有80多年历史的音乐厅，并于2008年建成了雄伟的新天津音乐厅，继续带给天津市民休闲娱乐的美妙享受。

劝业场大楼是天津民国时最繁华的商场吗

天津劝业场坐落于和平路和滨江道的交界处，始建于1928年，建成后就成为天津最大、最繁华的商场，被誉为"城中之城，市中之市"。

劝业场的成功，得从它的创始人高星桥说起。高星桥最初是给洋人做事的买办，后来凭借自己的聪明才智和多年努力，攒下了第一桶金，便决定在天津开办商场。他以十万四千两银元的高价，在法租界的梨栈大街买下一块地皮，又花重金请法国工程师设计。按设计图纸初步估算，建商场的资金还需百万大洋以上，而高星桥当时的财力不足以支撑，于是他成立股份公司集股兴建。主要股东除高星桥外，还有清庆亲王载振、日本正金银行买办魏信臣、天津钱业公会会长叶兰舫等豪绅富商。

兴建之初，股东之一的载振提出给商场起名为"天津劝业场"，因为"劝业"二字顺应了当时社会提倡的"实业救国"风潮，高星桥对此相当满意，便采纳了这个名字，同时出高价请著名书法家华世奎将名字书写成牌匾，待商场建成后便高悬在大楼上。

建成的劝业场大楼相当壮观。它的主体是五层楼，楼体转角局部有七层楼，七层之上建有高耸的塔楼，显得壮丽挺拔。

大楼建成后不久，在1928年12月12日，天津劝业场正式开业。当天特意请来英国驻军军乐队表演助兴，法国领事也到场祝贺，而看热闹的人群更挤得水泄不通，场面空前火爆。据老一辈天津人回忆，除了抗战胜利和天津解放，天津市最热闹的时候就是劝业场开业了！

开业后，劝业场生意兴隆，热闹非凡，当时进驻卖货的店铺多达300多家，经营日用百货、布匹绸缎、各种器皿、钟表首饰、文房四宝、旧书古玩等。而除去商品经营，劝业场还因文化娱乐而闻名津城。商场里设有八大娱乐场所，即天华景戏院、天宫影院、天纬台球社、天纬地球社、天露茶社、天会轩、天乐戏院和天外天屋顶夜花园，被天津人统称为"八大天"，大受市民欢迎，特别是天华景戏院经常有京剧名角的演出，日夜爆满。这样兼营娱乐的商场在当时的华北地区都是绝无仅有的，凭借这一大优势，劝业场获得了超高的人气和丰厚的收入，从此进入了空前繁华的鼎盛时期。

然而劝业场的繁荣只维持了不到十年。1940年后战火纷飞、水灾肆虐，使得经济萧条、民不聊生，劝业场随之衰落，只能惨淡经营。新中国成

天津劝业场

立后，劝业场才重新焕发了生机，再次跃居天津大型零售百货商场的首位，直到今天，它依然是深受天津人喜爱的大型商场之一。

利华大楼是民国天津的第一高楼吗

1938年底，一栋高达43米、共有11层的巨大建筑矗立在了英租界的维多利亚路（今解放北路）上。当时维多利亚路虽然大楼林立，但多是二到三层的银行大楼，于是这座拔地而起的高楼便非常引人注目了。事实上，它是天津第一座主体超过10层的建筑，是名副其实的民国天津第一高楼，而且牢牢占据"总楼层最多、主体楼层最多、主体楼高最高"这三个宝座长达半个多世纪的时间。

利华大楼是瑞士籍犹太人李亚溥出资兴建的，楼名便取自李亚溥的洋名译音"利华"。李亚溥是凭自己的本事在天津发迹的富商，很有头脑和远见，他特意请来曾经设计建造劝业场的法国工程师和营造公司，还聘请了中国顶尖的建筑师共同参与规划施工，使得利华大楼融合了欧洲艺术气质和中国传统建筑风格，庄重得体，典雅大方，在全世界都是独一无二的。当时大楼一建成，立即轰动津城，全城百姓都蜂拥而至前来参观。李亚溥也因此声名鹊起，成为天津家喻户晓的新闻人物。

建成后的利华大楼作为办公用房兼高级公寓使用，它也是天津最早具有现代化技术和功能的高层建筑之一。其主楼平面呈"凸"字形，与东、西配楼围成一个长方形的庭院。主楼建筑面积为6193平方米，配有两部电梯，主楼底层设有门厅、营业厅、经理室、锅炉房等；二到八

天津利华大楼

层是成套的高级公寓，每套公寓都有过厅、客房、会客室、盥洗室、厨房、餐厅等，而且客房和会客室还单独配有更衣室和卫生间；第九层为李亚溥自己的住宅。此外，东配楼底层是商店，西配楼底层是汽车库。

更令人称道的是，大楼室内装修非常考究，所有内部门窗均用高级硬木精工制作；客房、会客室、卧室、餐厅，多铺设席纹硬木地板；门厅、大厅、会客室、客房等，多采用落地式大玻璃门；各室内均有采暖设备。楼梯间均为彩色水磨石地面，底层大厅地面、柱子采用暖色大理石饰面，楼内上下水道、暖气、卫生和照明设施完备。可以想象，在里面居住或办公是非常舒适惬意的。

利华大楼作为民国时期天津最高的建筑，是天津近现代历史和城市发展的见证。虽然现在天津的高度不断被一座座摩天大楼刷新，但利华大楼始终以其独特的历史文化魅力屹立在高楼之林，展现着天津的骄傲。

天津租界最出名的外国俱乐部是哪一家

天津租界，是指1860年至1945年期间，英国、法国、美国、德国、意大利、俄国、日本、奥匈帝国和比利时这九个国家，通过与满清当局签订不平等条约，在天津城内所占据的"国中之国"，拥有绝对的行政自治权。租界设立后，各国纷纷在地块范围内兴建基础设施和服务设施，为在此居住的本国侨民提供交通、经商、生活等方面的便利，其中，俱乐部就是租界内休闲娱乐的专门场所。

目前有史料记载的天津租界俱乐部，分别是德国俱乐

原德国俱乐部

部、英国俱乐部、法国俱乐部和意大利俱乐部。而德国俱乐部无疑是其中最出名的。

德国俱乐部又名"康科迪亚总会、德国会馆",建于1907年,坐落在原德租界的威廉路(今解放南路273号)。当年德租界花费白银15万两,聘请德国建筑师设计,由德国建筑公司施工,建成了这座典型的德国式坡顶楼房,成为当时德租界最具标志性的建筑。它的建筑面积达3562平方米,共有三层,带地下室。它的屋顶用牛舌瓦装饰,还有阁楼和"老虎窗",以及拱形的门窗,使整栋建筑看上去雄壮又刚毅。

俱乐部室内则采用巴洛克装饰手法,装有华贵气派的楼梯和巨大的壁炉。一楼是造型粗朴的酒吧、台球房及阅览室;二楼是设有舞台的剧场和餐厅;顶楼是厨房,可用升降机将饭菜送至一、二楼。此外,它还设有保龄球场、网球场、露天旱冰场等多种功能设施,可以说是德国人在天津的政治、社交、娱乐中心。正因为德国俱乐部的重要性,在它的落成揭幕仪式上,德国侨民们就在二楼演出了著名歌剧《图兰朵》,以示庆祝。

据说,这座大楼还有一个特别之处,就是在它的走廊上,镶刻着一段拉丁文字,是翻译出的中国古训"同心同德则盛,离心离德则衰",用来教育和团结这里的德国人。

事实上,德国人使用这座俱乐部的时间只有十年。1918年,第一次世界大战德国战败,在天津的德国侨民都被遣送回国,德国俱乐部从而宣告结束。其后的几十年间,这座建筑几易其主,现在已改建为天津市政协俱乐部。

为什么说大清邮政津局大楼是近代中国邮政的发祥地

在天津市和平区解放北路上,有一座中西合璧、精美典雅的建筑,散发着古老而独特的气息,它就是建于1878年,前身为天津海关书信馆的大清邮政津局大楼,是中国现存唯一的大清邮政官局建筑。

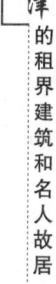

大清邮政津局大楼是砖木结构的二层楼房带地下室，占地面积约1300平方米。建筑平面呈L形，外立面采用清一色的中国青砖砌筑，并配有精美的砖雕和拱形门窗，立柱则采用罗马券柱式设计，这种外立面造型的连续使用，使整个建筑具有较强的韵律感。特别值得欣赏的，是窗间墙采用精细的青砖雕饰，而且是用中国传统的砖雕技术雕刻西洋的古典花饰，如毛茛草叶、甘菊花、珠饰等，可谓别出心裁。还有建筑南端拐角处的八角楼，雍容壮观，是整个建筑的点睛之笔。

其实，大清邮政津局大楼不仅建筑独具风采，而且在中国邮政史上还有重要的意义。从1878年经清政府批准，英籍德国人德璀琳在此创办"天津海关书信馆"，开始收寄中外公众邮件开始，到1915年中华民国时

原大清邮政津局大楼

期，已改名叫"直隶邮务管理局"的邮政机构迁出大楼为止，这几十年间，中国的第一个邮政代办机构、第一部邮政规章、第一条邮路、第一张邮政资费表、第一套邮票等都诞生在这座大楼里，可以说，清邮政津局大楼就是近代邮政的发祥地。

如今，大清邮政津局大楼变成了天津邮政博物馆，里面珍藏着1878年首发的中国第一套邮票——大龙邮票，价值连城。而这座历经百年沧桑的宏伟建筑，作为中国邮政史上开端的一笔，它的辉煌会永远被历史铭记。

民国时著名的百福大楼曾有"招租难"的问题吗

天津的解放桥桥头，矗立着一栋船舶形状的西洋建筑，有着红色的坡屋顶，白色的天窗，橙色的外墙，像童话里的房子那般梦幻美丽，令

人过目不忘。它就是建于1926年的天津百福大楼，曾是当时法租界著名的综合写字楼，到现在已经有90年的历史了。但您知道吗，这座美丽的大楼建成后居然非常冷清，它的主人甚至担忧找不到房客。

其实当初筹建时，作为投资方的比利时仪品公司对百福大楼的"钱景"还是相当看好的。毕竟它有着坐落海河岸边、雄踞万国桥（今解放桥）桥头的区位优势，当时从天津老龙头车站（今天津站）出来进入法租界，万国桥是必经之地，而桥头的百福大楼占据交通要冲，应该是非常好出租的。所以仪品公司投入一大笔钱，建起了这座集商业、办公、公寓于一体的大楼，取名Belfran，意思是漂亮的建筑。因为Belfran的法语发音类似于中文的"百福"二字，所以国人称它为"百福大楼"，取个"百吉百利、福气当头"的好彩头。

1927年，百福大楼竣工并投入使用。它的建筑面积为3913平方米，共有五层楼，配设电梯，局部带地下室。地下室为仓库，一层为门厅和商店，二、三层为大展厅，四层和五层是办公和住宅混用的，并设有成套的高级公寓。这些房间除了少数由其业主——比利时仪品公司办公使用外，其余的都对外出租。可以说，收取租金是百福大楼的主要收益来源。

据相关史料记载，确定在百福大楼租房办公的是财大气粗的英商卜内门洋行和美商亨茂汽车行，其余的租客现在已经难以查证了。而另一份在比利时找到的仪品公司旧档案上，记录了天津百福大楼在建成后的一段时期内，确实房客寥寥无几，而且租金也并不理想。比如，1930年左右，百福大楼租出的房间仅有6间，而未租出的房间却有10间之多。就算是租出的房间，租金也没有原计划的高。这究竟是什么

天津百福大楼

原因呢？

后来，仪品公司总部对百福大楼的"招租难"作过分析，认为主要原因是天津分公司对大楼的选址有问题，不应该选择在海河边。因为这一带多是仓库，而写字楼一类的商务建筑太少，为商务办公服务的配套设施自然也少，所以就算它占据了万国桥头的交通优势，也难以吸引商务办公群体。当初应该建在更加繁华的地段，比如梨栈大街（今和平路劝业场一带），才更合乎商务公司办公的偏好。另外，大楼内部的供暖设备也存在问题，冬季大部分房客都反映室内温度过低，完全不适合居住。这些都是百福大楼长期无人问津的原因。

为什么说法国公议大楼是天津租界建筑中的翘楚

法国公议大楼建于1929至1931年，是一座三层混合结构的古典复兴式建筑，位于天津市和平区承德道12号。目前公认的是，法国公议大楼是天津现存规模宏大、艺术水准高超、保存最完好的西洋建筑，具有较高的历史、科学和艺术价值，已被列入全国重点文物保护单位。

整栋大楼由花岗岩块砌筑而成，外立面采用古典三段式设计：顶层为檐部和女儿墙，二层是六根爱奥尼式柱廊，底层中央为三座半圆形状的花饰铁拱门。这样设计使得建筑主体突出，左右两翼对称，看上去庄重恢弘。

走进法国公议大楼，首先让人感到震撼的是大厅。大厅的地面由彩色大理石铺成，顶棚用"井"字梁带花装饰，镶嵌着用来采光的彩色轧花玻璃窗，开阔大气。通往二楼的楼梯，是由黑白相间的大理石筑成的宽大台

原法国公议大楼

阶，配着汉白玉扶手和双瓶式栏杆，显出雍容华贵的气派。二楼大厅墙上有六根圆形壁柱，四周墙壁的上半部装饰着轧花图案，搭配着精致的八角形吊灯、半圆形铜壁灯，很有欧式古典风韵。

值得注意的是，这栋大楼建成后，就给了法国公议局办公使用，所谓法国公议局，就是法国在原天津租界内的最高行政机构。这也是它的名字"法国公议大楼"的由来。随后，法国公议大楼见证了一系列重大的历史事件。比如1943年，汪精卫伪政权收回了天津法租界，并把市政府搬至这栋楼，正式宣告天津法租界公议局结束。还有1945年，驻津日军投降仪式就是在这栋楼前举行的。

在历经了近一个世纪的风雨后，今天的法国公议大楼已经变为天津市少年儿童图书馆，但它仍然保持着雄伟壮观的造型，是现存天津租界建筑中名副其实的翘楚。《建国大业》《建党伟业》等许多影视剧都曾在此取景。

天津横滨正金银行大楼巧妙内置了天然空调吗

天津横滨正金银行大楼是日本横滨正金银行在天津建造的分行大楼，建于1926年，地址是当时英租界的主街维多利亚道（今解放北路80号）。

这是一座稳重而华丽的西洋古典主义建筑，由英商工程师爱迪克生和道拉斯联合设计。它是三层混合结构楼房，带地下室，建筑面积为3150平方米。外墙用花岗岩砌筑，正立面建有8根科林斯石柱构成的开敞柱廊，柱身和柱顶有精美的石雕。

原横滨正金银行大楼

侧立面也有10根高大的壁柱与正立面相呼应。主入口处开设金色装裱的大门,墙面上还镶嵌着金色的装饰板,进一步渲染了华贵的气息。

大楼的首层是300平方米的营业大厅,高度贯通一、二层,天花板上镶嵌着明丽的彩色玻璃,悬挂着四盏豪华大吊灯。当光线洒在铺着大理石的地面,整个大厅就仿佛富丽堂皇的宫殿。此外,大厅还有一个令人赞叹的独特之处,就是夏日炎炎时走进来,会觉得凉爽怡人,就好像走进空调房一样。这在没有空调的民国时期,是怎么做到的呢?原来,大厅顶部装有机械通风设备,利用营业柜台做进风管道及进气口,可以将地下室内通过天然冰块冷却的空气排入大厅,作为空气调节使用。这个巧妙的"天然空调",在当时是非常先进的。

1945年,天津横滨正金银行大楼被中国银行接管,并使用至今。1997年,它被确立为天津市文物保护单位,受到特殊等级的保护。

天津利顺德饭店保存着哪些珍贵的历史文物

天津利顺德饭店是目前仍在使用的天津最古老的饭店,它建成于1863年,有着150多年的传奇历史,以"华夏第一店"的名号享誉海内外。

早期的利顺德饭店坐落于英租界中街,是一座富有英式田园气息的三层楼房,转角处还建有英国古堡式瞭望塔,美丽幽静,是当时天津西洋式建筑的佼佼者。它建成并投入使用时,正是风起云涌的动荡年代,而利顺德饭店作为天津最豪华的饭店,接待过众多的政坛显要和各界名流,也见证了许多标志性的历史事件。

比如,美国第18届总统格兰特将军曾在利顺德饭店会晤晚清重臣李鸿章;美国第31届总统胡佛青年时代在

利顺德饭店博物馆内景

津供职，曾在利顺德饭店居住长达七年；末代皇帝溥仪和皇后婉容曾是利顺德饭店的常客，隔几天就要来跳舞、吃冰激凌；国父孙中山先生北上天津，三次在此下榻；张学良与赵四小姐绵长感人的爱情故事曾经在这里激荡；艺术大师梅兰芳来津演出，必住利顺德饭店……

这些横跨一个半世纪的历史沧桑，和鲜为人知的传奇故事，让利顺德饭店成为天津乃至中国近代史的见证。现在的利顺德饭店已被列为全国重点文物保护单位，并建有专属的博物馆，里面保存着三千余件珍贵的历史文物。例如，1886年饭店开业时从英国进口的雕花长椅家具；中国最早使用的电灯、电话、电风扇；末代皇帝溥仪和皇后婉容在饭店欣赏音乐的留声机；皇后婉容、宋庆龄和赵四小姐先后在饭店弹奏过的老式钢琴；1924年利顺德饭店扩建时安装的奥迪斯电梯，在90多年后的今天，仍性能完好。

现在，这些积淀着历史文化的古董，仍在默默讲述着穿越光阴的故事，为利顺德饭店蒙上了灿烂而神秘的色彩。

法国工部局大楼就是原法租界的警察局吗

法国工部局大楼建成于1934年，地址在天津法租界的大法国路（今解放北路34-36号）。所谓的法国工部局，是随法租界的出现而建立的专门负责维护法租界统治安全的警察机构，因此法国工部局大楼实际上就是法租界的警察局，里面分布着保安处、警察队（巡捕房）、稽查室、手枪队、消防队、卫生队、拘留所等下属部门，负责法租界内的警务、消防、卫生工作。

这是一座四层混合结构的法式建筑，外立面风格简

原法国工部局大楼

洁，是三段式古典设计：顶部采用法国流行的孟莎式屋顶，嵌着法式圆形老虎窗；主体墙面用清水红砖砌成，大方明快；基座则是水刷石墙面。这种设计使整座大楼显得坚实、稳重。但您知道吗，这座大楼里有个阴森恐怖的地方，就是作为拘留所的半地下室。它有着厚厚的水泥墙，铁边木门，没有窗户，里面阴暗潮湿，在厚重的牢门内壁上还刻有"世人莫笑铁窗苦，一生未尝不丈夫"等文字。当年，革命志士彭真、刘澜涛、吉鸿昌等在法租界内开展革命工作，被法国巡捕逮捕后，就被关押在这里。其中，抗日名将吉鸿昌被关进这座大楼，还有个惊心动魄的故事。

1934年，吉鸿昌将军在天津从事一系列反蒋抗日活动，被蒋介石视为眼中钉、肉中刺，决意派人暗杀他。11月9日，被蒋介石手下收买的刺客，冲到吉鸿昌所在的法租界国民饭店，执行刺杀任务，却误杀了吉的好友刘少南，吉鸿昌只手臂受伤。早已与国民党勾结的法工部局巡捕听到枪声，便借机冲上楼，将吉鸿昌带走，关押在法国工部局大楼的监狱。11月底，国民党以行贿手段买通了法工部局，吉鸿昌被他们引渡出来，押解到北平，随后英勇就义。

天津的名人故居

末代皇帝溥仪退位后曾住在天津静园吗

爱新觉罗·溥仪,是清朝末代皇帝,也是中国历史上最后一个皇帝。溥仪的一生波澜起伏,非常传奇。他生于1906年,不到3岁便登基,1911年辛亥革命爆发后被迫退位,结束了清朝统治。1931年"九一八事变"后,在侵华日军的利诱控制下,溥仪在东北又做了14年伪满洲国的傀儡皇帝。1945年逃亡时被苏联红军俘虏,随后被关押改造,直到1959年特赦,溥仪最终成为中华人民共和国的普通公民、全国政协委员。

事实上,溥仪从紫禁城退位后,曾在天津静园生活过一段时间。静园原名"乾园",本是北洋政府驻日公使陆宗舆的私人宅邸,陆宗舆将它奉送给溥仪。溥仪携皇后婉容、淑妃文绣迁来后,将"乾园"改名为"静园",寓意"静以养吾浩然之气",含有修身养性、静观其变的意思。

静园位于原日租界的宫岛街(今鞍山道70号),是个闹中取静的地方。园内建有一座暗红色瓦顶、米黄色墙面、拱券式门窗的二层小楼,融西班牙风格与日式风格于一体,自然简约,两侧配有游廊和平房,后院还建有附楼。园内建筑秀雅,草木葱郁,静谧宜人,是天津租界时期庭院式私人宅邸的典范。

溥仪在这里度过了在天津最后的岁月。1931年"九一八事变"后,溥仪在静园会见了日本特务土肥原贤二,被其诱骗离开天津,远赴东北。

　　溥仪离津之后，静园历经变迁，后来还成了大杂院。2007年，静园经政府全面整修后，作为爱新觉罗·溥仪旧居对外开放，同时，根据历史资料以及专家考证，复原了溥仪的生活起居场所，还陈列了相关的器物、老照片等，向世人重现当年溥仪在津的生活状态。

　　主楼一楼是议事厅、会客室、大餐厅、小餐厅，其中，大餐厅是溥仪宴请宾客的房间，也是平时溥仪与婉容共舞的地方；小餐厅是溥仪与婉容、文绣的用餐之处，溥仪与婉容还经常在这里共进西餐，温存而甜蜜。二楼是溥仪、婉容各自的书房和寝室，华丽雅致，溥仪的书房里有高尔夫球杆和网球拍，婉容的书房里摆放着老式收音机和钢琴，显示出他们对西式生活的喜爱。

　　此外，庭院中心的水池喷泉，西侧平房的图书馆和旁边的湖山叠石、竹林潇潇、西跨院的鱼形壁泉、藤萝架和游廊，也都还原成了静园当初颇具特色的景致。

静园内景

梁启超的故居书斋为何取名"饮冰室"

梁启超（1873—1929年），中国近代史上著名的政治活动家、启蒙思想家、教育家、史学家和文学家。早年和康有为一起倡导变法维新，发动戊戌变法失败后，流亡日本；辛亥革命成功后，梁启超回国，在经历了北洋军阀政府的宦海浮沉后，他来到天津，在"饮冰室"书斋度过了晚年的学术著述生涯。梁启超的著作合编为《饮冰室合集》。

梁启超在天津的寓所及"饮冰室"书斋，分别位于河北区民族路44号、46号，是两栋独立的意式小洋楼。书斋"饮冰室"就在寓所西侧，是浅灰色的两层楼房，造型别致典雅。为什么梁启超将书斋命名为"饮冰室"呢？其实，

饮冰室

"饮冰"一词出自《庄子·人间世》："今吾朝受命而夕饮冰，我其内热与？"这句话的原意就是比喻自己内心的忧虑不安。早年间，梁启超受光绪皇帝之命变法维新，面对国家内忧外患的煎熬，梁启超内心的焦灼可想而知，也只有"饮冰"，才能消解"内热"了。可以说，梁启超的"饮冰室"书斋，非常真实地反映了他忧国忧民的心情。

饮冰室是梁启超晚年著书立说和从事政治活动的地方，因此到访过的学界名人数不胜数，包括胡适、严复、张伯苓、严范孙、梁漱溟等，可以说这里就是当年天津最负盛名的文化沙龙。此外，因为梁启超在天津居住多年，待客谦恭热情，吸引了很多清华大学、南开大学的学生到这里请教学问，所以每逢寒暑假，"饮冰室"又变成了补习学馆。

今天的饮冰室书斋和梁启超的寓所故居，作为天津梁启超纪念馆的两个部分，对外开放。梁启超故居内设有"梁启超与近代中国"的展

览,图、文、物并茂,内容丰富,全方位展现了梁启超奋斗的一生。书斋"饮冰室"则被复原成了当年的场景。一楼是以书房为主的梁启超工作区,二楼是生活区,有卧室、祠堂和餐厅。室内复原了百余件老家具和用品,古朴典雅,令人遥想当年梁启超读书和伏案写作的宁静时光。正是在这里,他写出了《戊戌政变记》《清代学术概论》《中国近三百年学术史》等60多部专著,名满海内外。

李叔同故居里有"中书房"和"洋书房"吗

李叔同(1880—1942年),字息霜,是中国新文化运动的先驱,在音乐、戏剧、绘画、书法、篆刻、诗词等文艺领域中都有卓越成就,还培养了一大批优秀的艺术人才,包括丰子恺、刘质平等,后来出家成为一代佛教宗师,也就是著名的弘一法师。

李叔同是在天津出生、长大的,他的故居坐落在天津河北区粮店街60号,是一座建于清朝末年的老四合院建筑,距今已有150多年的历史了。它由四组院落、48间房屋组成,呈"田"字型格局。那青灰色的砖墙、朱红色的门窗,显得庄严古

李叔同故居

朴,而李鸿章题写的"进士第"匾额,更彰显出李家显赫的地位。

院内分南、北两部分,建有桐达钱庄、佛堂、起居室、洋书房、中书房、存朴堂等,环绕着游廊和小花园,花木扶疏,幽静宜人。其中最特别的两处,就是"中书房"和"洋书房"了。

"中书房"位于前院,共有三间房,藏有线装古版书籍5000余册。这里最早是李叔同父亲李筱楼的书房,后来李叔同和他的兄长李文熙在

此学习。在这里,李叔同博览群书,挥写诗文,也沉浸于金石篆刻、琴棋书画的乐趣中,从而打下了深厚的国学基础。

"洋书房"则是院内唯一具有西洋风格的建筑,是李叔同从日本留学回来后修建的,他在这里读书、习字、作画和接待友人。"洋书房"布置雅致,透过玻璃窗还能欣赏到小花园"意园"的全景。当年,李叔同在房内放置了一架钢琴,还将自己在日本留学时创作的《浴女》油画挂在墙上,这在当时封建保守的天津引发了不小的震动,是传遍津门的一大"奇事"。

在这里,李叔同度过了青少年时代,接受了良好的教育熏陶,20岁后才离开。

现在,这座经过修复的宅院作为李叔同故居纪念馆,对外开放。故居重点复原了桐达钱庄、佛堂、起居室、洋书房、中书房、意园及部分匾额、楹联,展览着李叔同的生平图片及其艺术作品,呈现着李叔同"二十文章惊海内"的璀璨一生。

袁世凯故居的"隐身处"与"脱身处"分别指什么

袁世凯(1859—1916年),是中国近代史上著名的政治家、军事家,北洋军阀领袖,1911年辛亥革命后,担任中华民国首任大总统,在位期间积极发展实业,统一币制,创立近代化司法和教育制度。1916年初袁世凯复辟称帝,遭到各方反对,引发护国运动,同年3月他被迫取消帝制,6月便郁郁而亡。

袁世凯与天津有着很深的渊源。他早年曾在天津小站训练新兵,后来任直隶总督期

袁世凯故居

间，他在天津施行了一系列具有跨时代意义的举措，比如开设天津造币总厂，建立天津警察部队，创办天津第一家新式银行——天津官银号，创设新式医院和学堂，建立天津火车北站，开发河北新区，等等，无疑加速了天津的现代化进程。

袁世凯在天津的宅邸位于奥租界金汤二马路（今河北区海河东路39号），事实上，他在1908年便买下了这块地皮，委托英、德建筑师设计建造成欧洲古典式住宅，但直到1918年才竣工。而那时袁世凯已经去世了，所以，袁世凯并没有真正住过这幢豪华的德式小洋楼，住进来的是袁世凯的家人。因此，对这幢小洋楼的准确称呼应该是"袁氏宅邸"，但人们习惯上还是称它为"袁世凯故居"。

这是一所富丽堂皇的大型住宅，耸立着漂亮的红陡坡屋顶和精巧的采光亭，有着德式建筑的独特风貌。它的建筑面积达2217平方米，高三层，共有54间房。因为当时袁世凯是位高权重的政界高官，为了安全起见，在楼中特意设计了所谓"隐身处"与"脱身处"。"隐身处"是在二楼右侧有个暗门，门内建有楼梯，可上至楼顶间，下至地下室，如果关上暗门，便找不到上下楼的去处。"脱身处"是在三楼凉亭设有铁楼梯，直通后花园小门，由此可脱身逃走。此外，这座洋楼还有风水上的讲究，是在入口处专门建了一座八角形塔楼，每扇窗户都朝向海河，这样无论潮涨潮落，河水都好像往八角楼里流。因为水在风水里代表财富，所以这象征着无数财源流入袁家。

在历经岁月沧桑之后，袁世凯故居仍基本保存完好，成为海河边的天津一景。1997年，作为天津近代小洋楼建筑的经典之作，袁世凯故居被列为市级保护文物。

吉鸿昌故居曾是地下抗日活动据点吗

吉鸿昌是中国著名的抗日英雄、爱国将领。他1895年出生于河南扶沟，早年参加西北军，因骁勇善战而升为旅、师长，1928年担任宁夏省政府主席、国民党第十军军长。1932年吉鸿昌加入中国共产党，与冯玉祥等人组织抗日同盟军，在蒋介石与日本侵略军的夹击下失败后，吉鸿昌回到天津进行抗日活动，1934年底被国民党刺伤逮捕，随后在北平英勇就义。

吉鸿昌在天津的住所位于原法租界40号路（今和平区花园路5号），是一座带庭院的三层英式小洋楼，因为它的红砖外墙，又得名"红楼"。该楼建于1917年，建筑面积达1408平方米。吉鸿昌于1930年将它买下，1933年，吉鸿昌从外地返回天津后便住在这里，从事地下抗日救亡活动。

吉鸿昌故居

为了适应地下工作需要，吉鸿昌特意对这所楼房进行了改造，令楼内门门相通、间间相连，并在每层楼内都设置小间密室，以便应付紧急情况。当时，一楼为接待地下共产党员和安排他们住宿的场所，吉鸿昌和夫人胡洪霞住在二楼，而他们为抗日军队购买的武器，就藏在二楼夹道的地板层内，随后再被转运到抗日前线。二楼南侧为客厅，墙壁上悬挂着吉鸿昌亲笔书写的条幅：松间明月长如此，身外浮云何足论，显示出将军光风霁月的广阔胸襟。三楼是共产党的秘密印刷处，它是吉鸿昌与宣侠父等同志共同设立的，曾印刷过党内文件和《民族战旗》《华北烽火》《长城》等多期抗日刊物，用来宣传抗日道理。可以说，这座"红楼"，见证了吉鸿昌将军生前可歌可敬的爱国行为。

1934年，吉鸿昌在天津国民饭店被捕，后被国民党秘密杀害。吉鸿昌就义后，他的夫人胡洪霞为料理后事，将"红楼"以低价抵押给他人，后来无力赎回，1944年把它转售了出去。"红楼"现在是省级文物保护单位，在它前面的公园里，竖立着一尊吉鸿昌将军手持大刀立马远眺的青铜雕像，勾画着他为国奋战的威武之姿，也寄托着天津人民对这位民族英雄的深切怀念。

为什么说孙殿英旧居有着不光彩的历史

在天津，静谧的睦南道上，绿树掩映着风格各异的民国小洋楼，其中，军阀孙殿英的旧居最显气派。它建于20世纪30年代，是一栋高大舒展的英国古典式建筑，有着红瓦坡顶、清水砖墙，内外檐采用拱券窗、矩形窗及绞绳状双柱等装饰元素，富丽堂皇，是非常考究的私人宅邸。然而，正如它的主人是备受唾骂的人物，这座小洋楼也有着不光彩的历史。

孙殿英旧居

孙殿英（1889—1948年）是河南永城人，出身绿林，曾任国民党第六军团十二军军长。1928年他以军事演习为名，炸开清东陵，将乾隆及慈禧陵墓盗掘一空，因此有"东陵大盗"之称。天津睦南道的这座小洋楼，就是孙殿英在东陵盗墓之后买下的，对外声称是他的驻津办事处，而事实上，这里是他暗中出售东陵珍宝的销赃地，以及行销毒品、经营军火、贩卖假钞票的据点。

为什么孙殿英要从事这些不法勾当呢？除了满足他个人对财富的贪欲，还有部分原因是为自己的部队筹措经费。根据历史记载，因为孙殿英的部队不是蒋介石的嫡系部队，所以并没有充足的军饷。于是孙殿英就动起歪脑筋，用盗卖珍宝的销赃款购买军火，而且为了壮大自己的部队，他还制毒贩毒敛财。当年睦南道的这座宅子有个很大的地下室，孙殿英就命手下在这里制造、分装"飞鹰牌"毒品，赚了不少黑心钱。可以说，这所房子曾经见证了许多罪恶。

1937年抗日战争爆发后,孙殿英历任冀察游击总司令、新五军军长,1943年在河南对日作战时被俘,一度投敌,抗战结束后又追随蒋介石打内战。1947年所率部队在河南汤阴被解放军歼灭,孙殿英被俘,1948年病死狱中,结束了他备受争议的一生。而他在天津睦南道的旧居,已经翻过了不堪回首的历史篇章。现在,它被列入天津市文物保护单位,成为长芦盐务局的办公场所,正书写着新时代的故事。

张作霖曾在曹家花园会见过孙中山和溥仪吗

曹家花园坐落在天津河北区五马路,是民国军阀曹锟从买办孙仲英手里买下并改建的私人园林。1903年,孙仲英在河北新区建起一座园林,称为"孙家花园"。园内景致清雅,被来做客的曹锟看中。当时曹锟在军队中已崭露头角,孙仲英为结交新贵,便将花园低价卖给了曹锟。从此这座园子就改称"曹家花园"了。

曹锟得到花园后喜出望外,在园内大兴土木,新建廊桥岛榭、西式洋楼,又将每栋建筑用回廊连接;挖湖堆山,建湖心亭,另造游泳池;为子女增建欧式华丽的公子楼、小姐楼;在园内遍种奇花异草,摆放着石人、石马、石羊、石

曹家花园内景

狮。据说,曹锟还曾指使弟弟曹锐,深夜将天津名园水西庄的太湖石盗运回来,为曹家花园增色不少。建成后的曹家花园,中西合璧,富丽幽雅,被认为是当时天津的私家园林之冠。

曹家花园建成后,曹锟本人也一路直升。他在1919年成为直系军阀首领,在1923年贿选大总统成功,达到权力的顶峰。但好景不长,1924年曹锟就被赶下台,并被软禁在北京。此后,天津由奉系军阀头子张作

霖接管,而张作霖正好是曹锟的亲家,于是他就住进了曹家花园。在这里,张作霖先后会见了孙中山和溥仪,使得曹家花园成为见证历史风云的重要坐标。

1924年底,为中国的和平大计,孙中山应冯玉祥、段祺瑞、张作霖之邀抵达天津,在曹家花园中与张作霖会面,共商国是,史称"孙张会谈"。而由于孙张在政治上的重大分歧,这次会谈没有像预期的那样推动双方的合作。

具有讽刺意味的是,1925年,张作霖又邀请退居天津的废帝溥仪来到曹家花园,他毕恭毕敬地跪在地上向溥仪磕头,叩问"皇上好",令溥仪受宠若惊。接着,张作霖还献上10万银元给溥仪,以表忠心。这封建君臣的一套,在中华民国已经成立13年的当时来说,是相当腐朽可笑了。

张作霖在曹家花园呼风唤雨过后离开天津,曹家花园又恢复了平静。1926年曹锟辗转回到天津,为了自身安全,他迁居到租界的宅邸,将曹家花园以25万元的价格卖给了当时的天津市政府。随后,曹家花园被政府翻修、改建,更名为"天津第一公园",成为游人如织的津门胜景。

孙中山曾在天津的张园借住过吗

天津张园是清末军阀张彪于1916年所建的豪华宅邸。张彪曾任湖北提督等职务,1911年武昌起义时他弃军潜逃,后来退隐到天津投资实业,用赚来的钱在原日租界宫岛街建起一所西洋古典风格的豪宅,取名"露香园",后来改称"张园"。张园占地约20亩,其楼房的四面围绕着长廊,院内花木茂盛,还建有亭台、假山、荷塘等精巧景致,非常幽静美丽。

历史上的张园因孙中山曾在此借住近一个月而名声大噪。1924年12月4日,应冯玉祥将军的邀请,孙中山偕夫人宋庆龄抵达天津。热烈的欢迎仪式后，他们被安排住进了当时设施先进完备、环境优美的张园。

孙中山在张园稍事休息后，12月4日下午便在随员的陪同下，到曹家花园访晤了奉系军阀首领张作霖。返回张园后，孙中山感觉肝区发痛，当即请来德国医生施密德诊治。据诊断，这是由旅途劳顿和食物不消化引起的，必须静养。其实，孙中山此时已患上肝癌。随后，孙中山的病情逐渐加重，大部分时间只能在张园的病榻上休养。

张园

孙中山在张园总共住了27天，这期间，他抱病接见了汪精卫、孙科、张作霖、段祺瑞、黎元洪等众多风云人物，还日以继夜地处理公务，为国操劳。据统计，孙中山仅以大元帅名义在张园给部下发出的指令、训令就有118件；此外，他在张园发出了长文《孙中山抵津后之宣言》，草拟了建国意见25条。可以说，孙中山为了中国的和平、统一、强盛，真正做到了鞠躬尽瘁，死而后已。

孙中山在张园居住时，发生了一个有趣的故事。一天早上，孙中山正在园里散步，听到树丛后有动静，原来是园主张彪的幼子，年仅12岁的学毅，正躲在树后偷看他。于是孙中山叫他来，和他说话，学毅开始笑而不答，被再三追问，他才说："听说有位革命头子住在这里，而且是个青面獠牙、龇牙咧嘴的人！"孙中山笑着问他："你看，是那样子吗？"学毅摇了摇头，笑了。他没想到原来孙中山是一位和蔼可亲的老人。后来学毅还和孙中山、宋庆龄一起合影留念。

1924年12月31日，孙中山与夫人宋庆龄离开张园，乘专车入京，结束了在天津的生活。三个月之后，孙中山先生便在北京逝世了。

天津"少帅府"是张学良和赵四小姐的定情之所吗

时光荏苒,张学良与赵四小姐的爱情故事,已经是历经百年的浪漫传奇了,而它的开端,就发生在天津赤峰道的"少帅府",也就是今天的张学良故居。

事实上,这座宅邸是张作霖在天津购置的十几处房产中的一处。1924年,军阀张作霖率领东北军控制了天津,随后他为自己家族在天津租界内大肆购买别墅。其中一栋在法租界(今赤峰道)的别墅,交给张作霖的长子张学良居住,由于张学良1928年接掌了东北军帅印,人称"少帅",所以这栋居所,后来就被称为"少帅府"。

这是一座巴洛克风格的白色欧式建筑,造型华丽而大气。它有前、

少帅府内景

后两幢楼,共有42个房间,建筑总面积1401.65平方米。府邸内部宽大考究,楼梯、地板、门窗等均采用菲律宾木料制成;院内则绿草如茵,还有个小花园。

张学良住在这里的时间大约在1925年至1932年。正是在这一时期,他遇到了相伴一生的爱侣赵四小姐。赵四小姐全名赵一荻,出身于颇有名望的官宦之家。少年时代,赵一荻随家人来到天津,就读于中西女子中学,读书时就因气质出众,而多次登上《北洋画报》封面,是天津社交界知名的美少女。她与张学良相识于一场舞会,而"少帅府"就是两人的定情之所,他们在这里迅速陷入爱河,开启了缠绵悱恻、令人唏嘘的一世情缘。

1933年,赵四小姐陪张学良赴欧洲考察,离开了天津。回国后,张学良建议"停止内战,一致抗日",却多次被消极抗日的蒋介石打压。1936年张学良联合杨虎城将军发动了震惊中外的"西安事变",扣押蒋介石,使他被迫同意停止内战、合作抗日。随后,张学良便被蒋介石长

期幽禁，一路漂泊，从台湾直到美国夏威夷，赵四小姐一直陪伴左右，不离不弃。而此生，他们再也没回过天津"少帅府"。

今天的"少帅府"已被改建为张学良故居博物馆，目前藏有300余件珍贵物品，从装修、家具、服饰等各个方面重现当年张家生活的奢华原貌。在这座博物馆里，可以看到张学良专门买给赵四小姐的象牙钢琴，显示着她的能歌善舞，还有赵四小姐用过的Singer牌手摇缝纫机，又显示出她心灵手巧的一面。二楼张学良的办公室里，保存着他用过的笔架和墨盒，还挂着一幅十分醒目的书法作品，是孙中山赠予张学良的，书曰："天下为公"。

附 录

名胜古迹 TOP 10:

大悲禅院

　　大悲禅院是天津地区保存完好、规模较大的佛教寺院。由旧庙和新庙两部分组成。旧庙为清康熙八年（1669年）重建，殿内珍藏魏晋南北朝至明清各代铜、铁、木、石造像数百尊。新庙为1940年创建，由天王殿、大雄宝殿、大悲殿、配殿、耳房和回廊构成。殿内旧有唐僧玄奘灵骨，1956年已转赠印度那烂陀寺。1976年地震，部分房屋坍塌，1980年修葺一新。院内朱门绿瓦，佛坛高筑，松柏参天，庄严清谧。中国佛教协会天津分会设于此。

广东会馆

　　在天津南开区南门内大街，是天津地区保存完好、规模最大的会馆。清光绪三十三年（1907年）建，由门厅、大殿、配殿、戏楼和跨院、官房组成，占地11亩许，房屋一百二十五间，木石结构，具南方风格，以装修精美著称。戏楼的舞台吊顶作"鸡笼式"，藻井山成百条异形斗拱接榫堆叠而成。戏台后壁正中镶嵌大幅"天官赐福"镂空木雕，圆心内天官、仙童立于祥云之上，群猴嬉戏于松柏灵芝之间，圆心外四角浮雕口衔仙桃的蝙蝠。戏楼裙板和包厢的隔扇门窗亦雕刻狮子绣球、凤穿牡丹、松鼠葡萄等图案,人物、花卉,栩栩如生。

天津市艺术博物馆

在天津解放北路77号,濒临海河。是一个收藏、陈列历代艺术珍品的专业性博物馆。馆内藏品除陶瓷、青铜器、古玉、古印玺、书法、绘画、文房用具等稀有的传世艺术品外,还藏有相当数量的现代名家的书画、篆刻和精美的工艺品。特别是泥人张彩塑、杨柳青年画、天津木雕、天津刻砖等具有浓厚地方色彩的民间工艺,别具一格,为该馆藏品的特点之一。

中山公园

在天津河北区中路东侧。初为劝业会的公众花园,清光绪末年建,民国年间曾改名河北公园、天津公园,后改今名。园内树木繁茂,配以上石假山、亭台瀑布,布局颇具匠心。此园也是一处革命纪念地。1912年,孙中山曾在这里发表重要演说。1915年6月6日,爱国群众在此集会,强烈谴责袁世凯与日本帝国主义签订丧权辱国的"二十一条"。周恩来在会上提出"吾知爱国之士,决不愿借外债以度日"的号召,受到广大群众的拥护。园内松柏丛中还耸立一通"天津十五烈士纪念碑",是为纪念1927年4月18日被反动派杀害的江震寰等十五名共产党员、国民党左派而建的。光荣的革命史迹,更为公园增色添辉。

文庙

在天津旧城东门里。一名孔庙,因与武庙相对,俗称"文庙"。是天津市区保存完整、规模最大的古代建筑群。大殿始建于明正统元年(1436年),后经明天顺、万历,清康熙、乾隆等各代重修、扩建。清雍正年间,天津府、县同设治所于城内,因而庙东侧为府庙,西侧为县庙,均有照壁、泮池、棂星门、大成门、大成殿、崇圣祠和配殿等。府庙主体建筑的殿顶均用金黄色琉璃瓦覆盖,雕梁画栋,装饰精美。庙外有二柱三楼式牌坊两座,明代建造,万历、清康熙年间重修,是天津市内仅存的过街牌楼。

清真大寺

在天津旧城西北角。建于清康熙四十二年（1703年），是保存完好的中国宫殿式伊斯兰宗教建筑群。有照壁、门厅、礼拜殿、阿訇讲堂、耳房和沐浴室等。主体建筑礼拜殿坐西朝东，四组殿堂毗连，前为卷棚式抱厦，后为两组庑殿顶大殿，最后一组殿顶上则并排耸立五座六角或八角的亭式楼阁，并在殿堂两侧构筑回廊。建筑外形檐牙起伏，富于变化。南、北两侧亭阁檐下悬匾，各题"望月""喧时"二字，为穆斯林用以观看月亮出没、宣告斋戒时日之所。寺内屋顶和门窗装饰，每件砖雕木刻部采用花卉或几何图案，既严格遵循不使用偶像和动物纹饰的伊斯兰教义，又保持中国古代木结构建筑风格。

玉皇阁

在天津旧城东北角。明宣德二年（1427年）始建，弘治、万历和清康熙、光绪年间重修。由山门、配殿、六角亭和清虚阁等建筑组成。阁面阔五间，进深四间，分上、下两层，上层檐下出回廊一周，可凭栏远眺。此地濒临三岔河口，地域开阔，为重九登高处，清人有诗云，"直在云霄上，蓬瀛望可通，万帆风汇舞，一镜水涵空。"阁楼上旧有玉皇铜像，阁顶作九脊歇山式，中心用黄琉璃瓦，边侧用绿琉璃瓦，采取"剪边"作法。在红色栋额之上，绿衣仙子簇立，龙凤走兽飞腾，显得非常宏伟壮丽。

望海楼教堂

亦称"圣母得胜堂"。在天津海河北岸狮子林桥旁。清同治八年（1869年）法国天主教会建，次年因发生"天津教案"，于6月21日被群众烧毁。1897年帝国主义分子用清政府赔款重建，1900年义和团运动中又被烧毁。现存的望海楼教堂，是光绪三十年（1904年）第三次重修的，建筑形制未变，平面长方形，长30米，宽10米，青砖木结构，面向西南；正面有塔楼三座，呈笔架形；内部并列庭柱两排，为三通廊式，无隔间与隔层；内窗券作尖顶拱形，窗面由五彩玻璃组成几何图案；地面砌瓷质花砖，装饰华丽。

觉悟社旧址

在天津河北区宙纬路三戒里4号,是坐东朝西,七间青砖木结构平房组成的小宅院。觉悟社是"五四"时期周恩来领导的天津爱国学生进步组织,也是中国共产党成立前最早传播马克思主义的革命团体之一。成立于1919年9月16日。参加觉悟社活动的,有当时天津学生联合会和天津女界爱国同志会的进步青年骨干周恩来、邓颖超、郭隆贞、马骏、刘清扬等。本着"革心""革新"的精神,以"自觉""自决"为主旨,1919年9月21日,我国早期的马克思主义青年李大钊曾到天津,给觉悟社以鼓励和支持。院内东面两间为社员开会、学习和出版社刊《觉悟》的地方。

三条石福聚兴机器厂旧址

在天津城北子牙河畔的三条石地区。"三条石"是天津近代民用工业的发祥地,对天津工业的形成和发展产生过重要影响。福聚兴机器厂开办于1926年,占地600多平方米,生产牛头刨床、水车、钢磨以及榨油、弹化、轧花等二十余种机器。产品行销河北、河南、山东、山西等地。该厂原始厂房、机器设备和四面设窗的柜房,均保持原貌,是三条石机器制造业中仅存的遗址。现为三条石历史博物馆的一部分。

山水园林 TOP 10:

盘山风景区

天津盘山风景名胜区，位于天津市蓟州区。又因它雄踞北京之东，故有"京东第一山"之誉。是国家级风景名胜区、国家5A级景区，是自然山水与名胜古迹并著、佛教文化与皇家文化相融的旅游休闲胜地。

站在葱茏树林间，深吸一口气，满心满肺都是植物的芳香，伴着流水潺潺，行于石阶木栈，宛如置身绿色天堂，不由深深赞叹大自然的神奇造化。

九龙山国家森林公园

九龙山国家森林公园，坐落在蓟州城东穿芳峪境内。辖九龙山、梨木台山、黄花山三大景区。1995年批准为森林公园，1997年升为国家森林公园，目前是天津市面积最大且唯一的山区国家森林公园。在公园东北部万丈深谷中连绵耸立着九条山脊，恰似九龙聚首，故名"九龙山"。有山有水的地方，一向是游客夏季出游的首选，而天津近郊的山水中，要数九龙山的景致为最佳，即使是炎炎夏日当空，山中依旧一片清凉，戏水、游山，还有什么比这更惬意？

龙泉山游乐园

国家A级景区龙泉山游乐园，坐落在天津市蓟州下营镇道古峪村西，距县城2公里。园内开辟了生态旅游区、水上游乐区、山野林间别墅区、生活服务区及山野纳凉园、松林沐浴园、湖畔垂钓园。景区还备有专车接送，设有果园采摘园，儿童动物园，散养鸡场，二人转小剧场等。分别设有三条游览路线，可以满足不同年龄游客的需求，实现了吃、住、行、游、购、娱六大要素的全面配套，是天津短途旅游度假胜地。

海河外滩公园

这是天津海河开发最早、也是最早竣工的项目，迎宾客道长1000米，平均宽9米，呈不规则带状梯形，由文化娱乐区、商业休闲区、绿化景观区和高台景观区四部分组成。其中建有全国高度最高、长度最长的喷泉景观，主喷高度达170米、东西长360米，包括27种水型，最为特色的要数"水上喷火"的独特景观，堪称国内水景之最。还建有天津国际游乐港的"旅游航母景观"、东方公主号的"游轮景观"，可以一览天津繁华景象。

宁河七里海国家湿地公园

七里海，一个富有诗意的名字，一个风光旖旎的地方。到过七里海的人对那里的莽莽芦荡，粼粼碧水，蓝天飞鸟，美鱼肥蟹，无不留下美好而深刻的印象。1992年经国务院批准的古海岸与湿地国家级自然保护区，是天津最大的天然湿地，也是津京唐三角地带极其难得的一片绿洲。它是镶嵌在渤海之滨、津沽大地的一颗璀璨明珠，天津最大的后花园。景区内有水生植物展示区、天鹅湖、特色餐饮小木屋、中央喷水舞台、玫瑰庄园赏浪漫花海、野外烧烤园、亲水观景走廊、儿童乐园、童话城堡、野外拓展训练区域等众多游览项目，同时还可乘坐电瓶车观赏湿地走廊美景，乘坐豪华中式画舫在万亩芦苇荡内游览观光。

武清佛罗伦萨小镇

天津佛罗伦萨小镇——京津名品奥特莱斯，是中国首座纯意大利风

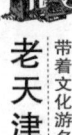

格的大型高端名品折扣中心和休闲文化中心，设有奢侈品、国际名品、运动和户外以及休闲四大特色购物主题体验区。佛罗伦萨小镇位于武清火车站对面，迎面可以看见像烟囱一样高高的招牌，上面写有"佛罗伦萨小镇"。小镇里面有各种各样的世界名品店，分布在通往各个广场的小路上。围绕着各个广场小房子的色调样式也有一些不同，每一个小房子都很新鲜。二层的小阳台，还有小窗户，游客都想给收到相机里。小路尽头的喷泉，周围是几组长椅，走累了可坐下来休息一下。偶尔有小朋友蹒跚地走过来，爬上喷泉周围的石栏玩水，这个场景还挺享受的。

凯旋王国主题乐园

凯旋王国主题乐园取义于蒙古成吉思汗西征后建立盛极一时的"蒙古帝国"。园区通过不同主题功能区的造景，为游客营造宛如"成吉思汗西征"一般的视觉感受，让在园区内的游客在享受或刺激、或热情、或浪漫、或童趣的游艺设施的同时，感受到"凯旋王国，我梦想中的王国"的建园初衷。天津除了凯旋王国主题乐园外，还有欢乐谷主题公园、方特欢乐世界、天津水上公园、天津动物园等大型游乐场所，以及天津米立方海世界、水魔方水上乐园等以"水"为主题的公园。

静海团泊湖风景区

团泊湖位于静海县东部。因清乾隆皇帝曾来此巡游，所以又称"乾隆湖"。景区水面面积60平方公里，芦苇丛生，鱼类繁多，还有天鹅、鸳鸯、白鹭等60多种珍禽候鸟在此栖息，环境十分幽静。湖心岛的面积达500余亩，岛上有大型游乐宫，内设多种游艺娱乐设施，并提供温泉，亦是保健康体的"热门项目"。冬天享受舒适的温泉，放松身心。夏天则欣赏团泊湖的自然景观，水鸟成群，野趣独特，潮湿的水汽为炎炎夏日带来一分清凉。

西青石家大院

位于千年古镇杨柳青中心，原为清末天津八大家之一石元士住宅。现石家大院即为仅存"尊美堂"宅第，曾有"天津第一家""华北第一宅"之称，从中足可领略汉族传统民居建筑之精妙。

天津热带植物观光园

　　堪与英国著名的"伊甸园"相媲美的天津热带植物观光园，是天津4A级景点，是北方地区独具特色的主题公园，是亚洲最大的室内植物园。在夏季这个万物发荣生长的时节，百花齐放，绿意葱茏，置身于清流和繁花之间，会忘记市廛的尘嚣，全身心享受大自然的美丽。

美食特产 TOP10：

十八街麻花

桂发祥麻花的创始人是范贵才、范贵林兄弟，他们曾在天津大沽南路的十八街各开了桂发祥和桂发成麻花店，因店铺坐落于十八街，人们又习惯称其为"十八街麻花"。十八街麻花是经过反复探索不断创新，在白条和麻条中间夹一条含有桂花、闽姜、桃仁、瓜条等多种小料的酥馅，使炸出的麻花酥软香甜、与众不同，创造出的什锦夹馅大麻花。其特点是香、酥、脆、甜，在干燥通风处放置数月不走味，不绵软、不变质。来天津旅游的国内外宾客，临走时都要带上几盒麻花，送亲朋好友。

狗不理包子

到天津不吃狗不理包子，是旅游者的遗憾。刚出屉的热气腾腾、爽眼舒心的包子，看上去如同薄雾之中的含苞秋菊，再咬上一口，油水汪汪，香而不腻。狗不理包子好吃的关键在于选料、配放、搅拌以及揉面、擀面都是有一定的绝招儿，特别是包子褶花匀称，每个包子都不少于15个褶。狗不理包子铺原名"德聚号"，已有百余年历史，店主叫高贵友，乳名狗子。因其父四十得子，为求平安养子，故取其名。他的包子很受顾客欢迎，生意越做越火，狗子卖包子忙得顾不上与顾客说话，人们取笑他：狗子卖包子，一概不理。日久天长，喊顺了嘴。包子出名了，高贵友的大名反倒被忘记了。狗不理包子不仅在历史上为慈禧太后喜爱；今天，也深得大众百姓和外国友人的青睐。

耳朵眼炸糕

耳朵眼炸糕的生产有百余年历史，清光绪年间，创始人炸糕刘——刘万春以卖炸糕谋生，由于精工细作，并逐渐形成独特风格，加之该店铺选址北门外窄小的耳朵眼胡同出口处，被众食客戏称为"耳朵眼炸糕"，旺销不衰。1957年该店加入公私合营，1978年经市饮食公司定名为耳朵眼炸糕店。耳朵眼炸糕外皮金黄、酥脆不艮，馅心香而不腻、适口性强，且无任何添加剂，可谓绿色营养食品。

耳朵眼炸糕自1983年以来多次被市政府、市商委、市烹协、市饮食公司评为优质食品全鼎奖，1994年第五届亚太博览会荣获金牌，1997年12月被中国烹协认定为"中华名小吃"。耳朵眼炸糕与狗不理包子、十八街麻花被市商委和烹协命名为"天津三绝食品"。

煎饼馃子和锅巴菜

煎饼馃子和锅巴菜是天津所独有的，别的城市很少见到。据说煎饼馃子和锅巴菜都是百年前由山东传来，经天津人改进成这个样子的，在《天津杂记》（成书于1884年）、《天津纪略》（成书于1897年，也就是八国联军进犯天津的前二年）中记天津风土掌故之事，还未见提到煎饼馃子和锅巴菜，所以他们风行于庚子之前是不大可能的，如其从20世纪之初在天津出现，这样也已百年历史了。

煎饼的主料是绿豆、小米、虾米（皮米）及香料，以水磨成浆。煎饼要用平锅现摊现卖，每张煎好（可加摊一个鸡蛋）裹一油条成卷，煎锅涂油少许，再煎片刻，稍焦，抹面酱，撒葱花，折起称为一套。

锅巴菜以事先摊好的大张煎饼，切成柳叶条，放在卤锅（一直不断火）内稍加搅拌，连卤盛碗。再加腐乳汁、芝麻酱、香菜、辣子糊，五味俱全。

锅巴菜一要煎饼摊得薄，二要打卤用洗面筋洗出来的浆粉。煎饼馃子和锅巴菜都是热吃的，夏天也如此，他们都是以绿豆为主料，佐以小米，所以能解毒清热，开胃健脾，化瘀滞，疗便秘，有益健康，百吃不厌，而且酒后可解酒。

糖炒栗子

甘果中的栗子，是人们嗜食的佳品，吃法多样，因地而异。江南剥栗肉与枣共煮叫栗枣汤；壳劈之为半，加盐煮之曰盐水栗子。北方冬季把生栗放在篮子里，悬之檐下晒之数日，等到果实干缩，生而食之，其味更甜，叫做风甘栗子。至于腊月初八制腊八粥，栗子更为粥中不可缺少之物。

京华北海仿膳名产小窝头，据说由栗子粉制成，昔为宫中御用供慈禧太后佐餐。现在最普通的吃法，唯推糖炒栗子。用砂置铁釜中，加以饴糖置火上炒热，投栗其中滚翻炒炙，熟后栗壳呈红褐色，去壳后果实松、软、香、甜，为小吃珍品。

京、津两地，秋冬之际，凡甘鲜果店均于肆门前设一灶，炒栗招客。出锅新栗热气炙手，趁热剥食，内外皮皆落。如待冷剥之，则内皮附肉难于脱落，而质已变硬。

八大碗

八大碗酒席具有浓厚的乡土特色。每桌坐上八个人，上八道菜，都用清一色的大海碗。八碗前的凉碟酒肴，是六个或十二个干、鲜冷荤。

八大碗的做法有粗细之分。细八大碗指：熘鱼片、烩虾仁、全家福、桂花鱼骨、烩滑鱼、独面筋、川肉丝、川大丸子、烧肉、松肉等。粗八大碗有：炒青虾仁、烩鸡丝、全炖、蛋羹蟹黄、海参丸子、元宝肉、清汤鸡、拆烩鸡、家常烧鲤鱼等。

四大扒

四大扒不是可单独成席的菜肴，而是为成桌酒席的其他主要菜起衬托作用的配菜。四大扒并不是只有四种，而是由于其相对八大碗而言只是配菜，所以称为"四大扒"。主要包括：扒整鸡、扒整鸭、扒肘子、扒方肉、扒海参、扒面筋、扒鱼等。

冬令四珍

冬令四珍是指铁雀、银鱼、紫蟹、韭黄。铁雀是麻雀的一种，冬季捕食后用油烹，是下酒佳肴。银鱼是一种北方美味，最常见的吃法是用银鱼蘸蛋清置油中炸熟，作银鱼坨，吃到嘴里有一种特殊的清香味道。紫蟹是蟹的一种，体积小如铜钱，虽然小但蟹黄饱满且肥，在吃火锅时汤中如添了蟹黄就增加香味，身价十倍了。而韭黄炒鸡蛋更是一种虽普遍但又十分可口的佐餐小菜。

馄饨

馄饨在津京一带叫馄饨，广东叫云吞，四川叫抄手。天津的馄饨有自己的特色，馅大皮薄，个大。大多都是用鲜猪肉加葱姜调料拌馅，鸡汤或排骨汤加味精，煮出来异常鲜美。爱吃酸的，加点醋；爱吃麻辣的，加点胡椒面，更加开胃，增加食欲。

天津不少饭馆都出售馄饨，较为有名的有致美斋、周家食堂、吉美林、登瀛楼等，其中有的是南方风味，有的是北方风味，品尝起来风味各不相同，各有特色，讲究一些的，汤里放些鸡丝、皮蛋，有的放上点虾干、冬菜、紫菜，次点的放些香菜，都能提味增鲜。

茶汤

茶汤是一种甜饮食，和藕粉相类，原料也是糜子面。用开水冲食。但它有一套冲制的技巧，非熟手不办。先把茶汤原料在碗内调好，放好糖与桂花卤；然后再在高大、体重的铜壶中装满滚开的水。售者一手执碗，一手扶壶柄，必须双脚撇开半蹲式，才能立稳。

左手的碗，正好等在壶嘴边，等水一冲出，碗要随时变换距离，以掌握开水适量来控制它的厚薄程度，并不使开水外溢以激出糖浆，这是技巧之一。

右手要有足够的控制力量，开水一出壶口，正好注入碗内。要一次完成，才能冲熟茶汤，否则滴滴嗒嗒注水，茶汤必生，不能吃，那就亏本了。同时也要注意水出得猛，会浇在自己手上，烫了自己或打碎了碗，就更不合算了，这是技巧之二。所以卖茶汤没有这一身技巧是做不了的。